LA PETITE PRINCESSE
DE PAPA

DU MÊME AUTEUR

CHEZ LE MÊME ÉDITEUR

Maman dit que c'est de ma faute, 2015.
Ne dis rien…, 2014.
Violentée, 2013.

CATHY GLASS

LA PETITE PRINCESSE DE PAPA

traduit de l'anglais
par Henriette Cruvily

ARCHIPOCHE

Notre catalogue est consultable à l'adresse suivante :
www.archipoche.com

Éditions Archipoche
34, rue des Bourdonnais
75001 Paris

ISBN 978-2-35287-970-1

Certains détails de cette histoire, dont des noms, lieux et dates, ont été modifiés afin de protéger les enfants.

Au commencement

Pour écrire ce livre – l'histoire de Beth –, j'ai dû remonter dans le temps, à l'époque où Adrian avait six ans et Paula à peine deux. Je prenais des enfants en placement seulement depuis quelques années. Les familles d'accueil ne recevaient alors que peu de formation, de soutien et d'informations sur le passé de l'enfant. Elles étaient ainsi « jetées à l'eau » et devaient se débrouiller seules, se noyant ou non sous la tâche. Avec le recul, je frémis à la pensée de certaines situations dans lesquelles ma famille et moi nous sommes retrouvées et je me demande, avec le bénéfice de l'expérience, si j'aurais agi différemment. Dans certains cas, peut-être, mais pas avec Beth. Je suis sûre que j'aurais pris les mêmes décisions aujourd'hui, car certains agissements ne sont jamais acceptables – et il doit y être mis fin pour le bien de l'enfant.

1

Au bord des larmes

J'étais sur le point de croire qu'elles ne viendraient pas. L'assistante sociale s'occupant de Beth avait téléphoné dans l'après-midi pour m'informer qu'elle l'amènerait «vers l'heure du thé». Il était 19 heures, l'heure du thé était passée depuis longtemps et Adrian, Paula et moi avions déjà dîné. Je préparerais quelque chose d'autre à manger si Beth arrivait. La nuit était froide et la petite Beth serait déjà assez contrariée d'avoir été séparée de son père, elle ne devait pas en plus souffrir de la fatigue et de la faim. Je savais que, dans le domaine de l'aide sociale, les plans changeaient souvent à la dernière minute, mais j'avais pensé que l'assistante sociale m'aurait appelée pour me tenir informée. Nous étions bien au chaud dans le salon, à l'arrière de la maison, les rideaux fermés nous protégeant de la nuit froide et noire. Paula et Adrian étaient assis par terre. Paula avait construit un château en fausses briques et Adrian feuilletait un livre illustré sur de vieilles voitures et motos, un cadeau de Noël qu'il avait reçu trois semaines plus tôt. Tosha, notre adorable et paresseux chat, était pelotonné sur sa chaise préférée.

— Je croyais qu'une fille allait venir, s'enquit Adrian en levant les yeux de son livre.

— Moi aussi, répondis-je. Peut-être que son père n'est pas aussi malade qu'on le croyait et qu'elle a pu rester chez elle.

À six ans, Adrian avait déjà une idée de ce que l'accueil signifiait ; d'autres enfants avaient séjourné chez nous. Paula, elle, n'était pas assez âgée pour comprendre, même si j'avais essayé de lui expliquer qu'une fillette de sept ans, appelée Beth, viendrait peut-être vivre chez nous pendant un temps. De cette enfant, à part son âge, je savais seulement qu'elle vivait avec son père, que celui-ci était malade et allait probablement être admis en hôpital psychiatrique. C'est tout ce que l'assistante sociale m'avait dit au téléphone et j'espérais en apprendre davantage quand elle amènerait Beth.

Je me levai du canapé et rejoignis Paula pour l'aider à ranger ses briques.

— C'est l'heure d'aller au lit, ma chérie, lui dis-je.

— Mais je croyais qu'une fille allait venir, me répondit-elle en répétant les mots d'Adrian.

C'était l'âge où elle copiait souvent son grand frère. J'entendis Adrian soupirer doucement.

— Je ne pense pas qu'elle viendra maintenant, il est déjà tard.

Mais à l'instant où je commençais à ramasser les cubes en plastique, la sonnerie retentit, nous faisant tous sursauter. Les enfants me regardèrent, impatients. Comme mon mari John travaillait loin, j'étais assez prudente si l'on sonnait le soir. Laissant Adrian et Paula dans le salon, je me rendis dans l'entrée, puis ai regardé par le judas. Grâce à la lumière extérieure, je distinguai une femme et un enfant. Rassurée, j'ouvris la porte.

— Désolée, nous sommes en retard, s'excusa immédiatement la femme. Je m'appelle Jessie, je suis l'assistante sociale de Beth. Nous nous sommes parlé au téléphone. Vous devez être Cathy? Voici Beth.

Je souris et observai Beth, qui se tenait debout à côté de l'assistante. Elle portait un manteau d'hiver gris, boutonné jusqu'au col. Elle était pâle mais ses joues étaient roses et ses yeux gonflés d'avoir pleuré. Dans sa main, elle serrait un mouchoir qu'elle pressa sur son nez.

— Oh ma chérie, tu dois être tellement fatiguée et inquiète, dis-je. Entre donc.

— Je veux mon papa, fit Beth, les yeux se remplissant de larmes.

— Je comprends, lui répondis-je en lui touchant le bras d'un geste rassurant.

Jessie aida Beth à franchir la marche et entra avec une très grosse valise.

— Nous nous sommes arrêtées chez Beth pour prendre ses habits, expliqua-t-elle alors que je refermais la porte d'entrée. Cela a pris plus de temps que je le pensais. Beth a voulu ôter son uniforme d'écolière. Puis nous avons dû faire la valise. Elle s'inquiétait de son linge à laver et de la nourriture laissée dans le réfrigérateur. Je lui ai dit de ne pas s'en faire, qu'elle pourrait laver son linge ici et que tout irait bien à la maison.

Je souris à nouveau à Beth.

— Absolument, tu ne dois t'inquiéter de rien, je m'occuperai de toi, lui dis-je, même si je me demandais comment une fillette de sept ans pouvait penser à la lessive à faire et à la nourriture qui se perd. Veux-tu enlever ton manteau? Nous l'accrocherons ici, au portemanteau dans l'entrée.

Beth commença à se déboutonner, puis laissa Jessie lui retirer son manteau. Je le suspendis et Jessie fit de même avec le sien.

— Je veux être avec mon papa, répéta Beth.

— Cela ne durera pas longtemps, la rassura Jessie, seulement jusqu'à ce que ton papa aille mieux.

— Viens faire connaissance avec mon fils et ma fille, Adrian et Paula, dis-je. Ils sont impatients de te voir.

Jessie lui prit la main et je les conduisis vers le salon. Ma première impression de Beth était qu'on s'occupait bien d'elle à la maison et que son père lui manquait maintenant terriblement. Jessie, la trentaine avancée, était élégamment habillée dans un pantalon noir et un pull bleu clair. Elle paraissait tendue, sans doute à cause du retard et de toutes les dispositions qu'elle avait dû prendre pour mettre cette enfant en placement.

— Voulez-vous boire quelque chose ? leur demandai-je.

— Un café serait avec plaisir, merci. Avec du lait et du sucre, s'il vous plaît, répondit Jessie, tandis que Beth secouait la tête.

— Voici Beth et son assistante sociale, Jessie, les présentai-je à Adrian et Paula. Je vous laisse faire connaissance pendant que je prépare le café.

Mais il n'était pas question pour Paula de rester seule avec des inconnues et elle se précipita pour glisser sa main dans la mienne.

Tandis que je quittais le salon avec elle, Jessie et Beth s'installèrent sur le canapé. Adrian avait posé son livre et essayait de dissimuler sa gêne. Lorsqu'un nouvel enfant arrive, il existe toujours un moment délicat avant que chacun se connaisse et commence à se détendre. De la cuisine, je pouvais entendre Jessie demander son âge à Adrian et ce qu'il aimait faire à ses heures perdues. Tout en préparant le café, j'expliquai à nouveau à Paula la situation de Beth.

— Beth va habiter avec nous quelques nuits pendant que les médecins soignent son papa.

— Pourquoi ? interrogea-t-elle (elle venait d'apprendre le mot « pourquoi » et l'utilisait à tout bout de champ).

— Parce qu'il n'y a personne d'autre chez elle pour s'en occuper et qu'elle ne peut y rester toute seule.

— Pourquoi ?

— Parce qu'elle est trop petite. Elle n'a que sept ans.

— J'ai deux ans, annonça-t-elle fièrement.

— Oui, c'est exact, et dans quelques mois tu en auras trois.

Je disposai quelques biscuits dans une assiette que je posai sur un plateau avec le café. Paula me suivit vers le salon, où je déposai le plateau sur la table basse, à portée de Jessie.

— Je ne me souviens même plus de la dernière fois que j'ai bu ou mangé, déclara-t-elle en prenant une tasse et un biscuit. La journée est passée sans que je la voie.

Ce n'était pas la première fois qu'une assistante sociale débarquait sans avoir eu le temps de se restaurer.

— Voulez-vous que je vous prépare quelque chose ? m'enquis-je.

— Non, merci. J'installe Beth et je rentre. J'ai deux enfants, même si on ne le dirait pas au vu du peu de temps que je leur consacre.

— Es-tu sûre de ne pas vouloir quelque chose à boire ? demandai-je encore à Beth.

Elle secoua la tête.

— Elle aura besoin de manger avant d'aller au lit, indiqua Jessie. Elle a eu son goûter à l'école mais n'a bu qu'une seule fois depuis.

— Tu peux me dire plus tard ce que tu souhaites, proposai-je à Beth en lui souriant.

Mais elle pressa son mouchoir sur ses yeux et sembla sur le point de pleurer. Je n'étais pas surprise :

comment imaginer la douleur et le trouble d'une enfant qui a dû quitter soudainement son domicile et tout un monde familier pour aller vivre chez des inconnus?

Beth renifla et lâcha:

— C'est ma faute si papa est malade. C'est parce que j'ai oublié de lui donner ses comprimés.

Une larme coula sur sa joue. Adrian et Paula regardèrent Beth, l'air très inquiet.

— Non, ce n'est pas pour ça, lui dit gentiment Jessie en lui passant la main autour des épaules. Je t'ai expliqué en chemin que, parfois, les comprimés ne suffisent pas à soigner et que l'on doit aller à l'hôpital. Ton papa prenait ses cachets. Ce n'est pas ta faute, Beth.

Elle la câlina pendant quelques instants. Très soucieux, Paula et Adrian s'assirent par terre l'un près de l'autre, à côté des briques en plastique. Je leur souris paisiblement.

— Pouvons-nous parler dans un coin tranquille? me demanda Jessie une fois que Beth eut séché ses larmes.

— Oui, bien sûr, allons dans la pièce de devant.

— Beth, reste ici avec Adrian et Paula pendant que je parle à Cathy, stipula Jessie. Peut-être qu'Adrian peut te montrer son livre. Il a l'air très beau.

Jessie se leva et Adrian prit son livre pour aller s'asseoir à sa place. Paula vint aussitôt s'asseoir à côté de son frère.

— Merci, leur dis-je en quittant la pièce et en refermant la porte derrière nous.

— Je ne voulais pas parler de la situation de son père devant elle, c'est assez difficile pour elle comme ça, commença Jessie en tirant une chaise et en s'asseyant.

J'acquiesçai après m'être assise en face d'elle.

— Beth a été élevée par son père, Derek, depuis qu'elle est toute petite, continua Jessie. Je pense qu'elle avait deux ou trois ans quand sa mère s'est volatilisée. Beth ne la voit jamais. Derek s'est bien débrouillé pour l'élever seul, jusqu'à ce qu'ils attirent l'attention des services sociaux, il y a quelques mois. Derek a dit à ses médecins qu'il n'y arrivait plus et qu'il souffrait de dépression. Un traitement lui a été prescrit, qui a paru marcher pendant un temps, mais aujourd'hui, la crise a éclaté. Je ne sais pas pourquoi. Il a emmené Beth à l'école, puis s'est rendu directement au service des urgences. Il a dit aux médecins qu'il avait envie de se suicider.

— Mon Dieu, le pauvre homme, m'exclamai-je.

— Oui. Il a été admis au service psychiatrique de l'hôpital Sainte-Marie, mais j'espère que cela ne durera pas trop longtemps. Une fois stabilisé, il devrait être capable de rentrer chez lui avec un traitement. S'il doit y rester plus d'une semaine, Beth devra lui rendre visite. Ils sont très proches.

— Oui, bien entendu. Il va beaucoup lui manquer. Aucun parent ne peut s'occuper d'elle? m'enquis-je.

— Pas que l'on sache. Derek n'a plus aucune relation avec la famille de son ex-épouse depuis qu'elle est partie, il y a quatre ans. Sa mère à lui est morte l'année dernière et son père, vieux et faible, vit dans un hospice. Derek a presque la cinquantaine. Il a eu Beth à un âge mûr.

— Je vois.

— C'est tout ce que je peux vous dire. Vous avez mes coordonnées. Téléphonez-moi s'il y a un problème. Maintenant, il faut que j'y aille. Je vais dire au revoir à Beth et je vous laisse. Je suis certaine qu'elle aura meilleur moral demain matin, après une bonne nuit de sommeil.

Jessie ne m'avait pas donné beaucoup d'informations mais il me semblait que j'en savais assez pour m'occuper de Beth et que le reste était confidentiel. Nous retournâmes au salon, où les enfants, assis en rang d'oignons sur le canapé, regardaient les images du livre d'Adrian, qui tournait les pages.

— Je m'en vais, annonça Jessie à Beth. Si tu as besoin de quoi que ce soit, demande à Cathy. Je téléphonerai dès que je recevrai des nouvelles de ton papa. Mais essaie de ne pas t'inquiéter. Les médecins s'occupent de lui et je suis sûre qu'il se sentira mieux bientôt.

— Quand pourrai-je voir mon papa ? interrogea Beth anxieusement.

— Dès qu'il se sentira un peu mieux. Je serai en contact avec l'hôpital demain et j'appellerai Cathy.

Je pouvais voir sur le visage de Beth qu'elle n'était pas plus rassurée. En fait, elle était de nouveau au bord des larmes.

— À bientôt, ne t'inquiète pas, la consola Jessie.

— Je raccompagne Jessie et je t'apporte quelque chose à manger, proposai-je à Beth en lui souriant.

Elle me regarda, l'air perdu et effrayé.

Ce n'est que dans l'entrée, alors que Jessie enfilait son manteau, que je m'avisai que je ne savais pas où Beth allait à l'école. Je demandai à Jessie.

— Pardon, j'aurais dû vous le dire. C'est l'école primaire Orchard, à cinq minutes de voiture.

— Ah ! fis-je, surprise, c'est la même école qu'Adrian. Je me disais que Beth m'était légèrement familière. Je l'ai probablement vue y entrer ou en sortir. Elle doit être dans la classe supérieure à celle d'Adrian.

— Eh bien, cela vous facilitera la vie : un seul voyage à l'école.

— Exactement.

— En récupérant Beth à l'école aujourd'hui, j'ai informé le principal qu'elle résiderait chez vous pendant un temps.

— Merci. Beth et Derek vivent donc assez près d'ici?

— À environ un kilomètre. Bien, bonne nuit, on reste en contact et merci.

— Pas de quoi.

Je refermai la porte. De retour dans le salon, je trouvai Adrian et Paula de chaque côté de Beth. Adrian continuait de tourner les pages de son livre, en commentant brièvement les images. Paula, se sentant assez courageuse pour quitter son frère, se serrait contre Beth en lui tenant la main. J'étais heureuse que mes enfants accueillent Beth ainsi.

— Jessie vient de m'apprendre que tu vas à l'école Orchard, dis-je à Beth, c'est la même école qu'Adrian.

Beth acquiesça légèrement et Adrian se retourna vers elle en lui disant :

— Je t'ai reconnue dès que tu es entrée.

Puis, en me regardant :

— Mais on ne se connaît pas vraiment. Beth est dans une autre classe.

— Peu importe, c'est bien que vous soyez dans la même école.

— Ma maîtresse est Mlle Willow, avança Beth doucement.

— Et mon maître, c'est M. Andrews, répondit Adrian. Il est pas mal mais il crie parfois.

Pendant que Beth et Adrian discutaient de l'école, je pensai que c'était une chance que Beth vive dans le quartier : un seul ramassage scolaire allait certainement me faciliter la vie. Une famille d'accueil plus expérimentée aurait pourtant compris qu'avoir un enfant qui habite si près, loin d'être un avantage, peut créer des problèmes.

2

L'ours Dodo

J'ai l'habitude de coucher les enfants en commençant par le plus jeune et jusqu'au plus âgé. Mais ce soir-là, l'heure normale étant passée pour chacun d'entre eux, je les emmenai tous en même temps à l'étage. J'avais déjà posé la valise de Beth dans sa chambre, sorti son pyjama, sa serviette et sa trousse de toilette. Je rangerais le reste le lendemain quand j'aurais plus de temps. Je demandai à Beth et Adrian de se mettre en pyjama pendant que je m'occupais de Paula, qui était épuisée. J'allumai la lumière de la chambre de Beth, vérifiai qu'elle avait tout ce dont elle avait besoin et la laissai se changer. Adrian était déjà dans sa chambre et se débrouillait seul.

Dans la salle de bains, je lavai le visage et les mains de Paula, l'aidai à enfiler son pyjama et l'emmenai aux toilettes. Elle était tellement épuisée qu'elle voulut que je la porte des toilettes à son lit. Je la bordai, lui donnai un baiser et lui souhaitai bonne nuit.

— Bonne nuit, maman, bâilla-t-elle, ses petits bras autour de mon cou. Je t'aime.

Je la serrai bien fort.

— Je t'aime aussi, mon trésor. Énormément. Dors bien.

Quand je quittai la chambre, elle dormait presque déjà.

Adrian était dans la salle de bains, en pyjama, en train de se débarbouiller et de se brosser les dents.

— Direct au lit quand tu as fini, lui dis-je, je viens dans un instant te souhaiter bonne nuit.

Il lui arrivait de «se perdre» entre la salle de bains et sa chambre et de se retrouver en bas en train de jouer. Mais lui aussi semblait fatigué et il acquiesça.

Puis je me dirigeai vers la chambre de Beth. La porte était tirée mais pas fermée. Je frappai brièvement avant d'entrer. Bien qu'elle n'eût que sept ans, je voulais lui donner la même intimité que j'accordais à chaque enfant. De nos jours, les familles d'accueil ont établi une politique qui fait sa part au droit à l'intimité et vise à donner un sentiment de sécurité à chaque membre de la famille. Mais à l'époque, de telles questions étaient laissées au bon sens de la famille d'accueil et celui-ci m'avait appris que même de jeunes enfants aiment à disposer d'un certain niveau d'intimité.

Beth s'était mise en pyjama et avait également sorti de sa valise son uniforme scolaire, prêt pour le lendemain. Il était délicatement étalé au bout de son lit.

— Magnifique, lançai-je, tu as déjà préparé ton uniforme.

— Je fais toujours ça à la maison, répondit-elle doucement. Mais je ne sais pas où mettre ça.

Ses sourcils s'étaient froncés. Elle tenait dans les mains son linge sale : culotte, chaussettes et l'uniforme qu'elle avait dû porter ce jour-là.

— Chez moi, je les mets dans la machine à laver mais je ne sais pas où elle est ici.

— Tu n'as pas à t'inquiéter de ça, déclarai-je en la débarrassant de son linge. Ici, c'est moi qui m'en occupe. Je vais les mettre dans le panier à linge et les laverai demain. Allez, allons faire un tour à la salle de bains, puis au lit. Tout ira beaucoup mieux demain.

Beth avait l'air triste et soucieuse. Elle prit sa serviette et sa trousse.

— J'espère ne rien avoir oublié, s'inquiéta-t-elle. Je n'ai pas eu beaucoup de temps pour préparer mes affaires ; Jessie était pressée.

— Beth, ma chérie, ne t'inquiète pas trop, la rassurai-je en lui prenant doucement le bras. Si tu as oublié quelque chose, je suis sûre que j'en aurai en réserve ici. Et sinon, nous demanderons à ton assistante sociale d'aller le chercher chez toi, d'accord ?

Elle acquiesça, sans paraître beaucoup plus heureuse. J'avais l'impression que, pour un enfant de son âge, elle assumait de nombreuses responsabilités chez elle. Elle avait l'air constamment préoccupée. Mais sachant que son père était à l'hôpital, ce n'était guère surprenant.

Dans la salle de bains, elle vit nos serviettes pendre au porte-serviettes et étendit tout de suite la sienne, mais de façon beaucoup plus soignée que nous. Je lui montrai les robinets d'eau chaude et d'eau froide. Ne sachant pas à quel point elle savait s'occuper d'elle-même, je restai dans la salle de bains pour voir si elle avait besoin d'aide. À l'évidence, ce n'était pas le cas. Dévissant le bouchon du tube de dentifrice, elle déposa avec précaution une dose modérée de dentifrice sur sa brosse à dents, avant de reboucher le tube et de le remettre dans sa trousse. Puis elle se brossa méthodiquement et se rinça abondamment. Une fois terminé, elle plaça sa brosse dans le gobelet où nous avions les nôtres, puis ouvrit les robinets, mélangeant l'eau chaude et l'eau froide dans le lavabo jusqu'à la bonne température, avant de se laver le visage et les mains.

— Quelle fille bien élevée, la complimentai-je, de plus en plus impressionnée.

— Il est trop tard pour prendre un bain, n'est-ce pas? demanda Beth en me regardant dans le miroir.

— Oui. Lave-toi juste le visage et les mains. Tu pourras prendre un bain demain, quand nous aurons pris nos habitudes. Manquer un bain n'est pas grave.

— C'est ce que dit mon papa, approuva-t-elle en souriant faiblement. J'espère qu'on s'occupe bien de lui à l'hôpital.

— C'est certain, ma chérie.

J'attendis que Beth sèche ses mains et son visage avec précaution avant d'étendre soigneusement sa serviette.

— Tu es très bien élevée, répétai-je.

En retournant vers sa chambre, elle annonça qu'elle allait aux toilettes avant de se coucher, comme elle le faisait chez elle. Pendant ce temps, je passai dans la chambre d'Adrian pour lui souhaiter bonne nuit et lui rappeler d'éteindre sa lampe.

— Dors bien, mon chéri, lui dis-je en le câlinant et en l'embrassant sur le front. Et merci pour ton aide avec Beth.

— Elle est plutôt bien pour une fille, commenta-t-il (ce qui, venant d'un garçon de six ans, était un compliment). Est-ce que papa revient ce week-end?

— Oui, je l'espère.

— Chouette, il me manque.

— Je sais.

Je lui donnai un autre baiser et quittai sa chambre. Beth avait fini et je retournai vers sa chambre avec elle. J'avais déjà tiré les rideaux. Avec la couette et l'oreiller à l'effigie de Cendrillon et les posters de Walt Disney au mur, la chambre me semblait chaleureuse et accueillante même si, bien sûr, cela ne valait pas d'être chez soi.

Je baissai la lumière et relevai la couette pour que Beth puisse s'y glisser, mais elle demeura immobile.

— As-tu besoin de quelque chose? lui demandai-je gentiment.

Beth secoua la tête.

— Très bien, ma chérie, alors au lit. Il est très tard et tu dois être fatiguée.

J'attendis mais Beth ne faisait toujours aucun mouvement.

— C'est sans doute un peu bizarre de dormir ici le premier soir, mais je peux laisser la porte ouverte et la lumière allumée si tu préfères.

— Non, ce n'est pas ça, répliqua-t-elle en se rembrunissant.

— Alors, c'est quoi, ma chérie? Peux-tu me le dire?

— Je ne suis pas habituée à dormir seule.

— Ah, je vois. As-tu un doudou dans ta valise, avec lequel tu dors habituellement?

Cela me semblait probable: beaucoup d'enfants possèdent un «doudou» pour ne pas se sentir seuls la nuit. Je n'en avais pas vu en sortant ses affaires de la valise mais je n'avais pas fouillé jusqu'au fond.

— Non, je n'ai pas de doudou, répondit-elle. Je n'en ai pas besoin à la maison: je me blottis contre mon papa.

— Oh, je comprends. Ton papa te fait un câlin jusqu'à ce que tu t'endormes, avançai-je, me souvenant d'avoir eu cette habitude avec John quand Adrian était petit, et le faisant encore avec Paula de temps en temps.

Je pouvais faire un câlin à Beth pour qu'elle s'endorme mais il fallait d'abord qu'elle se mette au lit. Elle me regarda d'un air sérieux, en tripotant la manche de son pyjama.

— Non, dit-elle au bout de quelques instants. Je dors avec mon papa, dans son lit.

— Oh, fis-je, mais pas tous les jours, n'est-ce pas?

Cela paraissait assez inhabituel pour une fille de son âge. Mais Beth fit pourtant oui de la tête, presque penaude.

— As-tu un lit et une chambre à toi? demandai-je (il était possible qu'ils n'aient pas de seconde chambre).

— Oui, j'ai une chambre mais je n'y dors pas. Je n'aime pas dormir seule. J'aime dormir avec mon papa et il aime dormir avec moi. Est-ce que je peux dormir avec toi? Je ne veux pas être seule.

Les directives pour les familles d'accueil conseillent aujourd'hui de ne jamais faire dormir les enfants mis en placement dans le lit de la personne qui l'accueille. Les nourrissons et les enfants de moins de deux ans, qui peuvent partager la chambre du parent d'accueil, doivent avoir leur propre petit lit. Mais à l'époque, ces conseils n'existaient nullement et, comme d'habitude, je devais compter sur mon bon sens. Je n'étais pas à l'aise avec l'idée d'avoir dans mon lit une fillette de sept ans à qui je n'étais pas apparentée, au-delà du fait que ce n'était pas très juste vis-à-vis d'Adrian et de Paula, qui dormaient dans leurs propres lits. Je pensais également que le père de Beth pourrait ne pas apprécier cet arrangement, comme si j'essayais d'usurper sa position de parent. Je ne voulais évidemment pas non plus contrarier Beth. Je devais trouver une solution.

— Beth, ma chérie, commençai-je avec douceur, assise sur le coin du lit, je ne peux pas vraiment te laisser dormir dans mon lit, mais je vais rester avec toi et te faire un câlin jusqu'à ce que tu t'endormes. Je laisserai ta porte ouverte et la lumière du couloir reste allumée. Si tu te réveilles au milieu de la nuit, tu peux m'appeler et je viendrai aussitôt.

Beth me regarda. Elle ne semblait pas convaincue. Mais elle devait aller au lit et je pensai qu'il fallait rester ferme.

— Allez, au plume, lançai-je en tapotant le lit. Je reste avec toi jusqu'à ce que tu dormes.

Non sans réticence, Beth grimpa sur le matelas et je tirai la couette jusqu'à son menton. Puis je m'allongeai à côté d'elle sur la couette, et mis mon bras autour d'elle.

— C'est bien comme ça? m'enquis-je.

— Mon papa me caresse le front, dit-elle. Comme ça.

Elle fit doucement glisser ses doigts sur son front. Beaucoup d'enfants aiment à se faire caresser le front quand ils ont du mal à s'endormir. Cela a un effet calmant.

— D'accord, consentis-je, ferme les yeux et je vais te caresser le front. Ce ne sera pas aussi bien qu'avec ton papa, mais je vais faire de mon mieux.

Finalement, Beth ferma les yeux et je commençai à lui caresser délicatement le front. Dix minutes plus tard, elle était toujours réveillée, les yeux ouverts.

— La lumière est trop forte, reprit-elle. Il fait noir dans la chambre de mon papa.

J'avais déjà baissé la lumière de la chambre. Je me levai donc pour l'éteindre complètement, en laissant la porte légèrement entrouverte, afin de continuer de voir grâce à la lumière de la cage d'escalier. Puis je retournai sur le lit de Beth, m'allongeai et recommençai à lui caresser le front. Dix minutes plus tard, ses yeux étaient à nouveau grands ouverts.

— Ce n'est pas pareil, dit-elle en pleurnichant. Mon papa est sous la couette avec moi. Je peux sentir sa chaleur quand il me câline.

Outre le fait que je ne me sentais pas tout à fait à l'aise d'agir ainsi avec Beth, je savais qu'en inaugurant une telle routine j'aurais du mal à y mettre fin plus tard. Je ne savais pas combien de temps Beth resterait avec nous mais je savais qu'il me fallait instaurer des habitudes réalistes. Je ne pouvais pas me retrouver chaque soir dans le lit de Beth. J'avais d'autres choses à faire. J'eus alors une inspiration soudaine : je me rappelai l'ours Dodo. Ma mère avait donné cette peluche en pyjama bleu rayé à Adrian, quand il était tout petit. Un soir où Adrian ne parvenait pas à s'endormir, j'avais glissé le nounours dans son lit en lui disant qu'avec l'ours Dodo – qui était, lui aussi, très fatigué – il pourrait maintenant dormir vite. Cela avait fonctionné. Par la suite, quand Adrian peinait à trouver le sommeil, l'ours Dodo était venu à la rescousse. Puis Adrian avait grandi et Paula ne s'en était jamais servie, ayant plusieurs peluches à elle dans son lit.

— J'ai trouvé, lançai-je en sautant du lit. J'ai exactement la personne qu'il te faut pour t'aider à t'endormir.

Beth me regarda avec l'inquiétude qu'il se doit.

— Aucune inquiétude, ajoutai-je, je vais chercher l'ours Dodo. C'est un ours très spécial qui te fera dormir. Reste ici, je vais le chercher, il est dans ma chambre.

Je rejoignis rapidement ma chambre et pris l'ours Dodo à l'intérieur d'un pouf dans lequel j'avais rangé les jouets d'Adrian. Il était 22 heures, j'étais fatiguée et j'avais encore du rangement à finir. *S'il te plaît, fais des miracles*, dis-je à la peluche dans ma tête alors que je l'emportais dans la chambre de Beth. Celle-ci était redressée sur son lit, totalement éveillée et me fixant d'un air inquisiteur.

— Voici l'ours Dodo, déclarai-je en m'asseyant au bord du lit. Il est très doux et câlin, et il aide les enfants à s'endormir. Quand il sera dans ton lit, tu vas voir, tu t'endormiras très vite. Il peut rester avec toi toute la nuit. Si tu te réveilles, fais-lui un câlin et tu te rendormiras aussitôt.

Cette enfant devait absolument croire à ces pouvoirs magiques pour que ça marche.

— Maintenant allonge-toi comme une sage petite fille et le marchand de sable va passer.

Beth s'allongea sur le dos ; je tirai la couette jusqu'à son menton et glissai l'ours Dodo à côté d'elle.

— Tu restes avec moi jusqu'à ce que l'ours Dodo me fasse dormir ? demanda-t-elle.

— Oui, bien sûr, ma chérie.

Je m'allongeai à côté d'elle, elle se retourna vers l'autre côté, face à l'ours Dodo. Elle l'entoura de ses bras et le rapprocha contre elle.

— Ferme les yeux, repris-je, et tu sentiras bientôt le sommeil te gagner.

Et il me gagnait en effet bien vite !

Je me mis à caresser le front de Beth alors qu'elle tenait l'ours Dodo bien serré. Quelques minutes plus tard, sa respiration devint plus profonde et son visage se détendit. Je cessai mes caresses et attendis un moment pour être sûre qu'elle s'était endormie. Puis je me dégageai avec précaution et quittai la chambre sur la pointe des pieds, laissant la porte entrouverte afin d'entendre si elle se réveillait.

J'étais plutôt fière de moi en descendant les escaliers. Beth dormait et demain j'entamerais une routine qui s'annonçait relativement confortable, avec une seule école à desservir. Une fois dans la cuisine, je laissai sortir Tosha pour sa promenade du soir et me mis à faire la vaisselle. Je me sentais bien. Beth semblait être une enfant agréable et bien élevée. J'étais sûre qu'elle s'entendrait bien avec Adrian et Paula. Le seul problème apparent était combien son père allait cruellement lui manquer. Je n'avais nullement identifié les signaux d'alarme. Cela ne viendrait que plus tard.

3

Les photographies

Beth dormit toute la nuit et je ne la réveillai qu'après Adrian.

— Magnifique, ma chérie, tu as vraiment bien dormi, lançai-je.

— C'est grâce à l'ours Dodo, déclara-t-elle en bâillant et en s'étirant. Il m'a endormie.

Je souris. Elle avait l'air beaucoup plus détendue après cette bonne nuit de sommeil mais, naturellement, ses pensées revinrent vite à son père.

— Penses-tu que mon papa reviendra à la maison aujourd'hui ? demanda-t-elle en se redressant sur son lit.

— Je ne pense pas, non, répondis-je sur un ton doux en ouvrant les rideaux. Jessie nous donnera des nouvelles quand elle en aura, mais je pense que ton papa devra rester à l'hôpital au moins quelques jours.

— J'espère pouvoir le voir bientôt. Il me manque, affirma-t-elle en descendant du lit.

— Je sais qu'il te manque, ma chérie, et Jessie a dit que tu pourrais le voir dès qu'il serait en mesure de recevoir des visiteurs.

— C'est quoi, des visiteurs ?

— Ce sont des gens qui vont voir quelqu'un. Tu peux avoir des visiteurs à l'hôpital ou chez toi.

— Nous n'avons pas de visiteurs, répliqua Beth sur un ton catégorique. Il n'y a que moi et mon papa.

Il me sembla que tous deux étaient bien seuls, sans parents ni amis pour leur rendre visite, mais je ne dis rien. Je laissai Beth s'habiller, vérifiai qu'Adrian avait quitté son lit et qu'il était d'accord que Beth lui prit l'ours Dodo. Il ne fit pas de difficulté. J'aidai Paula à se débarbouiller et à s'habiller, avant de descendre chercher Tosha. Je préparai le petit-déjeuner de Paula et me servis une tasse de café. Adrian et Beth savaient qu'ils devaient venir dès qu'ils étaient prêts. Beth arriva la première. Elle désirait des céréales et du pain grillé, « comme avec mon papa », dit-elle. Paula était déjà assise sur son siège rehaussé, mangeant son porridge. Beth s'assit à côté d'elle et Adrian nous rejoignit quelques minutes plus tard. J'étais soulagée d'avoir parlé à Adrian de l'ours Dodo car Beth, tout impressionnée par les pouvoirs magiques de la peluche, en parla beaucoup pendant le petit-déjeuner, tellement que Paula voulut aussi avoir l'ours Dodo. *Aïe*, pensai-je : nous n'en avions qu'un !

— Tu as déjà Bouboule, Roupillon et Éponge pour t'aider à t'endormir, lui dis-je en nommant certaines de ses peluches favorites.

— Et Balo, ajouta-t-elle avec le sourire.

— Exactement.

La crise était évitée.

Il était normal que Beth souhaite parler de son père. Ils étaient proches, elle était inquiète pour lui et il lui manquait. Elle oublia l'ours Dodo pour revenir à lui.

— Est-ce que mon papa aura un petit-déjeuner à l'hôpital ? demanda-t-elle.

— Oui, bien sûr, répondis-je. Ainsi que son déjeuner et son dîner et quelques tasses de thé entre les deux.

— Il va s'habiller ou il restera en pyjama ?

Beth n'étant jamais entrée dans un hôpital, la question ne manquait pas de sens.

— Il va peut-être d'abord rester en pyjama et quand il se sentira mieux, j'imagine qu'il s'habillera, avançai-je.

Je n'en avais aucune idée mais cela semblait être une supposition raisonnable.

— Je ne crois pas que mon papa ait pris son pyjama avec lui, dit Beth en me regardant avec inquiétude.

— Ne t'en fais pas. Je suis certaine que l'assistance sociale y aura pensé. Et si ton papa n'a pas ce qu'il faut, l'hôpital lui donnera ce dont il a besoin jusqu'à ce que quelqu'un lui apporte ses affaires.

Pourtant, si Derek était aussi seul dans la vie que Beth l'avait suggéré, il pourrait bien n'y avoir personne pour lui apporter quoi que ce soit. Je me promis d'en dire un mot à Jessie au téléphone.

Beth continua de parler de son père pendant tout le petit-déjeuner, pendant qu'elle se brossait les dents à l'étage, dans l'entrée alors qu'on enfilait nos manteaux et nos chaussures, et dans la voiture en allant à l'école. Ses questions et commentaires sur son bien-être se mêlaient à certains souvenirs de ce qu'ils avaient partagé. « Papa et moi, nous cuisinons ensemble... J'aime aider mon papa... Je lui prépare du thé... Mon papa et moi on s'assoit sur le canapé et on regarde la télévision... Mon papa m'emmène à l'école... Mon papa m'aide avec mes lectures... J'aime tellement mon papa... », et ainsi de suite. Je remarquai qu'Adrian était devenu silencieux dans la voiture et je croyais en deviner la raison. Le flot de paroles de Beth à propos de son père lui faisait réaliser un peu plus qu'il ne voyait pas le sien autant qu'il l'aurait voulu. J'avais passé beaucoup de temps à le rassurer sur le fait que son père, qui travaillait loin, n'avait besoin d'aucune aide et qu'il l'aimait profondément. Mais, sans aucun doute, il manquait à Adrian plus que celui-ci ne voulait bien l'admettre. Paula, plus jeune, n'avait rien connu de différent et était habituée à ne pas voir son père dans la semaine, alors qu'Adrian pouvait se souvenir du temps où John revenait chaque soir à la maison après le travail. Ils avaient partagé ces moments que décrivait Beth. Tandis que je me garais près de l'école et que nous descendions de la voiture, j'essayai de changer de sujet. En vain. Beth évoquait toujours ses souvenirs.

— Mon papa m'appelle sa petite princesse, déclara-t-elle avec fierté.

— C'est très joli, ma chérie, affirmai-je en souriant à Adrian, mais celui-ci détourna les yeux.

Nous entrâmes dans la cour de récréation et, comme d'habitude, Adrian courut vers ses amis pour jouer avec eux. Dix minutes s'écoulèrent avant la sonnerie et j'attendis là, Beth à mes côtés et Paula dans sa poussette. Je saluai quelques mères que je connaissais. Puis une femme ayant un enfant du même âge que Beth s'avança vers moi. Je l'avais déjà vue dans la cour au début et à la fin de l'année scolaire mais je ne la connaissais pas personnellement.

— Bonjour, dit-elle gentiment, ma fille Jenni est une amie de Beth, elles sont dans la même classe.

Je souris et confirmai de la tête en voyant les deux fillettes se reconnaître timidement.

— J'ai appris que le papa de Beth n'est pas bien en ce moment, poursuivit-elle. Jenni m'a dit que Beth vivait chez vous?

— Oui, pour un petit moment, jusqu'à ce que son père se sente mieux, acquiesçai-je.

— Jenni aimerait que Beth vienne s'amuser avec elle. Nous ne vivons pas loin de chez eux. Elle pourrait rester pour le thé. Nous avons déjà demandé à Beth mais son père n'était pas d'accord. Je crois qu'il est excessivement possessif.

Ne connaissant pas cette femme ni les raisons de la décision de Derek de ne pas laisser Beth aller chez Jenni, je n'étais pas sûre d'accepter cette offre, ni du commentaire sur Derek. Ce n'était pas à moi de revenir sur la décision de ce dernier.

— C'est très aimable à vous, dis-je. Je demanderai au père de Beth si c'est d'accord et nous organiserons cela.

— Oui, bien sûr, repartit-elle en haussant légèrement les épaules et en partant voir une autre maman.

Sa fille la suivit. J'espérai ne pas l'avoir offensée.

— Veux-tu aller jouer chez Jenni si ton père est d'accord? demandai-je à Beth.

— Je joue avec Jenni à l'école, répondit-elle.

— Oui, je sais, et c'est très bien mais la mère de Jenni demande si tu aimerais aller jouer ensemble chez elle. Je dois d'abord interroger ton père.

— Mon père refusera, dit Beth sur un ton neutre. Il ne veut pas que j'aille là-bas.

Les parents ont la responsabilité de choisir avec qui leurs enfants s'amusent en dehors de l'école. Derek, quelle qu'en soit la raison, avait décidé que Beth ne devait pas voir Jenni et Beth l'avait accepté. En tant que parent d'accueil, ce n'était pas à moi de choisir. Jusqu'à ce que Beth ajoute :

— Je ne peux pas jouer avec les autres enfants quand je ne suis pas à l'école. À la maison, je joue avec mon papa.

Je la regardai avec attention.

— Tu ne reçois jamais d'amis pour jouer chez toi?

— Non, répondit-elle.

— Es-tu déjà allée jouer chez d'autres amis?

— Non.

Je commençai à penser que la mère de Jenni avait peut-être raison de dire que le père de Beth était trop possessif. Mais je savais également qu'il ne m'appartenait pas de juger. L'assistante sociale de Beth avait dit que Derek s'était bien occupé de l'éducation de sa fille et rien ne suggérait que Beth soit malheureuse chez elle, tant s'en faut: elle adorait son père.

La cloche retentit et Adrian, redevenu lui-même, courut pour dire au revoir. Il m'embrassa rapidement, ainsi que Paula, cria «à tout à l'heure» à Beth et rejoignit ses copains qui se mettaient en rang avant d'entrer en classe.

— Je t'attendrai ici à la sortie, dis-je à Beth.

Nous nous dîmes au revoir et elle se dirigea vers sa classe, se mettant à papoter avec les autres filles. Beth avait l'air d'une enfant sociable. Elle avait manifestement des amies à l'école. Elle ne les voyait simplement pas en dehors, contrairement à la plupart des enfants de son âge.

Je n'avais pas prévu d'entrer dans l'école. Ce n'était pas nécessaire. Jessie avait informé l'établissement que Beth résidait chez moi et ils avaient déjà mes coordonnées du fait d'Adrian. Les rangées d'élèves commençaient à intégrer leurs classes et je tournai les talons. C'est alors que Mlle Willow, la maîtresse de Beth, courut vers moi.

— J'ai appris que Beth habitait chez vous? me dit-elle en arrivant à mon niveau, le souffle un peu court.

— Oui, c'est exact, jusqu'à ce que son père aille mieux.

— Pourrions-nous discuter cet après-midi, après la classe ?

— Bien sûr.

— Merci, à tout à l'heure alors, dit-elle avant de repartir au pas de course vers ses élèves.

Je me demandai à quoi rimait tout cela.

Je rentrai chez moi, débarrassai le petit-déjeuner et passai un moment à jouer avec Paula et à feuilleter un livre d'images avec elle. En milieu de matinée, elle fit une petite sieste. J'en profitai pour défaire la valise de Beth. De très grande taille, elle prenait de l'espace dans sa chambre. La veille au soir, je ne l'avais que brièvement ouverte pour en retirer ses vêtements de nuit et sa trousse de toilette. Beth elle-même avait déballé d'autres choses après le petit-déjeuner. Je rangeai le reste de ses habits dans la penderie et dans les tiroirs. Je ne faisais pas très attention à ce que je déballais mais il semblait y avoir beaucoup de dentelle et de vêtements légers, plus adaptés à l'été qu'au milieu de l'hiver.

Une fois les habits sortis, je trouvai une serviette étendue sur le reste des affaires. Au toucher, ce qu'il y avait en dessous paraissait dur. Je soulevai la serviette et tombai sur de nombreuses photographies encadrées, rapidement enveloppées dans du papier journal. Les enfants mis en placement apportent souvent avec eux quelques photos de leur famille. Je les encourage d'ailleurs à le faire pour leur réconfort. J'ai l'habitude de les faire encadrer et de les poser sur les étagères de leur chambre, pour qu'ils les voient le soir de leur lit. Mais les photographies de Beth étaient déjà encadrées et elles étaient nombreuses. J'en comptai dix et il y en avait encore. *Pas surprenant que cette valise soit si lourde*, songeai-je. J'avais le sentiment qu'elle avait dépouillé le salon car les encadrements, en bois laqué, ressemblaient plus à ceux d'un salon qu'à ceux d'une chambre d'enfant. Je retirai le papier journal de chaque photographie. Tous les clichés représentaient Beth et son père et je pouvais désormais mettre un visage sur Derek. Je savais déjà qu'il avait presque la cinquantaine. Je voyais maintenant qu'il était de taille et de corpulence moyennes, des cheveux grisonnants et des yeux bleu-gris. Je me demandai si j'allais trouver une photo de la mère de Beth, mais il n'en fut rien.

Ayant vidé la valise, je l'apportai dans ma chambre où je la soulevai pour la ranger au-dessus de ma penderie. Je retournai dans la chambre de Beth et me mis à arranger les photos sur les étagères. Il y en avait quinze en tout, de tailles différentes, portraits ou paysages. Beth et son père posaient et souriaient sur chacune d'elles. Ils avaient manifestement profité de nombreuses journées de vadrouille. On les voyait à la plage, au zoo, à la fête foraine, devant un château ou dans un musée, ainsi que chez eux. La dernière en date avait été prise à Disneyland. *Quelle jeune fille chanceuse*, me dis-je. Beth était habillée en princesse de conte de fées et son père en beau prince charmant. Je disposai les photos sur trois étagères avant de reculer de quelques pas pour admirer mon travail. Je pensai que Beth serait heureuse de cette disposition.

Pourtant, alors que je contemplais les photographies, je me sentis légèrement mal à l'aise. Je ne pouvais dire pourquoi mais toutes ces photos de Beth et de son père dans les bras l'un de l'autre, se souriant l'un à l'autre ou à l'objectif, me perturbaient. Paula se réveilla alors et, écartant ce sentiment de gêne, je me rendis dans sa chambre.

Jessie téléphona cet après-midi-là. Elle avait parlé à une infirmière du service où se trouvait Derek. Celui-ci avait bien dormi et elle me demandait de le transmettre à Beth. Jessie me dit également qu'il était trop tôt pour savoir combien de temps Derek devrait demeurer à l'hôpital ou quand Beth pourrait le voir. Mais je devais téléphoner à l'hôpital au cours du week-end pour que Beth puisse parler à son père.

— Bien sûr, dis-je en notant le numéro de l'hôpital.

— Derek est dans la chambre 3, précisa Jessie. Il est très soucieux pour Beth, entendre sa voix devrait donc lui faire du bien. Pourriez-vous appeler samedi ou dimanche, s'il vous plaît?

— Oui, cela rassurera aussi Beth. Ils sont très proches et elle s'inquiète naturellement pour lui, même si je lui ai assuré qu'on s'occupait bien de lui.

— Merci. A-t-elle tout ce dont elle a besoin?

— Je pense, oui. J'ai défait sa valise ce matin. Elle semble avoir tout ce qu'il faut.

— Et comment! J'ai dû l'empêcher d'en emporter davantage. Qu'avez-vous fait avec toutes ces photos?

— Je les ai disposées sur les étagères dans sa chambre. Cela me rappelle que Beth était inquiète que son papa n'ait pas son pyjama et des affaires propres avec lui à l'hôpital. Je lui ai dit que je vous le demanderais.

— Vous pouvez lui confirmer qu'il a tout ce dont il a besoin. Marianne a tout apporté, mais mieux vaut ne pas dire cela à Beth.

— Marianne? repris-je.

— C'était la petite amie de Derek pendant longtemps. Son ex, puisque leur relation est terminée. Mais il lui téléphone toujours quand il a besoin d'aide. Elle possède les clés de son appartement.

— Oh, je vois. C'est gentil de sa part.

— Oui. J'imagine que Beth n'a pas parlé de Marianne ?

— Non. J'ai l'impression que Beth et son père sont très seuls.

— Oui, maintenant ils le sont, répondit Jessie sur un ton plein de sous-entendus mais sans en dire davantage.

4

Inapproprié

Cet après-midi-là, je me demandais à quelle heure je devais entrer dans l'école pour y retrouver Mlle Willow quand Adrian apparut dans la cour, où j'attendais. Il avait un message :

— Mlle Willow est avec Beth dans sa classe et m'a demandé de t'y conduire.

Il avait l'air assez fier de cette responsabilité.

— Merci, mon cœur, dis-je.

Les autres enfants sortaient maintenant de l'école. Je pliai la poussette et la laissai dans un coin, sous le porche d'entrée.

— Est-ce que je vais à l'école maintenant ? demanda Paula tandis qu'Adrian lui prenait la main.

— Non, frangine, tu es trop petite, répondit-il en riant.

— Nous n'allons à l'école que pour un petit moment, expliquai-je à Paula, pour voir la maîtresse de Beth.

— Je vais à la grande école ! s'exclama-t-elle.

La salle de classe de Beth était située au premier étage. Adrian et moi prîmes chacun une main de Paula et, pendant que nous grimpions les marches, elle les comptait aussi loin qu'elle pouvait, comme elle le faisait à la maison. Lorsque nous arrivâmes à l'étage, Mlle Willow et Beth sortirent de la salle de classe.

— Bonjour, dit l'institutrice en s'avançant vers nous, merci d'être venue.

— Comment va mon papa ? me demanda immédiatement Beth.

— Il va bien. Ton assistante sociale a téléphoné. Je te raconterai après, lui déclarai-je, ne voulant pas retarder Mlle Willow.

— Beth et Adrian pourraient nous attendre dans la bibliothèque, suggéra l'enseignante.

— Oui, et je garde Paula avec moi, acquiesçai-je.

— Nous reviendrons quand nous aurons fini, ajouta-t-elle aux enfants.

— Oui, maîtresse, dirent-ils avec respect.

Ils descendirent. Je pris la main de Paula et suivis Mlle Willow dans sa classe. M'invitant à m'asseoir, elle demanda à Paula si elle voulait faire du coloriage. Paula fit oui timidement. L'enseignante prit du papier et des crayons dans l'une des armoires et les posa sur une table. Elle tira deux chaises pour Paula et moi.

Beth aimait bien Mlle Willow et je compris pourquoi. Elle était chaleureuse et amicale. Je pense qu'elle n'avait pas la trentaine. Avec de longs cheveux châtains, elle était habillée à la mode mais de manière élégante. Je savais qu'elle avait rejoint cette école l'année précédente et, à en croire les potins de la cour de récréation, elle était une excellente institutrice. J'espérais secrètement qu'Adrian serait dans sa classe l'année suivante.

— Je ne vous garderai pas longtemps, annonça-t-elle sur un ton d'excuse, mais j'ai pensé que ce serait bien de vous parler dans la mesure où Beth vit chez vous.

J'imagine que vous ne savez pas encore combien de temps Derek sera à l'hôpital?

— Non. Au téléphone, Jessie, l'assistante sociale, a dit qu'il avait passé une bonne nuit, mais c'est tout.

— Et vous ne connaissez pas Derek personnellement, n'est-ce pas?

— Non, je ne l'ai jamais rencontré, mais je l'ai probablement vu de loin, dans la cour de l'école, à la rentrée ou en fin d'année.

Mlle Willow opina légèrement, l'air sérieux.

— Ce n'est pas un secret qu'il est un père célibataire. Beth n'a jamais connu sa mère.

— C'est ce que j'ai compris.

Elle marqua une nouvelle pause.

— Beth vous a-t-elle beaucoup parlé de son père? Je sais qu'elle vient d'arriver mais vous a-t-elle parlé de lui?

— Elle parle de lui sans arrêt, répondis-je en souriant. Ils sont manifestement très proches et il lui manque beaucoup.

— Oui, fit-elle, donnant l'impression de rassembler ses idées.

Je jetai un coup d'œil sur Paula, qui était concentrée sur son dessin, et lui soufflai quelques mots d'encouragement.

— Je vous prie de garder pour vous ce que je vais vous dire, reprit alors Mlle Willow, l'air grave. La directrice adjointe sait que j'ai demandé à vous voir. Cela fait quelque temps que nous nous faisons du souci pour Beth. Pas sur le plan scolaire : elle travaille très bien. Mais au sujet de sa vie chez elle.

Elle marqua un silence.

— Pour dire les choses clairement, nous sommes soucieux du fait que la relation de Beth avec son père soit beaucoup trop coupée du monde pour une enfant de son âge. C'est oppressant et cela étouffe son développement social. Beth n'est pas autorisée à participer aux sorties scolaires : une excuse est toujours trouvée. Je sais par d'autres élèves qu'elle n'a pas la permission d'aller aux fêtes d'anniversaire ni à jouer avec des amis en dehors de l'école. Beth parle beaucoup de son père. Toute sa vie semble tourner autour de lui, et la sienne autour d'elle. Il y avait une femme dans la vie de Derek mais ils se sont séparés il y a quelques mois. La situation s'est aggravée après cela. Le père de Beth est tombé malade et elle est devenue son aide-soignante. J'étais tellement inquiète à propos de certaines choses qu'elle me racontait que j'en ai parlé à la directrice adjointe et elle a alerté les services sociaux. Beth vous a-t-elle dit quelque chose sur (Mlle Willow chercha ses mots quelques instants), sur quoi que ce soit qui vous aurait semblé inapproprié ?

Je la regardai dans les yeux.

— Beth n'est avec moi que depuis peu, répondis-je. Elle parle beaucoup de son père et elle a apporté de nombreuses photos, mais elle n'a pas vraiment dit quoi que ce soit de déplacé.

— Je comprends, dit-elle. Si quelque chose vous vient à l'esprit, pourriez-vous en parler à l'assistante sociale, s'il vous plaît ?

— Oui, bien entendu, repartis-je, perplexe et inquiète.

Je ne savais pas exactement ce que l'on me demandait et j'avais le sentiment qu'on me cachait quelque chose. Peut-être Mlle Willow était-elle tenue à la confidentialité.

— La situation va peut-être s'améliorer maintenant que Derek reçoit une aide médicale, ajouta-t-elle.

Comprenez-moi bien, Beth est une bonne élève et je sais que vous vous occuperez très bien d'elle.

Je la remerciai, aidai Paula à descendre de sa chaise et pris son dessin avec nous. Nous quittâmes la salle de classe et comptâmes à nouveau les marches d'escalier mais mon esprit était préoccupé par ce que Mlle Willow venait de me dire. « Inapproprié » était le mot qu'elle avait utilisé. Beth avait-elle dit quoi que ce soit d'inapproprié ? Pas vraiment, même si je me souvenais d'avoir été mal à l'aise à l'idée de l'avoir pelotonnée dans mon lit, comme elle le faisait avec son père. L'étais-je parce que c'était inapproprié ? Je ne pouvais le dire. Les propos de Mlle Willow m'avaient prise au dépourvu. Je m'étais attendue à une discussion sur les progrès de Beth en classe. Je réalisai qu'elle avait dû confier ses inquiétudes à Jessie, même si cette dernière ne m'en avait rien dit.

Arrivée à la maison, je dis à Beth que Jessie avait téléphoné à l'hôpital et qu'une infirmière lui avait assuré que son papa avait passé une bonne nuit. Je lui dis également qu'elle pourrait l'appeler au cours du week-end. Elle était ravie. Elle fut aussi contente de la façon dont j'avais exposé ses photos, mais passa un moment à les arranger différemment. Beth parla encore de son père au cours du dîner mais, dans la mesure où John revenait le lendemain soir, Adrian n'en sembla pas trop affecté.

— Demain, tu vas rencontrer mon papa, lança-t-il gaiement à Beth.

— Demain, tu vas rencontrer mon papa, répéta Paula.

Ce soir-là, en entrant dans la chambre de Beth pour lui souhaiter bonne nuit, elle me déclara :

— Je n'ai plus besoin de l'ours Dodo ; j'ai mon papa avec moi.

Je restai coite un instant, jusqu'à ce que Beth soulève sa couette pour découvrir la plus grande des photographies encadrées, nichée à côté d'elle dans le lit. Je souris.

— Je vois, mais le cadre est très dur, tu pourrais te blesser pendant la nuit.

Je craignais aussi que le verre ne se casse, risquant de la couper si elle roulait dessus dans son sommeil.

— Je vais la mettre sous mon oreiller, dit-elle. C'est ce que j'avais fait la dernière fois que mon papa était à l'hôpital.

— Ah bon ? Quand était-ce ? demandai-je, ne sachant pas que Derek avait déjà été hospitalisé.

— Il y a environ un an, je crois, avança-t-elle en donnant un baiser à la photo avant de la glisser sous l'oreiller. Il avait dû être opéré au ventre. Ça s'appelait une nernie. Quand il est revenu à la maison, il n'avait pas le droit de soulever quoi que ce soit.

— Ce devait être une hernie, dis-je. Et qui s'était occupé de toi pendant qu'il était à l'hôpital ?

— Marianne, répondit-elle en faisant une sale tête. Elle reste parfois chez nous. Elle est méchante. Je la déteste.

C'était la première fois que je voyais de la hargne dans le regard de Beth.

— Elle aimait mon papa mais il ne l'aimait pas. Il l'a fait partir. C'est beaucoup, beaucoup mieux quand on est juste tous les deux. J'aime mon papa et il m'aime.

— Je sais, ma chérie.

Le soir suivant, un vendredi, John rentrait à la maison pour le week-end. Dès qu'Adrian et Paula entendirent la clé tourner dans la serrure, ils dévalèrent les escaliers en criant : « Papa ! Papa est rentré ! »

J'étais dans le salon, où j'écoutais Beth en train de lire. « On est là ! » m'exclamai-je de loin. John entra, Adrian et Paula dans les bras. Je l'embrassai et lui présentai Beth. John savait qu'elle était là ; je lui avais téléphoné la veille au soir. Il était aussi dévoué à notre famille d'accueil que je l'étais. Mais maintenant qu'il travaillait loin, il ne pouvait aider que le week-end.

— Salut, Beth, dit-il, comment ça se passe ?

— Mon papa est à l'hôpital, répliqua-t-elle. Il me manque.

— J'en suis certain, mais les médecins vont le guérir.

John s'assit sur le canapé, Adrian à côté de lui et Paula sur ses genoux, câlinant les enfants et écoutant ce qu'ils avaient fait dans la semaine. Beth était assise à côté de moi et je vis son visage changer, devenir plus morose. Je comprenais pourquoi : avec le retour de John, la situation des enfants s'était inversée. Adrian et Paula avaient leur papa avec eux, soulignant un peu plus l'absence de celui de Beth. J'essayai de compenser en lui prêtant une attention soutenue.

John dîna sous les yeux d'Adrian et de Paula, assis à table. Je lisais une histoire à Beth dans le salon. Son repas terminé, nous fîmes un jeu ensemble. Puis je proposai à Beth de venir m'aider à mettre Paula au lit. Je me disais que cela occuperait son esprit et donnerait à Adrian un peu de temps seul à seul avec son père. Mais Beth ne voulut pas venir. Elle préférait demeurer dans le salon. Je la laissai donc là avec John et Adrian. Vingt minutes plus tard, quand je descendis pour dire à John que Paula était couchée et attendait qu'il aille l'embrasser, Beth était sur le sofa, blottie contre John. Adrian, assis de l'autre côté, se tenait bien droit. Tous deux regardaient le livre que John avait ouvert sur ses genoux et lisait à leur attention. Je dis à John que Paula l'attendait et Beth, prenant son bras et se blottissant contre lui, lui demanda :

— Tu dois y aller?

John hésita.

— Oui, il le doit, affirmai-je.

— Je ne serai pas long, dit-il, se détachant de Beth avec douceur.

J'avais découvert au début de notre expérience de famille d'accueil qu'il était très important (mais pas toujours facile) de trouver le bon équilibre entre l'attention que l'on porte à ses propres enfants et celle qu'on offre à ceux qu'on accueille, afin que chacun se sente aimé, chéri et spécial.

Ce soir-là, alors que je bordais Beth, elle demanda si John pouvait venir lui faire un baiser de bonne nuit, comme pour Paula. « Oui, bien sûr », dis-je sans hésitation. J'appelai John, qui était dans la chambre d'Adrian. Il vint dans celle de Beth et lui fit un baiser sur le front. Elle le remercia gentiment. Je pouvais voir que John trouvait Beth aussi adorable et simple que moi.

Le week-end fut glacial et nous restâmes dans la maison l'essentiel du samedi. Les enfants jouèrent, parfois ensemble, parfois séparément, parfois encore avec John ou moi. Au début de l'après-midi, je pensai que le moment était bien choisi d'appeler le père de Beth. Après le déjeuner, je laissai John, Adrian et Paula dans le salon et emmenai Beth dans notre chambre où elle pourrait téléphoner plus tranquillement. Beth s'assit sur le bord de mon lit et attendit que je compose le numéro de l'hôpital pour demander la chambre 3. « Un instant », dit l'infirmière. Une minute passa avant qu'une voix masculine résonne au bout du fil :

— Allô, Beth, c'est toi ?

— Derek, c'est Cathy à l'appareil, répondis-je, la mère d'accueil de Beth. Elle est ici avec moi.

— Oh merci beaucoup, dit-il. Merci de téléphoner, c'est tellement gentil de votre part. Vous ne savez pas combien Beth me manque.

Sa voix douce se brisa. Je pouvais sentir l'émotion dans sa voix et les larmes me montèrent aux yeux.

— Je vous la passe.

— Allô, papa, fit Beth d'une petite voix. Quand est-ce que tu reviens à la maison ?

— Bientôt, mon bébé, l'entendis-je répondre. Dès que possible, ma princesse. Mais papa ne va pas très bien en ce moment. Il faut d'abord que je me rétablisse.

— Combien de temps cela prendra, papa ? Tu me manques tellement.

— Tu me manques aussi, ma princesse. Chaque instant. Est-ce que tu es allée à l'école ?

— Oui, Cathy m'y a emmenée.

— Très bien. Dis-lui merci de ma part.

Beth s'écarta du combiné et me répéta « Papa vous dit merci », en me regardant avec de grands yeux ronds et tristes.

— Pas de problème, répondis-je suffisamment fort pour que Derek entende.

— Tu reviens dans combien de temps, papa ? demanda à nouveau Beth.

— Bientôt, princesse. Dès que je me sens mieux.

— Qu'est-ce que tu as, papa ?

Derek garda le silence. La question me semblait délicate. Comment expliquer des troubles mentaux à un enfant ?

— Je me sens submergé, répondit-il enfin, la voix tremblante. Je n'arrête pas de pleurer. Tu m'as bien vu. Cela ne va pas. Cela te fait pleurer aussi.

— Je sais. Je n'aime pas te voir pleurer, papa. Cela me rend triste. J'aimerais que tu sois là avec moi et que je puisse t'aider à te sentir mieux.

Il resta silencieux à nouveau. Puis Beth reprit :

— Ne pleure pas, papa, s'il te plaît, ne pleure pas.

J'entendis un sanglot réprimé à l'autre bout du fil. Beth me passa alors le combiné.

— Papa veut vous parler.

Je pouvais entendre les pleurs de Derek.

— C'est Cathy, dis-je sur un ton doux, essayez de ne pas vous en faire. Beth va bien et je m'occupe d'elle.

Se reprenant, il dit :

— Je sais que vous vous en occupez. Je n'arrive pas à lui parler pour l'instant. Entendre sa petite voix me rend trop malheureux. Pourriez-vous m'appeler demain, s'il vous plaît ? Je promets de ne pas pleurer.

J'avais comme une boule dans la gorge. *Le pauvre homme*, pensai-je.

— Oui, bien entendu, nous vous appellerons demain. Cette heure vous convient-elle ?

— N'importe quelle heure me va, dit-il d'une voix fragile. Merci. Embrassez bien Beth de ma part. J'irai mieux demain, c'est promis.

Incapable d'en dire davantage, il raccrocha.

Je posai le téléphone et regardai Beth. Ses yeux étaient brillants et sa lèvre inférieure tremblait. Je la pris dans mes bras et la serrai contre moi.

— Papa est un peu bouleversé, expliquai-je, mais il ira mieux bientôt. Il te dit qu'il t'aime beaucoup et que nous devons lui téléphoner demain.

— Je l'aime aussi, déclara Beth. Je l'aime tellement.

Être parent d'accueil est parfois un brise-cœur.

Je câlinai Beth jusqu'à ce qu'elle se sente mieux, lui assurant qu'on s'occupait bien de son papa et que nous lui parlerions à nouveau le lendemain. Puis nous redescendîmes. John, Adrian et Paula étaient en train de recouvrir la table de papier pour faire de la peinture. Beth s'assit autour de la table à côté de John et se joignit rapidement à leur activité. Elle ne le quitta pas de la journée, le suivant comme son ombre. À l'évidence en mal de son père, elle se consolait par la présence d'une autre figure paternelle. Il me vint à l'esprit que lorsque John partirait lundi, il n'y aurait pas qu'Adrian et Paula à qui il manquerait. Je me dis également que c'était vraiment gentil de la part d'Adrian et de Paula de partager l'attention de leur père aussi facilement. J'étais fière d'eux. Ils ne se plaignaient pas et je prenais conscience de ma chance d'avoir des enfants aussi compréhensifs et accommodants. Il faut l'engagement de toute la famille pour réussir un accueil.

Au coucher, Beth voulut que John vienne lui souhaiter bonne nuit, comme la veille. Paula dormait déjà et John était dans la chambre d'Adrian, l'aidant à terminer un grand puzzle qui prenait toute la place au sol. L'affaire durait depuis Noël, quand Adrian avait reçu ce puzzle en cadeau. J'appelai John de la chambre de Beth. Au moment où il arriva, Adrian cria :

— Maman ! Viens voir mon puzzle, on a presque fini.

Laissant John dans la chambre de Beth, j'allai admirer le puzzle. Sur les mille pièces, il n'en restait que deux douzaines à placer.

— Formidable ! m'exclamai-je. Tu as fait un beau travail.

— Quand j'aurai fini, je ne vais pas le défaire, déclara-t-il tout excité. Papa dit qu'on peut le coller sur un grand panneau et qu'il l'accrochera au mur de ma chambre.

— Ça m'a l'air d'être une bonne idée, le félicitai-je encore une fois.

Je sortis et retournai dans la chambre de Beth où, légèrement surprise, je trouvai John affalé sur le lit, avec Beth dans les bras.

— Beth voulait un câlin comme son papa lui en donne, expliqua-t-il d'un air innocent.

— Elle a une photo de son père sous son oreiller, dis-je, un peu mal à l'aise. Et il y a l'ours Dodo.

Peut-être John entendit-il quelque chose dans ma voix car, après avoir donné un rapide baiser à Beth sur le front, il sauta du lit et retourna dans la chambre d'Adrian terminer le puzzle. John n'avait rien fait de mal mais le voir allongé avec Beth sur le lit n'avait pas l'air correct. Les paroles de Mlle Willow me revinrent, avec ce terme « inapproprié ». Un mot dont j'allais bientôt apprendre l'usage.

5
Marianne

Le dimanche qui suivit fut une autre journée de grand froid et nous décidâmes d'aller au cinéma voir le nouveau Walt Disney, à 15 heures. Après le déjeuner, vers 13 h 30, j'emmenai Beth à l'étage pour téléphoner à son père. Derek prit le téléphone très rapidement. J'entendis tout de suite que son moral était meilleur. Sa voix était plus légère et plus vive.

— Merci beaucoup d'appeler. Je suis désolé pour hier, s'excusa-t-il.

— Je vous en prie, je suis contente que vous vous sentiez mieux. Je vous passe Beth.

— Merci, Cathy.

Beth souriait.

— Salut, papa, comment vas-tu ?

— Je vais bien, l'entendis-je répondre. Alors, comment va ma petite princesse ?

— Je vais bien aussi, dit-elle gaiement. Nous allons au cinéma cet après-midi et je vais avoir du popcorn et de la glace.

J'étais heureuse de voir l'esprit positif de Beth au lieu de l'entendre dire à son père, comme la veille, qu'il lui manquait. J'avais eu une petite conversation le matin avec elle, pour lui expliquer que cela aiderait son père d'avoir une discussion heureuse pour qu'il ne soit pas trop inquiet. Elle l'avait manifestement enregistré et elle décrivait maintenant les jeux auxquels nous avions joué et les peintures qu'elle avait réalisées pour lui et qu'elle lui donnerait lorsqu'elle le retrouverait.

Je me détendis, allongeant les jambes et me reposant contre la tête de lit, prête à une longue conversation téléphonique. Beth m'imita. Je me dis que je pourrais la laisser discuter avec son père. Mais peut-être Derek voudrait-il me parler et si Beth devenait agitée, je voulais être là pour la réconforter. Beth continua à discuter gaiement, répondant maintenant à ses questions sur son habillement.

— Portes-tu la robe bleue que je t'ai achetée le mois dernier ? Celle avec un nœud dans le dos.

— Non, répondit-elle, je porte ma nouvelle robe rose.

— Bien. J'aime bien quand tu portes celle-là, dit-il.

— Je sais, papa, c'est pour ça que je l'ai choisie, sourit-elle.

Beth préférait les robes aux jeans ou aux pantalons de survêtement. Elle prenait son temps pour choisir ses habits quand elle ne portait pas l'uniforme scolaire.

— J'aime bien être belle pour toi, papa, ajouta-t-elle en tordant le cordon du téléphone.

— Mais je ne peux pas te voir, répliqua Derek en blaguant.

— Je sais mais tu peux m'imaginer dans ma robe rose, n'est-ce pas ?

— Oui. Si je ferme les yeux, je peux te voir dans ta robe rose, les cheveux tombant sur tes épaules, comme une vraie princesse : la princesse de papa.

— Et tu es mon prince ! s'exclama Beth. Et nous vivrons heureux pour toujours dans un château magique de conte de fées, juste toi et moi.

Beth aimait les contes de fées. Son père, m'avait-elle dit, lui en lisait à la maison, et je lui en avais lu quelques-uns.

— Alors qu'est-ce que tu vas voir au cinéma ? demanda Derek.

Beth lui répondit. Puis elle ajouta :

— John vient. Il est là pour le week-end.

— Qui est John ? interrogea Derek.

— Le mari de Cathy. Il l'aide à s'occuper de moi.

Il y eut un silence à l'autre bout de la ligne. Puis Derek déclara :

— S'il te plaît, ne dis pas ça, ma princesse, ou tu vas rendre triste ton papa. Il n'y a qu'un seul homme dans ta vie et c'est moi, ton papa.

— Je sais, je blague, s'exclama aussitôt Beth. S'il te plaît, ne sois pas triste, papa. Je pense à toi tout le temps, même la nuit. Je dois dormir seule ici et tu me manques beaucoup. Je voulais dormir avec Cathy mais elle n'a pas voulu. J'ai ta photo sous mon oreiller, mais ce n'est pas pareil qu'être avec toi.

— Cela devra faire l'affaire pour le moment, répondit-il sèchement. Souviens-toi de ne jamais dormir avec personne d'autre que ton papa. Souviens-t'en.

— Oui, je m'en souviendrai, repartit Beth.

Je réalisai soudain que la conversation semblait avoir pris une autre tournure, avec laquelle je n'étais pas tout à fait à l'aise. J'avais eu la même sensation en regardant toutes les photographies encadrées de Beth avec son père. Mais je n'arrivais pas encore à cerner ce qui me mettait mal à l'aise. Je regardai Beth, qui tordait de nouveau le cordon du téléphone.

Elle avait un air sérieux tout en continuant de rassurer son père.

— Bien sûr que je ne dormirai avec personne d'autre, assura-t-elle. Je ne dors qu'avec toi. Tu es mon prince charmant pour toujours.

— Merci, princesse. Je t'aime.

— Je t'aime aussi, papa. Tu n'es plus triste, n'est-ce pas ?

— Non.

Beth demanda alors à son père ce qu'il avait fait dans la journée. Il répondit qu'il avait regardé la télévision. Ils papotèrent ainsi pendant cinq minutes. Derek lui raconta la routine de l'hôpital. Beth posa quelques questions. Puis il dit qu'il devait partir. Ils s'échangèrent de nombreux baisers avant de se dire au revoir et Derek demanda à me parler. Beth me tendit l'appareil et partit rejoindre John, Adrian et Paula en bas.

— Je voulais savoir quand vous appelleriez à nouveau, demanda Derek.

— Je n'en suis pas sûre, répondis-je. L'assistante sociale a seulement parlé de samedi et dimanche.

— Je veux que Beth m'appelle tous les soirs.

— Je suppose que c'est possible, dis-je dans le doute.

— Bien. Nous dînons à 18 heures ici. Vous pouvez donc m'appeler à 19 heures. Je serai prêt et j'attendrai le coup de téléphone.

— Très bien, 19 heures, confirmai-je en espérant ne pas me tromper.

— Merci. Embrassez Beth pour moi et dites-lui que je lui parlerai demain.

Nous nous saluâmes et je descendis, passant le message à Beth. Elle était évidemment ravie de pouvoir parler à son père tous les soirs.

— Mon papa me manque, déclara-t-elle à tout le monde.

— Bien sûr, fit John, c'est tout à fait normal.

Ce soir-là, après un agréable après-midi au cinéma et alors que tous les enfants étaient couchés, John et moi nous assîmes pour discuter dans le salon.

— Tu manques à Adrian beaucoup plus qu'il ne l'avoue, lui dis-je, j'espère que tu n'auras pas à travailler loin trop longtemps.

— Je l'espère aussi, répondit John avec un léger haussement d'épaules. Mais tu sais bien que je dois aller où la société m'envoie – je n'ai pas trop le choix en ce domaine.

— Tu pourrais peut-être téléphoner pendant la semaine ? Beth va parler à son père tous les soirs et ce serait bien pour Adrian et Paula de t'entendre.

— J'essaierai, mais ce n'est pas toujours possible. Il nous arrive de terminer le travail à une heure tardive.

— Je comprends, affirmai-je, en espérant qu'Adrian et Paula le comprendraient aussi.

Comme au cours de l'après-midi, mes pensées revinrent à Beth et son père. J'exprimai maintenant mes inquiétudes à John. J'avais besoin de son avis.

— Je sais que tu n'as pas beaucoup vu Beth, mais d'après ce que tu as vu, n'as-tu pas l'impression que sa relation avec son père est un peu trop intense ? Ils s'aiment beaucoup, à l'évidence, mais n'est-ce pas trop ?

Je ne savais pas comment le formuler autrement. John me regarda avec un air étrange.

— Non. Qu'est-ce qui te fait dire ça ?

— Eh bien, Beth parle de son père sans arrêt et tu as vu toutes ces photos dans sa chambre. Elle n'a pas le droit de jouer avec d'autres enfants hors de l'école.

Son institutrice m'a dit que leur relation pourrait étouffer le développement social de Beth. Cet après-midi, lorsqu'ils étaient au téléphone, leur conversation m'a mis un peu mal à l'aise.

Je m'arrêtai, incapable de trouver les mots qui auraient reflété correctement mon intuition. John continuait de me fixer du regard.

— Non, je ne pense pas qu'il y ait quelque chose d'anormal dans le fait que Beth et son père s'aiment l'un l'autre, dit-il. Si j'étais à l'hôpital, j'espère qu'Adrian et Paula parleraient beaucoup de moi. Je crois que la maîtresse devrait se concentrer sur son enseignement plutôt que de créer des problèmes.

J'étais surprise. D'habitude, John me soutenait davantage lorsque j'exprimais une inquiétude. Je laissai donc tomber le sujet. John repartait le lendemain matin. Je ne voulais pas de zizanie.

Un peu plus tard, je téléphonai à mes parents, comme j'en avais l'habitude le dimanche soir si je ne les avais pas vus au cours du week-end. John quitta le salon pour aller préparer sa valise. J'évacuai Beth et son père de mon esprit. La réaction de John m'avait en partie convaincue qu'il n'y avait rien de mal. Nous nous couchâmes à minuit et je ne me réveillai qu'au son de la porte d'entrée se refermant derrière John. Je regardai le réveil sur la table de nuit. Il était 6 h 15. En me retournant, je vis que John avait laissé un mot sur l'oreiller. *J'espère que je ne t'ai pas contrariée. J'essaierai de téléphoner plus souvent aux enfants. Bonne semaine. Bises, John.* J'étais heureuse.

Je restai au lit jusqu'à 7 heures, pris une douche et m'habillai avant d'aller réveiller les enfants pour les conduire à l'école. Nous entrions dans la routine de la semaine. Beth arriva la première au petit-déjeuner, après s'être lavée et avoir fait son lit. Adrian avait besoin de quelques rappels avant de montrer le bout de son nez mais, comme toujours, après un certain nombre d'admonestations, nous quittâmes la maison à temps. En arrivant dans la cour, Beth se rappela qu'elle avait piscine le lendemain et qu'elle avait oublié son maillot de bain chez elle.

— C'est Marianne qui doit l'avoir, dit-elle en ronchonnant, elle fait encore notre lessive parfois.

Je lui dis de ne pas s'inquiéter et qu'il était gentil de la part de Marianne de s'occuper du linge.

— Je t'achèterai un autre maillot, ajoutai-je, sans savoir où j'allais bien pouvoir en trouver un au milieu de l'hiver.

La cloche retentit. Beth alla retrouver sa classe. Adrian, qui jouait avec ses camarades, courut vers nous, embrassa Paula et moi avant de rejoindre son groupe. Nous retournâmes à la maison. Je pensais prendre un café avant d'aller faire les courses mais, quinze minutes après mon arrivée, le téléphone sonna. Une voix féminine inconnue me dit :

— Allô, est-ce que c'est Cathy ?

— Oui, c'est moi, répondis-je.

— Bonjour, je m'appelle Marianne. Je suis l'amie de Derek.

— Bonjour, dis-je surprise, me demandant comment elle avait obtenu mon numéro de téléphone.

— Jessie m'a donné votre numéro, clarifia-t-elle. J'ai le maillot de bain de Beth et elle en a besoin demain. Je me disais que je pourrais venir le déposer chez vous à l'heure du déjeuner. Mon bureau n'est pas loin de chez vous.

— Merci beaucoup, dis-je. C'est parfait. J'allais juste me rendre en ville pour essayer de lui en trouver un.

— Inutile. Il est tout propre. Je peux passer vers 12 h 30. Cela vous va ?

— Très bien. J'espère que cela ne vous dérange pas trop.

— Pas du tout. J'ai juste besoin du numéro de votre maison. Je n'ai que le nom de la rue.

Je donnai mon adresse à Marianne, la remerciai et raccrochai. *Quelle femme charmante*, me dis-je. Que de gentillesse et d'attention. Je l'inviterai évidemment à prendre un café si elle en a le temps. Je me demandai pourquoi Beth n'aimait pas Marianne. Elle me semblait très sympathique. N'ayant pas à me rendre en ville, je jouai avec Paula puis, pendant qu'elle faisait sa sieste, nettoyai le salon et préparai des sandwichs pour le déjeuner.

Nous venions de manger quand on sonna à la porte.

— Ce doit être Marianne, annonçai-je à Paula, qui descendait avec difficulté de sa chaise.

Toujours un peu prudente avec les étrangers, elle me tint la main alors que nous nous dirigions vers la porte.

— Bonjour… Marianne, je suppose? fis-je en souriant à la femme sur le palier.

— Oui, enchantée, répondit-elle en me tendant un sac. Voici le maillot de bain, une poupée qu'elle adore et quelques-uns de ses contes favoris. Je n'étais pas trop sûre de ce que vous aviez.

— Merci, c'est gentil à vous. Voulez-vous entrer un instant?

Marianne jeta un coup d'œil sur sa montre, hésita sans dire non immédiatement.

— Je peux vous offrir un café rapidement.

— Je ne dérange pas?

— Non, je suis seule avec Paula. Entrez.

— Beth est à l'école? demanda Marianne en hésitant encore. Elle n'aurait pas envie de me voir.

— Oui, elle est à l'école.

Elle entra et dit bonjour à Paula, qui se cachait sous ma robe.

— Elle est un peu timide avec les gens qu'elle ne connaît pas, déclarai-je. Venez vous asseoir dans le salon. Voulez-vous un thé ou un café ?

— Un café, s'il vous plaît, avec plaisir.

— Lait ? Sucre ?

— Un peu de lait, s'il vous plaît. Merci.

Je fis entrer Marianne dans le salon et Paula vint avec moi préparer le café. Marianne était une belle femme qui avait l'air un peu plus jeune que Derek. Elle devait être au milieu de la quarantaine. Elle portait des habits élégants de bureau – une jupe anthracite et un pull-over gris clair. Elle faisait manifestement attention à elle. Ses cheveux étaient coupés court, avec style ; ses ongles étaient vernis, sans aucune écaille. Je jetai un œil sur les miens en faisant le café et me dis que je devrais vraiment m'efforcer de les vernir. Je n'en avais jamais le temps, sauf à l'occasion d'un événement important. Je mis les deux tasses sur un plateau, y ajoutai quelques biscuits dans une assiette et retournai au salon.

— Merci beaucoup, dit-elle sur un ton reconnaissant.

— Merci, reprit Paula en se servant d'un biscuit.

Marianne sourit.

— Quel âge a-t-elle ?

— Elle aura trois ans en avril.

— J'imagine que votre fils a à peu près l'âge de Beth ? demanda Marianne en regardant la récente photo de classe d'Adrian, accrochée au mur.

— Oui, il a un an de moins que Beth. Et il se trouve qu'ils vont à la même école.

— Voilà qui explique tout. J'ai eu l'impression que votre visage m'était familier quand vous avez ouvert la porte. Il m'arrive de déposer Beth à l'école, en allant au bureau, quand Derek doit travailler tôt le matin. Je vous ai probablement vue dans la cour.

— Sans doute, bien sûr. J'y suis tous les jours. Quel est le travail de Derek?

— Il travaille dans un entrepôt, expliqua-t-elle en mentionnant un grand magasin de matériel électrique, en périphérie de la ville.

— Et vous travaillez ici?

— Oui, au cabinet comptable Gilford, dans la rue principale. Je suis comptable. Ce n'est pas très excitant, mais cela permet de payer les factures. Cela fait pas mal de temps que j'exerce.

— Merci beaucoup d'avoir apporté le maillot de bain de Beth, repris-je en avalant une gorgée de café. Beth s'est souvenue de presque tout en préparant sa valise.

— Je n'en doute pas, coupa-t-elle, elle est très autonome.

Ce commentaire aurait dû sonner comme un compliment mais ce ne fut pas le cas.

— Comment va-t-elle? demanda alors Marianne en me regardant. J'ai rendu visite à Derek hier soir à l'hôpital et il m'a dit qu'elle avait téléphoné.

— Beth va bien. Évidemment, son papa lui manque beaucoup mais je crois que cela lui a fait du bien de lui parler au téléphone. Derek nous a demandé de l'appeler tous les jours.

— Bien sûr, dit Marianne sèchement.

Je la regardai alors que ses paroles continuaient de résonner dans le séjour. Mais elle n'en dit pas plus. Je saisis néanmoins l'occasion pour faire glisser la conversation sur un terrain plus personnel.

— Connaissez-vous Derek depuis longtemps? demandai-je.

— Depuis plus de dix ans. J'étais son amie ainsi que celle de sa femme, quand elle était là.

J'acquiesçai tout en regardant Paula, qui venait de discrètement prendre un second biscuit. « Deux, ça suffit », lui dis-je. Paula sourit d'un air penaud.

— Lorsque sa femme est partie, reprit Marianne, Beth était encore petite. Je suis venue et j'ai aidé Derek comme je le pouvais, en jonglant avec mon travail. Tout semblait aller bien tant que Beth était petite et que je n'étais qu'une amie de Derek. Mais lorsque notre amitié s'est transformée en relation intime et que j'ai commencé à rester la nuit, Beth s'est retournée contre moi. La situation est devenue intenable, jusqu'à ce que Derek mette fin à notre relation. Il n'avait pas vraiment le choix, vu la façon dont Beth se comportait.

— Mais Beth n'est qu'une enfant, comment peut-elle être responsable ?

Marianne fixa mon regard.

— Beth peut être très manipulatrice, surtout quand il s'agit de son père. Mais je blâme autant son père qu'elle. Ils étaient tous les deux contre moi. Leur relation n'est vraiment pas saine. Pas du tout.

6

Mon inquiétude grandit

Un frisson me parcourut le dos alors que Marianne fixait la tasse de café qu'elle tenait sur ses genoux et continuait de parler.

— Je suis consciente de dire quelque chose de terrible mais je ne suis pas la seule à être inquiète. L'institutrice de Beth m'a demandé pourquoi Beth n'était autorisée à participer à aucune sortie d'école. J'ai dû lui expliquer que son père ne le voulait pas et que Beth n'avait le droit d'aller nulle part sans lui, à part à l'école. Mlle Willow pensait qu'il était beaucoup trop possessif. Je partageais cet avis. Si cela n'avait tenu qu'à moi, Beth aurait bien entendu été autorisée à se rendre aux sorties d'école et à jouer avec les autres enfants du voisinage.

— Quand vous dites que leur relation n'est pas saine, qu'entendez-vous par là ?

— C'est difficile à expliquer, répondit-elle en fronçant les sourcils. Beth et son père sont beaucoup trop proches, pas comme un père et sa fille devraient l'être. À bien des égards, Beth est comme une épouse pour lui. Elle dort même dans son lit. Désolée, je ne devrais pas dire cela.

— Je sais que Beth dort dans le même lit que son père. Elle me l'a dit le soir de son arrivée. Elle voulait dormir dans mon lit mais j'ai pensé que cela n'était pas approprié, ni juste à l'égard d'Adrian et de Paula.

— Exactement ! s'exclama Marianne. Comment se fait-il que vous et moi comprenions cela et que Derek ne le voie pas ? Comment avez-vous fait pour qu'elle dorme dans son propre lit ? Chaque fois que j'essayais, elle faisait tout un chahut. Elle dispose d'une jolie chambre à la maison mais elle n'en veut pas.

— Le premier soir, je lui ai donné une peluche et lui ai dit qu'elle l'aiderait à dormir. Depuis, elle dort avec une photo de son père sous l'oreiller. Cela semble marcher.

Marianne acquiesça sans enthousiasme.

— Derek n'a jamais été assez ferme avec Beth. Il est pétrifié à l'idée qu'elle le quitte comme sa mère. Il adorait la mère de Beth. Quand elle est partie avec un ancien petit ami, il était dévasté. Dans une certaine mesure, il ne s'en est jamais remis. Je crois qu'il la voit en Beth et qu'il s'accroche à son souvenir à travers elle. Je ne sais pas. C'est très déconcertant.

Marianne tapotait le bord de sa tasse, plongée dans ses pensées. J'attendis, car elle avait manifestement besoin d'en dire davantage.

— Beth ne me laissait jamais dormir avec son père, reprit-elle au bout d'un moment, levant les yeux vers moi. Quand je restais pour la nuit, je devais dormir dans le lit de Beth. C'était comme si c'était moi l'enfant et elle l'épouse. Elle piquait une crise de colère si je contestais cela ou toute chose liée à son père. Elle sait obtenir ce qu'elle veut. Je reconnais que c'est pitoyable, mais tous deux ont cessé de me laisser aller dans la cuisine pour préparer le repas. Ils ont commencé à cuisiner ensemble ; ils étaient tout le temps l'un sur l'autre, se faisant des baisers et des câlins comme deux tourtereaux. Si je montrais un peu d'affection à Derek, Beth me repoussait ou se mettait entre nous pour qu'il l'embrasse et la serre contre lui. Derek trouvait cela drôle et en rigolait. Je n'ai jamais su si c'était vis-à-vis de moi – s'ils voulaient me montrer combien ils étaient proches – ou s'ils étaient toujours ainsi.

Marianne secoua la tête.

— Je n'en sais rien. Je les aide toujours. Derek a besoin de mon aide et tant que je ne lui montre aucune affection, Beth me tolère.

Marianne s'arrêta et me regarda, le front plissé par l'anxiété et le trouble.

— Je suis désolée, je ne sais pas pourquoi je vous balance tout ça.

— Je peux comprendre que vous soyez soucieuse, repartis-je. Rien de tout cela ne me semble bon non plus. En avez-vous discuté avec l'assistante sociale ?

— Non. J'y ai pensé. Mais je ne savais pas quoi dire. J'avais l'impression d'être minable, comme si j'étais jalouse… d'une fillette de sept ans ! Peut-être le suis-je. J'aimerais bien recevoir un peu de l'affection que Derek lui donne. Mais il n'a pas besoin de moi sur le plan affectif. Il a tout ce dont il a besoin avec Beth. Même si je me fais du souci pour elle et pour ce qui se passe.

Je soutenais son regard tout en sentant mon estomac se nouer.

— Vous ne pensez pas qu'il puisse y avoir plus que des bisous et des câlins, n'est-ce pas ? Je veux dire, vous dites que leur relation n'est pas saine, mais pensez-vous qu'il puisse y avoir quelque chose de…

— Sexuel? coupa Marianne.

J'opinai, l'air sombre.

— Honnêtement, je n'en sais rien. Qu'est-ce qui est sexuel et qu'est-ce qui ne l'est pas? Où trace-t-on la ligne? Certains de leurs bisous et de leurs câlins pourraient être décrits comme sexuels. Je ne pense pas un seul instant que Derek puisse faire du mal à Beth, mais cela s'arrêtera-t-il? Beth sera une adolescente un jour, puis une femme mûre. Deviendront-ils des amoureux?

Marianne plongea dans le silence. L'angoisse et la crainte pour Beth me saisirent.

— L'assistante sociale doit le savoir, affirmai-je.

Marianne approuva en silence.

— Voulez-vous que je lui parle de ce que vous m'avez raconté?

— Oui, s'il vous plaît, répondit Marianne. Cela aura un meilleur effet venant de vous. C'est un soulagement de partager enfin tout cela.

Elle regarda sa montre.

— Veuillez m'excuser mais je dois partir. Je suis déjà en retard. Je ne veux pas perdre mon emploi en plus de ça.

Elle se leva d'un bond et reposa sa tasse sur le plateau.

— Merci de m'avoir écoutée et merci pour le café, dit-elle.

Je me levai également. Paula, qui avait joué par terre avec ses jouets, vint à mes côtés et mit sa main dans la mienne. Nous nous dirigeâmes toutes les trois vers la porte d'entrée. Avant de partir, Marianne marqua un temps d'arrêt, se retourna vers moi et dit sur un ton anxieux:

— C'est la bonne chose à faire d'en parler à l'assistante sociale, n'est-ce pas? Derek est très vulnérable et il n'arrive pas à s'en sortir.

— Je le pense. Beth est une enfant, elle est très vulnérable aussi. Elle doit être protégée. Je suis certaine que l'assistante sociale saura ce qu'il faut faire et réglera l'affaire avec sensibilité.

Marianne parut résignée et se dirigea vers sa voiture. Je refermai la porte.

— Est-ce que cette dame est la maman de Beth? demanda Paula.

— Non, ma chérie, c'est une amie du papa de Beth. Elle aide à s'occuper de Beth.

Heureusement, à son âge, Paula ne pouvait comprendre ce dont nous avions parlé et ses conséquences. Je la ramenai dans le salon, l'installai avec ses jouets et lui expliquai que je devais donner un coup de téléphone important. «D'accord, maman, j'ai compris», dit-elle. Je laissai la porte du salon ouverte pour que Paula puisse en sortir si elle avait besoin de moi et je retournai dans l'entrée pour téléphoner. J'appelai les services sociaux et fus mise en communication avec le département en charge de l'enfance. Je donnai mon nom, expliquai être le parent d'accueil de Beth et vouloir parler à Jessie. Sa collègue me dit que Jessie était sortie faire une visite et qu'elle ne rentrerait que tard dans l'après-midi. Je laissai mon numéro et un message demandant que Jessie m'appelle au plus tôt. L'assistante sociale me demanda si c'était une urgence. Je dis que non mais que je devais lui parler dès que possible. Je raccrochai et rejoignis Paula. Elle continuait de s'amuser. Je rapportai les tasses de café dans la cuisine et les rinçai, l'esprit préoccupé par Beth. J'emportai le linge propre en haut dans les chambres des enfants. En entrant dans celle de Beth, mon regard se posa sur les rangées de photographies encadrées sur les étagères. Je me rapprochai et restai devant elles pendant un moment, les regardant une par une puis ensemble. Je réalisai alors ce qui me mettait mal à l'aise : c'était la façon de poser de Beth et de son père. Ils étaient soit dans les bras l'un de l'autre, se regardant dans les yeux, soit tête contre tête, en train de sourire en direction de l'appareil photo. Ils ressemblaient plus à un couple qu'à un père et sa fille. « Des tourtereaux », avait dit Marianne. Plus je regardais les photos, plus l'évidence s'imposait. Je pensai aux photos d'Adrian et de Paula avec leur père ; aucune d'entre elles n'était ainsi. Pourtant, il n'y avait rien d'ouvertement sexuel dans ces photographies. Derek et Beth ne se touchaient pas de manière inappropriée. C'est l'impression d'ensemble qui était suggestive. Il y avait assurément quelque chose qui clochait.

J'avais la bouche sèche et je me détournai des photos. Je posai les vêtements de Beth sur son lit et retirai la photo de dessous l'oreiller. C'était un cliché d'elle et de son père sur la plage. Ils étaient en maillot de bain, agenouillés sur le sable, se faisant face, les lèvres avancées comme s'ils se soufflaient un baiser. C'était le plus grand des tirages et je réalisai que c'était le plus intime. Je me demandai qui l'avait pris et si son auteur avait remarqué l'étrangeté de leur pose. Je remis la photo sous l'oreiller, rangeai les habits de Beth et sortis de la chambre.

Jessie n'avait pas appelé quand arriva l'heure d'aller à l'école. À 17 heures, je rappelai donc. Une de ses collègues me dit que Jessie avait été retardée et qu'elle ne repasserait pas par le bureau avant le lendemain. Elle m'affirma qu'elle lui laisserait un message afin de m'appeler dès le matin.

Lorsque je racontai à Beth que Marianne avait rapporté son maillot de bain, elle fit la tête.

— Je pense qu'il était gentil de la part de Marianne de se démener pour nous aider ; cela m'a évité d'aller en ville, lui dis-je.

— J'aurais préféré avoir un nouveau maillot, papa m'en aurait acheté un neuf, grogna-t-elle.

— Vraiment ? repartis-je sur un ton léger, ignorant sa mauvaise humeur.

Je me remis à la préparation du repas. Beth cessa vite d'être de mauvais poil, excitée par la perspective d'appeler son papa à 19 heures. À table, elle ne parla guère d'autre chose. Je l'observai de près pendant que nous mangions. Avec les paroles de Marianne en tête, tout ce que Beth racontait sur son père et ses manies prenait une coloration plus sinistre. *Papa me baise les pieds et cela me fait rire*, déclara-t-elle en gloussant. *À l'heure de me coucher, papa aime me brosser les cheveux jusqu'à ce qu'ils brillent. Papa et moi allons nous coucher à la même heure et il se colle contre moi.* Même *la petite princesse de papa* sonnait désormais de manière gênante. Pourtant, Beth aimait clairement son père et réciproquement. Leur relation, comme disait Marianne, était déconcertante. Nos inquiétudes étaient difficiles à cerner et à verbaliser.

Alors que 19 heures approchaient, je m'armai de courage pour téléphoner à Derek car je n'avais vraiment pas envie de lui parler. Cela faisait une heure que Beth me rappelait qu'il était bientôt le moment d'appeler son papa. Adrian lisait dans le salon et c'était généralement l'heure à laquelle je mettais Paula dans le bain et entamais la routine du couchage des enfants. Ce soir-là, je baignai Paula plus tôt et la mis au lit avec certains de ses jouets, lui promettant de lui lire une histoire après que Beth aurait téléphoné à son père.

Beth était déjà dans ma chambre, attendant allongée sur mon lit. Je m'assis sur le bord du matelas, désirant contre tout espoir que Derek ne soit pas en mesure de prendre l'appel. On me transféra vers sa chambre. Comme il l'avait dit, Derek était prêt et il prit le téléphone dès que l'infirmière l'appela.

— Bonjour, Cathy, lança-t-il d'une voix enjouée, comment allez-vous ?

Stupidement, j'étais surprise qu'il ait une voix normale.

— Bonsoir, Derek, répondis-je sur un ton neutre. Je vous passe Beth.

— Avant cela, puis-je vous parler quelques instants, s'il vous plaît ? demanda-t-il.

— Oui ?

— Je voulais juste savoir si Beth allait bien. Je veux dire, est-ce qu'elle mange et dors bien ? Elle a une bonne voix au téléphone mais c'est évidemment une grande source d'inquiétude pour moi de ne pas être avec elle.

— Je comprends. Beth va bien, affirmai-je en passant le téléphone à sa fille.

C'était impoli, bien sûr, mais j'avais les idées sens dessus dessous. Ils commencèrent par s'échanger des nouvelles, puis se dirent combien ils se manquaient mutuellement, s'envoyèrent des baisers, ce qui prenait une signification nouvelle étant donné ce que je savais maintenant. Derek se mit à parler avec une voix aiguë ridicule pour faire rire Beth et ils s'esclaffèrent bêtement comme des enfants. « Papa ! Tu me taquines encore, arrête », s'exclama-t-elle en riant. J'entendis d'autres sons de voix ridicules, puis Derek demanda comment Beth était habillée. Elle baissa la voix et fit papillonner ses cils en lui disant qu'elle avait retiré son uniforme et enfilé sa robe bleue avec un nœud, pour lui faire plaisir. On aurait dit qu'elle flirtait avec lui. Puis elle dit :

— Oh papa, tu me manques et la chaleur de tes câlins aussi.

— Tu me manques aussi, princesse, dit Derek. J'ai tellement envie de te serrer dans mes bras. J'ai tellement hâte d'être de retour à la maison et de te glisser à nouveau dans le lit à côté de moi.

À la lumière de ce que je soupçonnais désormais, cela me fit frémir. Je ne savais pas trop combien de temps je pouvais encore entendre tout cela. Ils étaient au téléphone depuis bientôt une demi-heure. Paula, qui avait attendu patiemment dans son lit, appela :

— Maman, est-ce qu'il est l'heure pour une histoire ?

— Oui, ma chérie, répondis-je. J'arrive tout de suite.

J'attendis que Derek termine sa phrase et déclarai à Beth qu'il était maintenant temps de dire au revoir. Elle me regarda, surprise.

— Je vais lui expliquer, avançai-je en prenant le combiné de ses mains. Je m'excuse, Derek, pourriez-vous vous dire au revoir maintenant, s'il vous plaît ? Je dois raccrocher car ma fille m'appelle.

— Ne pouvez-vous pas laisser Beth me parler pendant que vous vous occupez de votre fille ? demanda-t-il.

Quelque chose me disait que je ne devais pas laisser Beth seule avec son père, même au téléphone.

— C'est difficile, rétorquai-je, Beth est dans ma chambre et ma fille est dans la sienne.

— Ah, d'accord, fit-il, puis-je dire au revoir à Beth ?

— Bien sûr.

Je tendis le téléphone à Beth, qui me regardait d'un air furieux.

— Pourquoi te dit-elle de partir ? demanda-t-elle à son père. Je peux te parler si je le veux.

— Il vaut mieux faire ce qu'elle veut car tu es chez elle, décida Derek.

Pendant un instant, j'eus un aperçu de la situation décrite par Marianne, celle du « eux et nous ». Sauf que cette fois-ci, ils étaient tous les deux contre moi.

— Et tu m'appelles bien demain ? interrogea Derek.

— Bien sûr que j'appellerai, papa. Bisous.

Une série interminable suivit d'« au revoir », de « tu me manques » et de « je t'aime », entrecoupés de baisers soufflés. Finalement, je dis assez fort « Au revoir, Derek » pour qu'il l'entende, et pris le téléphone des mains de Beth pour le reposer sur son support.

— Vous ne pouvez pas faire ça ! s'écria Beth en me sautant dessus.

Je la regardai, ébahie par sa véhémence.

— Il est bientôt l'heure de se coucher, dis-je.

— Pas pour très longtemps, gronda-t-elle, dévoilant une autre facette d'elle-même. Mon papa dit qu'il sera bientôt de retour à la maison et je pourrai alors aller au lit quand je veux.

Je crois qu'il est préférable d'ignorer les commentaires les plus négatifs et provocateurs. Je répondis donc par un large sourire et demandai à Beth si elle souhaitait boire quelque chose avant de se préparer à aller au lit. Elle dit que non, sortit bruyamment de la chambre et claqua la porte de la sienne derrière elle. Je lui donnai le temps de se calmer pendant que je lisais une histoire à Paula. Une fois celle-ci couchée, je vins frapper à la porte de Beth. Après être entrée, je lui dis qu'il était temps de faire un brin de toilette et de se brosser les dents. Elle était calme et manifestement hésitante à mon égard, peut-être parce que, contrairement à son papa, je n'avais pas agi exactement selon sa volonté. Une fois qu'elle eut terminé, je lui souhaitai une bonne nuit.

— Est-ce que je pourrai téléphoner à mon papa demain, s'il te plaît ? interrogea-t-elle poliment.

— Je ne le sais pas encore, répondis-je en toute honnêteté. Je dois d'abord discuter avec ton assistante sociale. Jessie avait dit que nous devions téléphoner seulement le week-end. Je dois donc vérifier s'il est possible d'appeler tous les soirs.

En vérité, je pensais que, à la lumière de ce que j'allais lui dire, Jessie mettrait fin aux contacts téléphoniques. Beth accepta ma réponse et demanda que je l'embrasse, ce que je fis. Puis, avec le sourire, elle se tourna sur le côté, glissa sa main sous l'oreiller et en retira la photographie d'elle et de son père sur la plage. Elle lui donna un gros baiser puis remit le cliché sous l'oreiller.

— Bonne nuit, papa, souffla-t-elle. Bonne nuit, Cathy.

— Bonne nuit, ma chérie, dis-je, dors bien.

J'étais triste pour Beth. Je ne la tenais aucunement responsable de la relation qui s'était développée entre elle et son père. Derek était un adulte, il était mieux placé pour le savoir. Il portait la responsabilité d'avoir franchi la ligne entre une relation père-fille saine et quelque chose d'inapproprié, mû par son propre plaisir, pensais-je. Beth n'était qu'une enfant, une enfant qui n'avait jamais connu d'amour maternel. Elle ne savait pas qu'il était mal de rendre la pareille et de répondre à l'affection inappropriée de son père. Je me demandai si la santé mentale de Derek avait joué un rôle, même si l'on ne m'avait pas dit ce dont il souffrait. Avant d'en parler à Jessie, j'eus l'impression de porter le fardeau de ce que je savais, comme Marianne avant moi.

Je descendis et m'installai sur le canapé pour écrire quelques notes sur les points que je souhaitais soulever auprès de Jessie, le lendemain. De nos jours, on encourage les parents d'accueil à tenir un journal sur les enfants qu'ils accueillent, où ils consignent tout événement significatif. Mais à l'époque, de tels carnets de bord n'existaient pas. Comme aide-mémoire, je prenais juste des notes.

Je me couchai tôt ce soir-là. J'étais épuisée sur le plan émotionnel. Pourtant, je ne trouvai pas le sommeil. L'inquiétude de Marianne se combinait à la mienne. Marianne me semblait sincère et honnête. Je croyais qu'elle me disait la vérité. Elle ne s'était jamais mariée, n'avait pas eu d'enfants. Il me paraissait clair qu'elle pensait encore beaucoup à Derek et à Beth. Je me disais qu'elle aurait pu être une bonne épouse et une bonne belle-mère, si elle en avait eu l'occasion. Le fait qu'elle continuait de rendre visite et de soutenir Derek et Beth en disait long sur elle, en dépit de la façon dont elle avait été traitée.

Après une nuit agitée, je me sentis encore moins fraîche que la veille au soir. J'assurai cahin-caha la routine matinale de la douche, de l'habillage des enfants et de la préparation de leur petit-déjeuner. Nous mîmes des habits chauds avant de quitter la maison. Le temps était glacial. Un vent cruel soufflait du nord-est. Nous nous dépêchâmes de rejoindre l'école et Paula et moi fûmes bien contentes de retrouver la chaleur du foyer. Je préparai un chocolat chaud et jouai avec elle, en attendant le coup de téléphone de Jessie. Celui-ci ne venant pas, je téléphonai de nouveau aux services sociaux pendant que Paula faisait sa sieste matinale. À ma grande surprise, je tombai sur Jessie.

— Jessie, c'est Cathy, la famille qui accueille Beth, j'ai laissé un message hier pour que vous me rappeliez.

— Oui, je l'ai eu. C'est sur ma liste de choses à faire. Elle avait l'air pressée et tendue.

— Puis-je vous parler maintenant. C'est important.

— Allez-y, rapidement. J'ai une réunion dans peu de temps.

Aller vite n'était pas ce que j'avais en tête. J'avais besoin de temps pour exposer mes inquiétudes. Mais je me lançai néanmoins. Ce fut une grosse erreur.

7

Coupable

— Je suis inquiète pour Beth, commençai-je. Marianne m'a rendu visite hier pour m'apporter le maillot de bain de Beth.

— Oui, je sais, je lui ai donné votre numéro de téléphone, interrompit Jessie.

— Elle m'a raconté des choses sur Beth et son père et la façon dont ils se comportent entre eux qui sont très inquiétantes. Il m'a semblé que vous deviez le savoir.

— Comme quoi? questionna-t-elle. Marianne ne m'a jamais rien dit.

— Non. Elle pensait le faire mais elle ne savait pas trop comment. Il semble que Derek se comporte de manière peu appropriée avec Beth.

— Qu'est-ce que vous voulez dire? demanda-t-elle, ou plutôt commanda-t-elle. Derek est à l'hôpital.

— Je veux dire avant d'entrer à l'hôpital. Marianne dit que la façon dont il l'embrasse et la câline n'est pas correcte. Et Beth dort dans son lit.

— De nombreux parents embrassent et câlinent leurs enfants et les laissent dormir dans leur lit, dit-elle (ce qui était vrai).

— Mais il est très possessif envers elle. Beth n'a pas le droit de jouer avec les enfants de son âge en dehors de l'école, ni d'aller aux fêtes d'anniversaire ou aux sorties de classe. C'est Mlle Willow qui me l'a raconté.

— Oui, je le sais, et j'ai dit à Derek que Beth doit commencer à tirer tous les bénéfices de sa scolarité, y compris les sorties éducatives et les activités en dehors de l'école.

J'étais consciente de mal présenter les choses mais je continuai.

— Depuis que Beth est chez moi, j'ai remarqué qu'elle parle sans cesse de son père. Elle a apporté quinze photos, toutes d'elle avec son père.

— C'est mignon.

— Mais quelque chose cloche sur ces photos. Leurs poses ressemblent davantage à celle de deux adultes qu'à un père avec sa fille.

— Je les ai vues. Elles m'ont semblé normales. Ils sont habillés. Qu'est-ce qui ne va pas avec elles?

— La façon dont ils se cajolent et se sourient l'un à l'autre. Cela me met mal à l'aise.

Il y eut un silence à l'autre bout du fil. Je devinai ce que pensait Jessie. Je savais m'être mal exprimée mais il m'était difficile de mettre des mots sur mes inquiétudes.

— Certaines des choses que Beth et son père se disent ne paraissent pas adéquates, insistai-je. Ils sont trop tendres entre eux. Marianne devait dormir dans le lit de Beth quand elle passait la nuit là-bas, tandis que Beth dormait avec son père.

— N'est-ce pas parce que la relation de Marianne avec Derek est terminée et qu'elle relève à nouveau seulement de l'amitié? J'imagine facilement qu'elle ait à dormir dans le lit de Beth ou sur le canapé.

Cela était vrai, encore une fois. Je passai au point suivant en regardant mes notes.

— Lorsque mon mari était là, ce week-end, Beth a voulu qu'il s'allonge sur le lit avec elle et qu'il la câline comme son père.

— Et l'a-t-il fait?

— Je lui ai dit de ne pas le faire.

— Vous avez donc résolu la question, non?

— Oui, mais ce n'est pas tout.

— Continuez.

— Avec Derek, Beth est davantage une épouse qu'une fille. Elle a en charge beaucoup de responsabilités. Vous l'avez vu vous-même en la prenant chez elle avant de l'amener ici : elle s'inquiétait de la lessive et de la nourriture dans le réfrigérateur. J'ai dû la rassurer en lui disant qu'ici c'était moi qui m'occupais de ce genre de choses. Si vous ajoutez mes inquiétudes à celles de Marianne et à celles de Mlle Willow, il y a assurément quelque chose qui ne va pas, conclus-je platement.

Il y eut un silence, puis Jessie demanda :

— Vous suggérez que Derek fait subir des abus sexuels à sa fille?

— Non. Enfin, peut-être. Je ne sais pas. Mais il me semble que quelqu'un doit l'examiner.

Un autre silence suivit avant que Jessie déclare sur un ton formel :

— Madame Glass, je ne crois vraiment pas qu'il existe des raisons de s'inquiéter mais je compte voir Derek ce soir à l'hôpital, si j'arrive à quitter le bureau à temps. Je lui communiquerai vos inquiétudes et je verrai ce qu'il a à dire.

— Non, ne faites pas cela! m'exclamai-je. Enfin, je ne veux pas que vous disiez que j'ai dit cela.

— Et comment devrais-je traiter la question, alors? Le pauvre homme a le droit de savoir de quoi on l'accuse et doit avoir la possibilité de se défendre.

Je regrettai d'avoir parlé.

— Mais il ne s'agit pas seulement de mon opinion, dis-je lamentablement. Marianne et l'enseignante de Beth partagent ces inquiétudes. Et une autre mère est venue me voir dans la cour de l'école pour me dire qu'elle trouvait Derek trop possessif. Sa fille est une amie de Beth et celle-ci n'a pas le droit de jouer avec elle ou d'être invitée pour un thé.

— J'espère que Derek n'est pas en train de devenir le sujet des ragots de la cour de récréation, déclara Jessie. Bon, y a-t-il autre chose? Je suis en retard.

— Non. Excusez-moi.

— Je vous contacterai dès que j'aurai du nouveau. Derek espère sortir bientôt de l'hôpital. C'est l'une des raisons pour lesquelles je vais le voir, pour parler de sa sortie.

Jessie me dit rapidement au revoir et raccrocha. Je m'assis sur le canapé, fixant le combiné téléphonique et me sentant une parfaite idiote, comme sans doute Jessie devait également le penser. Peut-être même une idiote malveillante, attirée par de futiles potins. J'avais profondément cru que la relation de Derek avec Beth était inappropriée – tout comme Marianne et Mlle Willow – et maintenant je n'en étais plus certaine. Tous les points que j'avais soulevés auprès de Jessie avaient semblé faibles et sans fondement. Elle les avait facilement justifiés comme des comportements normaux. Pouvions-nous avoir tort toutes les trois? Je me dis que c'était possible. C'est alors que je réalisai avoir oublié de demander à Jessie si Beth devait téléphoner à son père chaque soir. Mais au vu de sa réaction à mes questions, je supposai que sa réponse aurait été positive. Après tout, il n'y avait aucune raison de ne pas téléphoner à Derek. Selon Jessie, il n'avait rien fait de mal.

Paula se réveilla quelques minutes plus tard. Je grimpai à l'étage, me sentant soucieuse et minable. Je fis semblant d'être de bonne humeur en ramenant Paula en bas, avant de jouer avec elle et de lui lire des histoires. Mais mon cœur n'y était pas. J'étais préoccupée. Je me sentais coupable de ne pas accorder à Paula toute mon attention. Et je regrettais profondément d'avoir téléphoné à Jessie. J'aurais dû demander à Marianne de l'appeler. J'étais maintenant convaincue qu'elle aurait bien mieux expliqué son trouble. Je me demandai si Jessie téléphonerait à Marianne, voire à Mlle Willow, pour confirmer mes dires ou, peut-être, mettre en doute mes capacités en tant que parent d'accueil. J'avais une impression d'échec. J'avais pris une décision et elle s'était révélée mauvaise.

Beth sortit de classe avant Adrian. La première chose qu'elle demanda fut :

— Avez-vous parlé à mon assistante sociale ? Est-ce que je peux téléphoner à mon papa ?

— Oui, répondis-je.

— Super ! cria-t-elle en sautant de joie. J'aime mon papa !

Adrian sortit à son tour et je l'écoutai raconter sa journée sur le chemin du retour. Mais je continuai de penser à ce contact téléphonique que j'allais devoir établir plus tard. Jessie aurait alors rendu visite à Derek et lui aurait rapporté mes paroles. À table, j'avais comme un nœud dans le ventre et manquais d'appétit. Outre l'embarras de ma situation, Derek aurait tous les droits d'être en colère. L'idée me vint d'écrire le numéro de l'hôpital sur un bout de papier et de laisser Beth composer l'appel, mais je n'étais pas aussi lâche. J'essayai donc de me consoler en me disant que j'avais fait ce qui m'avait semblé être de mon devoir, avec l'unique souci de protéger Beth. Si Derek soulevait le sujet – et j'étais bien sûre qu'il le ferait –, il ne me restait plus qu'à m'excuser.

Comme la veille, je mis Paula au bain plus tôt, puis au lit avec ses jouets.

— Beth téléphone encore à son papa ? demanda-t-elle.

— Oui, mon cœur. Je pense qu'elle l'appellera tous les soirs pendant qu'elle vit chez nous.

— Est-ce que je peux aussi téléphoner à mon papa ?

— Il est au travail, ma chérie. Il appellera s'il le peut.

J'étais triste pour elle et j'espérais que John téléphonerait. Je partis dans ma chambre, où Beth m'attendait, allongée sur le lit, impatiente de parler à son père. Elle avait déjà dit plusieurs fois qu'elle espérait que son papa lui préciserait quand il reviendrait à la maison. Elle était donc très excitée. Mon cœur se serra. Je demandai la chambre 3. Une fois connectée, je demandai à parler à Derek, m'attendant à ce qu'il arrive immédiatement. Mais au lieu d'appeler Derek, l'infirmière me dit d'attendre et de rester en ligne. J'entendis qu'elle posait le téléphone, puis un silence, puis l'infirmière revint et me dit :

— Derek dort.

J'étais surprise.

— Êtes-vous sûre ? Il est 19 heures et il attend l'appel de sa fille.

— Un instant, dit l'infirmière, posant à nouveau le téléphone.

Je perçus des voix étouffées. Puis la même infirmière reprit le combiné et me dit :

— Êtes-vous de la famille ?

— Non, je suis la mère d'accueil de sa fille.

— Derek dort et ne doit pas être réveillé, déclara-t-elle. Vous devrez vous entretenir demain avec l'assistante sociale.

— Je ne comprends pas, dis-je, confuse.

— Je suis désolée. Comme vous n'êtes pas un parent, je ne peux vous en dire davantage. Vous devrez parler à son assistante sociale, demain.

Comprenant que quelque chose n'allait pas, Beth ne se prélassait plus sur le lit mais s'était rassise, droite, le regard inquiet et fixé sur moi.

— Et il ne peut pas venir parler à sa fille ? Même pour quelques instants ? demandai-je.

— Non, je suis désolée, il dort.

Je n'avais plus rien à dire. Remerciant l'infirmière, je raccrochai le téléphone et me tournai vers Beth. Son visage était déjà en train de se décomposer.

— Pourquoi est-ce que je ne peux pas parler à mon papa ? interrogea-t-elle, la voix tremblante.

— Parce qu'il dort, ma chérie, et que l'infirmière ne voulait pas le réveiller.

— Mais il voulait me parler. Il me l'a dit au téléphone. Ils auraient dû le réveiller.

— Je suis désolée. Je ne pouvais rien faire de plus. Je n'en sais pas plus que ce que l'infirmière m'a dit.

— Peut-on rappeler et essayer encore une fois ? insista Beth, les yeux se remplissant de larmes. L'infirmière doit s'être trompée. Peux-tu parler à une autre infirmière ?

— L'infirmière a dit que ton papa était profondément endormi, mon trésor, lui répondis-je en lui prenant la main. Il a peut-être eu une dure journée.

Mais Beth n'y croyait pas plus que moi.

— J'appellerai Jessie demain, ajoutai-je.

Beth éclata en sanglots. Je la pris dans mes bras et la réconfortai. J'avais de la peine pour elle. Elle était tellement déçue de ne pas pouvoir parler à son père. Je me sentais également coupable, certaine d'être en partie responsable du « sommeil » de Derek et de son indisponibilité. Après la visite de Jessie, la coïncidence était trop grande qu'il n'ait pu répondre au téléphone. Je calmai Beth et lui séchai délicatement les yeux quand elle se sentit mieux.

— Voilà, ça va aller, dis-je. Pourquoi ne vas-tu pas en bas faire un jeu avec Adrian pendant que je lis une histoire à Paula ? Je ne serai pas longue.

— Est-ce que je peux venir avec toi ? renifla-t-elle.

— Bien sûr, si tu le souhaites.

Elle fit « Oui » de la tête, pleine de chagrin, et je l'emmenai dans la chambre de Paula.

— Beth voudrait aussi écouter ton histoire, es-tu d'accord ? demandai-je à Paula.

— Oui, bien sûr, répondit-elle en tapotant le lit à côté d'elle. Est-ce que tu as parlé à ton papa ? ajouta Paula en grimpant sur le lit.

Je vis les lèvres de Beth trembloter.

— Pas ce soir, son papa dormait, expliquai-je.

— Moi non plus, reprit Paula, je ne parle pas souvent à mon papa au téléphone.

Je faillis pleurer. Peut-être réagissais-je trop fort mais ces mots me touchaient profondément et j'espérai vivement que John remplirait sa promesse d'appeler au cours de la semaine.

Le lit de Paula était étroit mais nous nous serrâmes quand même. Pendant ma lecture, appuyée au montant de la tête de lit, je penchais dangereusement sur le bord. Ces histoires étaient un peu infantiles pour Beth mais elle semblait les aimer autant que Paula. Je crois qu'elle appréciait l'intimité de ces petits récits du soir. Pour les enfants, c'est une façon merveilleuse de se détendre à l'issue de la journée.

— Je vais demander à mon papa de me lire des histoires au lit quand je rentrerai à la maison, décida-t-elle.

— Est-ce que ta maman ne peut pas te lire des histoires? demanda innocemment Paula.

— Elle ne vit pas avec nous, répondit Beth.

— Mon papa ne vit pas là non plus, appuya Paula.

Je ne savais pas s'il fallait en rire ou en pleurer. Je lus une autre histoire et continuai ainsi pendant une demi-heure. Plus tard, allant dire bonne nuit à Beth, je constatai qu'elle pensait toujours clairement à son père.

— Pourquoi papa n'a-t-il pas voulu me parler?

Mon cœur se serra et je me sentis encore plus coupable.

— Ce n'est pas qu'il ne voulait pas te parler, répondis-je, c'est qu'il était endormi.

— Mais il n'était que 7 heures du soir. Et il savait que j'allais appeler. Il m'a dit de l'appeler tous les soirs.

— Je sais, mais parfois, à l'hôpital, le programme change à la dernière minute. On n'y peut rien. J'appellerai ton assistante sociale demain et je verrai ce qu'elle dit.

Beth accepta finalement et je lui souhaitai bonne nuit. Elle tira la photographie de son père, l'embrassa, lui souffla bonne nuit et déclara: «Je t'appellerai demain. Assure-toi d'être bien réveillé.» Puis elle remit la photo sous son oreiller et je sortis.

Je passai une nouvelle nuit agitée, pensant à Derek, aux paroles de Jessie et à la conversation que j'aurais avec elle le lendemain. Je m'endormis aux premières heures du matin et quand l'alarme sonna, j'eus l'impression de venir de m'endormir. Ce fut une nouvelle froide journée de janvier, avec un ciel gris s'étendant à perte de vue. Nous nous couvrîmes chaudement avec nos manteaux, nos écharpes et nos gants et pressâmes le pas. Sur le chemin du retour, je m'arrêtai dans une épicerie pour acheter du lait et du pain. J'y croisai une amie, Kay, avec sa fille Vicky. Ses enfants avaient le même âge que les miens. On se mit à discuter, puis elle me dit :

— Cathy, au lieu de papoter comme ça debout, pourquoi ne viens-tu pas chez moi prendre un café pendant que les filles jouent ensemble ?

Nous faisions cela de temps en temps, chez elle ou chez moi, avec d'autres amis et leurs enfants.

— C'est une bonne idée mais je dois d'abord parler à l'assistante sociale de Beth à propos d'une question urgente.

Comme mes autres amis proches, Kay savait que nous accueillions des enfants.

— Pourquoi ne pas venir quand tu lui auras parlé ? À 11 heures par exemple ? Qu'en penses-tu ?

C'était l'heure à laquelle Paula faisait une petite sieste mais elle arrivait à un âge où l'on n'avait plus besoin de ce petit somme. J'acceptai. Se souriant l'une à l'autre, les fillettes s'exclamèrent en chœur : « À tout à l'heure ! » Je fis quelques courses et rentrai à la maison. Je me demandai si Jessie m'appellerait. La dernière fois que nous avions parlé, elle m'avait dit qu'elle me téléphonerait si elle avait des nouvelles. J'attendis jusqu'à 10 heures, puis décidai de l'appeler. C'est elle qui répondit.

— J'allais vous appeler plus tard. Comment va Beth?

— Ça va mieux maintenant, mais hier soir elle était mécontente après avoir appelé son père. Il n'a pas pu lui parler.

— Je sais, répliqua-t-elle.

— L'infirmière a dit qu'il dormait.

— Il a été mis sous sédatif, précisa Jessie sans ménagement. Ils le mettaient au lit quand je suis partie.

— Oh, mon Dieu, m'exclamai-je. Et puis-je vous demander pourquoi on lui a donné des somnifères?

— Il était contrarié, répondit Jessie sur un ton tout aussi sec. Quand je lui ai parlé de vos inquiétudes, il est devenu très agité et a commencé à crier et à pleurer. Le médecin a été appelé et il lui a donné quelque chose pour le calmer et l'aider à dormir.

— Je suis tellement désolée.

Comme je le craignais, j'étais responsable.

— Ce n'est pas votre faute, affirma Jessie, à ma grande surprise. D'abord, Derek était dans un état fragile. Je lui ai dit que je trouvais ces allégations infondées et que je n'avais aucune raison de douter de sa capacité parentale, mais il l'a malgré tout très mal pris. Il pense qu'il existe beaucoup de préjugés contre les hommes qui élèvent seuls leur fille, et je crois qu'il a raison. Il a entendu des mères discuter de lui dans la cour de l'école. L'une d'elles a même suggéré que la raison pour laquelle sa femme avait disparu était qu'il l'avait «liquidée». Mlle Willow lui a déjà parlé. Je crains donc que vos commentaires aient été la goutte d'eau qui fait déborder le vase. Je l'ai assuré que, pour moi, l'affaire était close. Mais cela n'a pas suffi. J'espère qu'il se remettra.

— Je l'espère aussi.

D'après ce que Jessie avait dit, il ne semblait pas qu'elle ait mentionné les inquiétudes de Marianne à Derek mais uniquement les miennes. J'hésitai, avant d'oser le lui demander :

— Lui avez-vous dit ce que Marianne avait raconté ?

— Oui. Derek a admis qu'il y avait un problème entre Marianne et Beth. Il a expliqué qu'elles semblaient jalouses l'une de l'autre et rivalisaient pour obtenir son attention. Cela était allé de mal en pis, raison pour laquelle il avait mis un terme à sa relation avec Marianne. Il l'a expliqué à Marianne, mais il semble qu'elle n'ait pas voulu l'admettre.

Présenté ainsi, tout paraissait rationnel et raisonnable. J'eus le sentiment d'être une imbécile, et vindicative de surcroît, ayant causé un tas de problèmes et retardé la guérison de Derek.

— Je suis désolée, dis-je. Est-ce que Derek se sentira assez bien pour que Beth lui parle ce soir ?

— Oui, je pense. Je vais appeler l'hôpital plus tard pour voir comment il se sent aujourd'hui. Si vous ne recevez pas de nouvelles de moi, c'est qu'il va bien et que vous pouvez téléphoner normalement. Mais Cathy, j'apprécierais que vous composiez le numéro et que vous passiez le téléphone tout de suite à Beth. Je ne veux pas que vous entamiez une discussion avec Derek. C'est d'accord ?

— Oui.

— Je voudrais aussi que Beth voie son père plus tard dans la semaine. Le médecin croit aussi que cela aidera à sa guérison. Je pensais à vendredi après l'école. J'avais songé à vous demander d'emmener Beth mais avec l'animosité qui existe entre vous et Derek, je pense qu'il est préférable que je le fasse.

— Très bien, répondis-je en me sentant parfaitement inefficace.

— Si je ne vous parle pas d'ici là, je viendrai chercher Beth vendredi vers 16 heures et la ramènerai après sa visite.

— Merci. Puis-je annoncer à Beth qu'elle verra son père vendredi ?

— Oui, ça lui remontera le moral. Ainsi qu'à Derek. Le pauvre, il était si bouleversé. Inconsolable.

Je me sentis encore plus coupable et minable.

8

Le vieux sage

Comme convenu, Paula et moi nous rendîmes chez Kay à 11 heures et les deux fillettes jouèrent tandis que nous discutions autour d'un café. Kay se rendit vite compte que j'étais préoccupée et me demanda :

— Cathy, est-ce que tout va bien? Tu ne sembles pas être aussi loquace que d'habitude.

— Oui, pardon, j'ai un problème en tant que parent d'accueil. J'ai commis une erreur de jugement qui a fait beaucoup de peine à quelqu'un.

Comme mes autres amis et ma famille, Kay savait que la confidentialité m'interdisait d'entrer dans les détails.

— Je suis certaine que ce n'était pas ton intention, repartit-elle. Je sais combien cela compte pour toi et l'amour que tu y mets, tout le temps que tu y investis. Tout le monde peut faire des erreurs.

— Merci, dis-je en souriant faiblement. Malheureusement, c'était une grosse erreur et j'ai fait beaucoup de mal à quelqu'un.

Nous restâmes plus d'une heure et Kay proposa que nous déjeunions ensemble mais je déclinai l'invitation, prétextant que j'avais beaucoup à faire. En réalité, je me sentais de si piètre compagnie que je préférais m'en aller.

— Une autre fois, ce sera mieux, affirmai-je, ou vous pourriez venir chez nous. On peut organiser quelque chose la semaine prochaine.

— Ce serait avec plaisir, déclara Kay. Et essaie de ne pas trop t'inquiéter.

Je rentrai à la maison, broyant du noir.

Lorsque Beth sortit de l'école, elle demanda si j'avais parlé à Jessie et si elle pouvait téléphoner à son père. Avec le sourire, je lui dis que oui. Je présumai que Jessie m'aurait appelée dans le cas contraire.

— Et Jessie t'emmènera voir ton père vendredi, après l'école, ajoutai-je.

Le visage de Beth s'éclaira.

— Génial ! Je vais voir mon papa. Qu'est-ce qui lui est arrivé hier soir ?

— Il dormait, comme l'infirmière l'a dit, répondis-je au plus près de la vérité (sauf en cas d'extrême nécessité, je n'allais pas expliquer à un enfant de l'âge de Beth qu'on lui avait administré des calmants).

La souffrance que j'avais causée à Derek en l'accusant injustement me poursuivit le reste de la journée. J'avais hâte que le week-end arrive et de pouvoir partager mes soucis avec John. Comme dit le dicton, problème partagé est à moitié résolu. Alors que nous finissions de dîner, le téléphone sonna. Je quittai la table et allai décrocher. Je fus très heureuse d'entendre la voix de John.

— Bonsoir, mon amour, quelle belle surprise ! m'exclamai-je. Adrian et Paula vont être si contents que tu aies appelé. Je vais les chercher. Et quand tu auras fini de leur parler, je serai heureuse de papoter aussi. Adrian ! Paula ! C'est papa au téléphone !

Les enfants accoururent et sautèrent sur le sofa, s'asseyant l'un à côté de l'autre. Je donnai le téléphone à

Adrian, lui disant de le passer ensuite à Paula. Il fit oui de la tête. Adrian entama la conversation avec son père avec un grand sourire. Paula souriait aussi de toutes ses dents. Je les laissai parler à leur père et retournai voir Beth, qui était restée assise à table.

— Quand est-ce que je pourrai téléphoner à mon papa ? demanda-t-elle, l'air pensif.

— À 19 heures, ma chérie. Dans quarante-cinq minutes. Ce ne sera plus très long.

— Leur papa n'appelle pas souvent, n'est-ce pas ?

— Non, et je suis donc très heureuse qu'il ait trouvé le temps de téléphoner ce soir.

— Pourquoi n'appelle-t-il pas plus souvent ? Il ne veut pas leur parler ?

— Non, ce n'est pas la raison, répondis-je, prise au dépourvu qu'elle puisse penser cela. Leur papa est très occupé au bureau. Il téléphone quand il le peut. S'il te plaît, ne dis pas cela à Adrian et Paula car il leur manque déjà beaucoup.

— Mon papa me manque aussi, enchaîna-t-elle, est-ce que je peux parler à leur papa ?

J'hésitai. Adrian et Paula avaient rarement l'occasion de parler à leur père. Mais je ne voulais pas non plus refuser.

— Lorsqu'ils auront fini, tu pourras dire bonsoir rapidement, accordai-je, mais pas trop longtemps. Il ne faudrait pas que tu sois en retard pour appeler ton papa, n'est-ce pas ?

— Non, admit-elle.

Je m'accordai la meilleure note en tact et en diplomatie. Pendant que Beth m'aidait à débarrasser la table, on pouvait entendre la voix d'Adrian résonner dans le salon. Il répondait aux questions de son père sur sa journée à l'école, puis sur le club de football. Enfin, on entendit la voix de Paula.

— Bonsoir, papa, je suis allée jouer chez Kay aujourd'hui, avec Vicky.

Elle lui raconta sa journée. Puis j'entendis les enfants discuter en tenant probablement le téléphone entre eux. Et Adrian appela finalement :

— Maman ! Papa veut te parler. Il doit partir bientôt.

Beth me suivit au salon. Adrian me tendit le téléphone.

— Chéri, Beth voudrait te dire un rapide bonsoir si tu as le temps ?

— Bien sûr. Passe-la-moi.

Souriante, Beth dit :

— Bonsoir, je vais bientôt parler à mon papa. Je suis contente de t'avoir parlé. Au revoir.

Satisfaite, elle me rendit l'appareil.

— Comment va le travail ? demandai-je maintenant à John. Toujours très occupé ?

— Oui, vraiment. Mais ça va, c'est sous contrôle.

— Bien. Je suis tellement contente que tu aies trouvé le temps d'appeler les enfants. Je voulais parler de quelque chose avec toi mais comme tu es pressé, cela peut attendre.

— Est-ce que c'est urgent ? Je n'ai pas encore mangé.

— Non, va dîner. Cela attendra le week-end.

Il y eut un bref silence, puis John annonça :

— Je crains de ne pas pouvoir rentrer à la maison ce week-end. Je suis désolé mais je n'y peux rien.

— Ah, fis-je, surprise et très déçue.

John revenait toujours le week-end, sauf quand il travaillait à l'étranger – ce qui n'arrivait pas souvent.

— Je vois… Pourquoi ? demandai-je alors que les enfants me regardaient, sentant que quelque chose n'allait pas.

— Je croule sous le travail, dit-il.

— Et tu ne peux pas l'apporter à la maison ?

— Non, pas cette fois-ci, j'en ai peur. On a besoin de moi sur le site.

— Je vois, dis-je de nouveau. Auras-tu l'occasion d'appeler au cours du week-end? Tu vas nous manquer.

— J'essaierai, dit-il.

J'entendis un bruit dans le fond, comme s'il y avait quelqu'un dans la pièce. Puis John reprit:

— Je dois y aller. Ils m'attendent pour aller dîner. Un autre dîner de travail...

— Oh mon pauvre, désolée. J'espère que cela ne durera pas trop tard. Essaie de trouver un peu de temps pour te détendre pendant le week-end. Sinon, tu vas être épuisé.

John étrangla un rire.

— Dis au revoir aux enfants pour moi. Bye, Cathy.

— Bye. Bisous.

— À toi aussi.

La communication fut coupée et je reposai le combiné. Les enfants continuaient de me regarder et j'essayai de masquer ma déception.

— Papa ne rentre pas, n'est-ce pas? demanda Adrian, un peu de mauvaise humeur.

— Je crains que non. Il doit travailler.

— Il doit toujours travailler, répondit Adrian, triste et grincheux. Ne veut-il pas rentrer pour nous voir?

— Bien sûr qu'il le veut, Adrian, tu le sais bien. Ton papa a beaucoup de responsabilités et il doit parfois travailler loin d'ici. Chaque fois qu'il le peut, évidemment, il rentre.

— Je vois mon papa vendredi, interrompit Beth, n'arrangeant pas les choses.

— Je vais dans ma chambre! lança Adrian en sautant du canapé et en grimpant les escaliers quatre à quatre, au bord des larmes.

— Beth, j'aimerais que tu restes ici et que tu surveilles Paula un instant, s'il te plaît, dis-je. Je ne serai pas longue.

Beth prit la main de Paula. Les traits de leurs visages étaient graves.

— Faites un jeu ou autre chose, leur proposai-je en quittant le salon.

En haut, la porte de la chambre d'Adrian était fermée. Je frappai rapidement avant d'entrer. Adrian était assis par terre, en tailleur, les yeux fixés sur le sol. Je m'assis à côté de lui et lui pris la main.

— Adrian, mon cœur, commençai-je doucement, je sais combien ton papa te manque. Il me manque aussi, tout comme à Paula. Ton papa t'aime très fort et je sais qu'il rentrerait à la maison si cela était possible.

— Pourquoi doit-il travailler loin ? interrogea-t-il, l'air triste et les yeux levés sur moi. Pourquoi ne peut-il pas rentrer le soir comme avant ? Comme les autres pères font.

— Tu te souviens quand je t'ai expliqué qu'il avait reçu une promotion dans son travail ? Il était heureux car cela montrait qu'il travaillait bien. Cela veut dire qu'il gagne plus d'argent pour s'occuper de nous, mais cela veut aussi dire qu'il doit parfois travailler loin.

— Je préférerais qu'il rentre à la maison et qu'il gagne moins d'argent, dit-il.

Mon cœur penchait de son côté. *Moi aussi*, pensai-je, sans le dire. John était très soucieux de sa carrière et je devais respecter cela. Il pensait avoir pris la bonne décision en acceptant cette promotion, je l'avais soutenu et je ne remettrais pas en cause sa décision en évoquant mes soucis.

— Papa ne devrait pas avoir à travailler loin pendant trop longtemps, ajoutai-je.

— Combien de temps? questionna Adrian.

— Si tout se passe bien, il pense que ce sera six mois, répondis-je, ce qui veut dire qu'il sera là pour l'été. Tu pourras jouer au cricket et au football avec lui le soir et le week-end, comme avant.

Adrian se sentit un peu réconforté et opina légèrement.

— D'accord, mon cœur?

Il acquiesça mollement.

— Bon, je ne peux pas laisser Paula seule plus longtemps et Beth doit appeler son père – on peut continuer notre conversation un peu plus tard?

— Oui.

— Merci. Et crois-moi, je sais combien ton père te manque, mais cela ne devrait pas durer trop longtemps.

Adrian sourit et je lui fis un baiser sur le front.

— Tu n'es pas encore trop âgé pour faire un câlin à ta maman, n'est-ce pas?

Il rit, sachant ce qui allait suivre. Il couvrit son visage de ses mains, je le serrai dans mes bras et commençai à le couvrir de baisers sur le visage, dans le cou, sur la tête, comme lorsqu'il était plus petit. Il rit et gloussa, essayant de me repousser par jeu. «À l'aide! Au secours!», cria-t-il. Après une dernière tornade de baisers et une longue étreinte, je le relâchai et me levai. Riant toujours, il se frotta le visage avec la manche de son chandail pour se nettoyer de mes baisers, comme les garçons de son âge font souvent.

— Je reviendrai dès que j'ai vu les filles, annonçai-je, riant également.

Beth et Paula étaient assises l'une à côté de l'autre sur le canapé. Beth, très gentille, lui lisait une histoire. Je la remerciai.

— Est-ce que c'est l'heure d'appeler mon papa? s'enquit-elle en refermant le livre.

— Oui, viens.

Il était une minute avant l'heure et je n'aurais pas osé être en retard pour cet appel, après tous les troubles que j'avais causés. Paula n'était pourtant ni lavée ni prête à se coucher et cela allait me prendre au moins quinze minutes. Je me dis alors que, puisque je n'étais pas autorisée à parler à Derek mais juste à composer l'appel, et qu'il n'y avait aucune raison de ne pas laisser Derek et Beth seuls, je pourrais la laisser lui parler pendant que je préparais Paula à aller au lit.

Beth était déjà en train de courir vers l'étage. Je la suivis avec Paula qui comptait chaque marche. Nous allâmes toutes trois dans ma chambre, où Beth se jeta sur le lit.

— Est-ce qu'elle reste? interrogea Beth en montrant Paula.

— Uniquement jusqu'à ce que ton père soit au bout du fil, dis-je.

Lorsqu'on me passa la chambre 3, je demandai à parler à Derek. L'infirmière l'appela et il vint tout de suite.

— Allô, dit-il, semblant légèrement prudent.

Sans dire un mot, je passai le téléphone à Beth.

— Salut, papa! s'exclama-t-elle, souriante. Comment vas-tu?

— Je vais bien maintenant, l'entendis-je dire, plus égayé.

J'emmenai Paula au bain, laissant la porte de ma chambre ouverte. Tout en faisant couler l'eau, je jetai quelques jouets en plastique dans la baignoire et aidai Paula à se déshabiller et à entrer dans l'eau. Je pouvais entendre Beth parler mais pas les réponses de son père. Ils commencèrent par se dire combien c'était formidable de se voir vendredi, Beth demandant à quels jeux ils pourraient jouer à l'hôpital et combien de temps elle pourrait rester. Puis elle décrivit à son père la façon dont elle était habillée. Comme tous les jours, elle s'était changée aussitôt rentrée de l'école. Et elle avait passé un temps considérable à choisir sa robe.

— C'est la robe violette avec des petites fleurs, dit-elle, celle avec le jupon à dentelles.

Elle demeura silencieuse pendant que Derek répondait. Puis elle rit et ajouta :

— Oui, je me suis brossé les cheveux. Ils brillent mais ce n'est pas aussi bien que lorsque tu le fais. Est-ce que tu me brosseras les cheveux vendredi ?

Derek répondit et Beth gloussa.

— Bien sûr que j'ai une culotte propre, s'exclama-t-elle. Papa, tu es drôle.

Un silence suivit pendant que Derek parlait. Et Beth cria :

— Youpi ! Cela fait des années que je veux me faire percer les oreilles. Est-ce qu'on peut acheter ces boucles avec les petits diamants ? On les aimait tous les deux.

Je pensai que Beth était trop jeune pour se faire percer les oreilles, même si je savais que beaucoup de fillettes de son âge le faisaient, et quelques garçons aussi. C'était à son père de décider. La discussion qui suivit sur le bijoutier et le choix des boucles ressemblait davantage à celle d'un couple décidant d'une bague de fiançailles, mais je chassai cette idée de ma tête. J'avais eu tort. Je n'allais pas continuer sur cette voie-là.

Son bain terminé, j'aidai Paula à sortir de la baignoire en écoutant Beth à moitié. J'enveloppai Paula dans une grande serviette et pendant qu'elle se séchait, je laissai l'eau couler en rinçant la baignoire. J'aidai Paula à enfiler un pyjama propre. La voix de Beth était devenue sérieuse et paraissait assez autoritaire.

— Dis au médecin que je peux m'occuper de toi à la maison, dit-elle. Tu n'as pas besoin de rester à l'hôpital. Ou est-ce que je devrais le lui dire quand je le verrai vendredi ?

Derek sembla dire non car Beth reprit :

— D'accord, c'est toi qui lui diras. Mais assure-toi qu'il sache que je peux m'occuper de toi. Tout ira bien et nous serons juste tous les deux. Nous n'avons pas besoin d'aide.

Dans la bibliothèque, Paula choisit quelques histoires. Je m'assis à côté d'elle sur son lit et commençai à lui lire la première d'entre elles. La chambre de Paula était plus éloignée de la mienne que la salle de bains et je ne pouvais plus entendre ce que Beth disait. Je ne l'entendais que lorsqu'elle éclatait de rire ou s'exclamait bruyamment : « Oh, papa ! Tu es trop drôle ! »

J'avais lu deux histoires quand Beth surgit sur le seuil de la chambre.

— Papa était fatigué et on s'est dit au revoir, dit-elle en entrant.

— Je ne suis pas étonnée qu'il soit fatigué après cette longue conversation, fis-je en souriant, vous êtes restés longtemps au téléphone.

— Est-ce que je peux aussi écouter l'histoire de Paula, comme hier soir ? demanda-t-elle.

— Oui, ou je peux t'en lire une autre plus tard, quand j'aurai fini la lecture à Paula.

— Je préfère écouter l'histoire de Paula, décida Beth en grimpant à côté de Paula, qui lui faisait de la place.

Puis, se souvenant tout à coup de quelque chose, elle s'exclama :

— Oh mon Dieu, j'ai oublié de dire à mon papa que je voulais qu'il me lise des histoires au lit quand je rentrerai à la maison.

— Ce n'est pas grave. Tu pourras lui dire une autre fois.

— Je le lui dirai quand je le verrai vendredi.

— Mon papa ne vient pas vendredi, dit Paula en me regardant d'un air triste.

— Non, mais il viendra le vendredi suivant, lui expliquai-je en l'embrassant sur la joue.

Ne voulant pas que Paula soit troublée par Beth et la visite à son père, je replongeai aussitôt dans le confort du livre d'histoires. *Le sage hibou était perché sur son arbre habituel, au fond du jardin. «Qu'est-ce qui t'arrive, petit souriceau? demanda-t-il en fondant sur le sol et se posant silencieusement à côté de lui. Tes moustaches retombent et ta queue est toute molle. Y a-t-il quelque chose qui te tracasse?»*

Au moment de se coucher, Beth était encore très excitée à l'idée de voir son père – si excitée qu'elle n'arrivait pas à s'endormir. Elle avait procédé au rituel du baiser sur la photo de son père. Je lui avais donné l'ours Dodo et j'étais maintenant adossée sur le bord du lit, lui caressant le front pour l'endormir. Grâce à la lumière venant du couloir, je pouvais voir les étagères où étaient posées les photos encadrées de Beth et son père. *La perception d'une personne peut être tellement influencée ou teintée par ses croyances*, pensai-je. J'avais trouvé les photos inappropriées parce que j'avais estimé la relation de Derek avec Beth inappropriée. J'avais vu des choses dans ces photos qui n'existaient pas.

À moins que? J'avais beau essayer, je ne pouvais m'empêcher de trouver Beth plus âgée sur ces photographies, plus sophistiquée et plus mature qu'elle ne l'était en réalité. Cela donnait du poids au commentaire de Marianne selon lequel Beth et Derek se comportaient davantage comme des amants que comme un père et sa fille. Je détournai le regard et me concentrai sur autre chose.

9

Érotiser l'innocence

Beth attendait avec impatience de voir son père et j'attendais ce jour tout autant. J'espérais que sa conversation – désormais dominée par le fait de l'avoir vu – prendrait un tour plus général. Bien entendu, j'étais heureuse qu'elle puisse le voir, mais son bavardage constant sur son merveilleux papa n'aidait pas Adrian et Paula. Ils étaient déjà suffisamment déçus de ne pas voir le leur ce week-end-là. Cela remuait le couteau dans la plaie.

— Je ne sais pas comment m'habiller pour voir mon papa demain, dit-elle au cours du dîner, le jeudi soir.

— Il est sans doute mieux de décider ce soir, suggérai-je. Jessie va venir te chercher à 16 h 30 et tu n'auras pas beaucoup de temps.

— C'est vrai, dit Beth. Je choisirai ma robe après le dîner. Et je pourrai dire à mon papa ce que je porterai quand je l'aurai au téléphone ce soir. On l'appelle ce soir, n'est-ce pas ?

— Oui, ma chérie.

— Alors je lui dirai comment je m'habillerai.

— Est-ce que ça l'intéressera ? s'enquit Adrian. Je ne suis pas sûr que mon papa soit particulièrement intéressé par mes habits.

Très juste, pensai-je. Croisant son regard, je lançai à Adrian un sourire rassurant. John aimait évidemment voir ses enfants bien habillés, tout comme moi, surtout si nous sortions, mais il ne se souciait pas du détail. D'ailleurs, je doute que beaucoup d'hommes s'en préoccupent.

— Mon papa veut toujours savoir ce que je porte, insista Beth, au contraire. Parfois, c'est lui qui choisit, parfois nous choisissons ensemble.

Adrian se concentra sur son dîner, qui était beaucoup plus intéressant que le discours de Beth sur ses habits.

— Peut-être mettrai-je ma robe jaune, reprit celle-ci. Ou alors la bleue. J'ai un collier et un bracelet bleus qui vont avec elle. Je crois que j'ai pensé à les prendre.

Et cela continua ainsi.

Je souriais poliment. Dès que Beth eut fini de manger, elle demanda si elle pouvait quitter la table et monter dans sa chambre pour choisir sa robe. J'acceptai immédiatement. Elle fila aussitôt.

— Je peux aller dans ma chambre pour choisir une robe ? interrogea Adrian en souriant.

— Tu mets pas de robe, répliqua Paula, qui ne comprenait pas la blague.

— Nous devons être patients, répliquai-je. Beth est très excitée de voir son père, ce qui est tout à fait naturel.

— Est-ce que je peux avoir une robe bleue comme Beth ? demanda Paula.

— Et moi aussi ! ajouta Adrian. Avec un collier et un bracelet bleus, s'il te plaît !

Je débarrassai la table et montai voir comment Beth se débrouillait. Paula vint avec moi. La porte de la chambre de Beth était grande ouverte et nous entrâmes. Son armoire était béante, ainsi que tous les tiroirs, l'essentiel de leur contenu éparpillé sur le lit, la chaise et le sol. On aurait dit une vente dans une brocante de luxe. Beth se tenait debout au milieu de ses habits, l'air angoissé.

— Je n'arrive vraiment pas à me décider, déclara-t-elle, au bord des larmes.

Cette histoire est allée suffisamment loin, pensai-je.

— Je crois que c'est moi qui vais décider quelle robe tu porteras, affirmai-je. Comme ça, tu n'auras pas de problème.

Je pensai qu'elle allait s'y opposer mais, au contraire, elle me regarda avec soulagement.

— Oui, s'il te plaît, choisis, approuva-t-elle.

— Tu as beaucoup d'habits, commenta Paula alors que je commençais à piocher parmi eux.

— Oui, et on doit tous les ranger, ajoutai-je.

Je choisis rapidement une robe. C'était l'une des rares à être adaptées à la saison. Avec de longues manches et un chaud tissu à carreaux rose et gris.

— Voilà qui est parfait, lançai-je avec enthousiasme en la tenant en l'air.

Beth resta immobile un instant, les mains sur les hanches, à étudier la robe avant de sourire et d'acquiescer.

J'espérai que Paula ne se mettrait pas en tête de grandes idées sur ce qu'elle porterait elle-même. Je mis la robe de côté et commençai à rassembler tous les autres vêtements. Beth m'aida, ainsi que Paula, à ramasser les paquets de collants en dentelle éparpillés sur le sol. Nous finîmes de ranger juste avant 19 heures, heure à laquelle nous allâmes toutes trois dans ma chambre. Une fois Derek au bout de la ligne, je passai le téléphone à Beth et, suivant notre nouvelle routine, emmenai Paula prendre son bain. Pendant que je lavais Paula, Beth raconta à son père les difficultés qu'elle avait eues à choisir sa robe jusqu'à ce que je vienne à sa rescousse. Elle décrivit la robe que j'avais sélectionnée et le collier et le bracelet qu'elle pensait assortir avec elle. Je n'écoutai qu'à moitié tant je trouvais ce bavardage assommant. Des filles de son âge devraient songer à des choses plus captivantes. Finalement, je l'interpellai :

— Raconte à ton papa ce que tu as fait à l'école aujourd'hui. Et ta réunion de classe ? Je suis sûre que ça l'intéressera.

Il me semblait que même Derek devait en avoir assez de cette histoire de robe.

Beth suivit mon conseil, même si j'étais trop loin pour entendre les réponses de Derek. Puis elle lui demanda ce qu'il avait mangé pour son dîner.

J'avais déjà lu une histoire à Paula quand Beth nous rejoignit.

— As-tu fini de parler à ton papa ? demanda Paula en lui faisant de la place à ses côtés.

— Oui, et je le vois demain. Je suis tellement contente.

— Ce livre s'appelle *Mamie fait ses courses*, annonçai-je en ouvrant un nouveau livre d'images.

— Je n'ai pas de mamie, dit Beth.

— Moi, si, repartit Paula. Et un papy. Ils sont très gentils et ils nous aiment beaucoup.

Je souris.

— Tu les rencontreras bientôt, précisai-je à Beth, avant d'entamer la lecture.

Le lendemain matin, Beth sembla inhabituellement sage et ne prononça presque pas un mot pendant le petit-déjeuner. Je m'étais attendue à ce qu'elle soit très bavarde en vue de la visite à son père et je m'inquiétai de ce qui la perturbait. Je remarquai aussi qu'elle ne mangeait pas avec le même appétit que d'habitude.

— Ça va, ma chérie? lui demandai-je alors qu'elle avalait ses céréales du bout des dents.

Elle reposa sa cuiller dans son bol et me fixa avec un air sérieux.

— Non, je suis très inquiète, répondit-elle en fronçant les sourcils.

Adrian, Paula et moi la regardâmes avec préoccupation.

— De quoi es-tu inquiète, mon cœur? m'enquis-je en reposant ma tasse de café pour lui accorder toute mon attention. Peux-tu me le dire? Je peux peut-être t'aider.

Beth me regarda, manifestement plongée dans ses pensées et fronçant de nouveau les sourcils. Je me demandai vraiment ce qui pouvait ainsi la troubler. D'habitude, elle exprimait ses soucis assez facilement.

— J'ai réfléchi, commença-t-elle dans un profond soupir, je ne veux pas mettre la robe que tu as choisie. Je veux porter la rouge.

— Et c'est ça qui te tracasse? s'étonna Adrian, incrédule, me volant les mots de la bouche.

Beth opina.

— Beth, ma chérie, dis-je gentiment, ton papa t'aimera quoi que tu mettes. C'est toi qu'il veut voir, pas ta robe.

— Mais je veux avoir belle allure pour lui, insista-t-elle.

— Et tu n'y manqueras pas. Maintenant, finis ton petit-déjeuner. Nous ne devons pas être en retard à l'école.

— Je n'en veux plus, déclara-t-elle en repoussant le bol à moitié plein de céréales. Je n'ai pas faim.

— Très bien. Tu n'as qu'à laisser ce que tu ne veux pas.

Beth quitta la table et alla se brosser les dents. J'avalai rapidement le dernier de mes cafés et la rejoignis en haut. Je voulais lui parler seule à seule.

— Beth, fis-je en entrant dans la salle de bains, es-tu sûre qu'il n'y a rien d'autre qui te tracasse, à part le choix de la robe?

Il me paraissait incroyable que le choix de ses habits puisse causer à une enfant une telle consternation. Je me demandai si cela dissimulait un problème plus profond que Beth avait plus de mal à partager.

— Ton papa est bien soigné à l'hôpital, la rassurai-je en me demandant si le problème résidait là.

— Je sais, affirma-t-elle, et je vais le voir bientôt. Mais je ne sais pas quoi mettre.

— S'il y avait autre chose qui te tarabuste, tu me le dirais, n'est-ce pas? Je ferais de mon mieux pour t'aider.

— Oui, merci, mais ça va.

Je ne pouvais pas en dire plus.

La journée s'écoula rapidement. De grosses emplettes au supermarché, le ménage habituel, les jeux avec Paula. En apportant le linge propre de Beth dans sa chambre, je notai qu'elle avait remis la robe rose et gris dans l'armoire, sans avoir rien choisi à sa place. Elle n'aurait pas beaucoup de temps en rentrant, avant que Jessie ne vienne la chercher. Je songeai à en choisir une autre pour elle et à insister pour qu'elle la mette, mais je ne voulais pas la froisser. Je me demandai comment Derek avait laissé la situation atteindre de telles proportions. Cela devait leur prendre un temps fou pour se préparer à sortir sans l'uniforme scolaire. En même temps, d'après ce que j'avais entendu au téléphone, Derek partageait l'amour de Beth pour les habits et les accessoires de toilette. *Ma foi*, me dis-je, *il faut de tout pour faire un monde.*

De retour de l'école, Beth était de très bonne humeur. Elle s'approcha en sautillant, heureuse.

— Je vais voir mon papa ! cria-t-elle. Et je sais les habits que je vais porter.

— Parfait, lança Adrian alors que nous rejoignions la voiture, et je peux savoir lesquels ?

— Je ne te le dirai pas, taquina Beth. Tu devras attendre pour le voir. Ce sera une grosse surprise.

— Je suis impatient, répliqua sèchement Adrian.

Je me demandai à quel point elle s'était intéressée aux cours et combien de temps elle avait passé à réfléchir à ce qu'elle allait porter. *Qu'est-ce que ce serait à l'adolescence !* me pensai-je en souriant.

Arrivée à la maison, Beth ôta rapidement son manteau et ses chaussures et monta tout de suite dans sa chambre pour se changer.

— N'oublie pas que Jessie arrive dans un quart d'heure, lui dis-je haut et fort. As-tu besoin d'aide ?

— Non, je serai prête à l'heure, répondit-elle.

J'allai commencer à préparer le dîner. Je supposais que Beth mangerait à son retour. Tout en m'activant, je gardai un œil sur l'horloge. Cinq minutes avant l'heure, ne voyant pas Beth apparaître, je décidai de monter. La porte de sa chambre était fermée. Je frappai.

— C'est Cathy. Es-tu prête ? Jessie ne devrait pas tarder.

— Je suis prête, répondit-elle de l'intérieur. Tu peux entrer.

J'ouvris la porte, fis un pas à l'intérieur et m'arrêtai net. Mon Dieu ! m'exclamai-je en moi-même.

— Eh bien, c'est ça que tu veux mettre ? lui demandai-je en essayant de cacher ma surprise.

Beth sourit, satisfaite.

— Oui, tu aimes ?

Je pouvais voir combien elle était contente d'elle-même. Non seulement je n'aimais pas la robe qu'elle portait, mais celle-ci ne convenait ni à une enfant, ni à l'hiver, ni à une visite à l'hôpital. Elle était très courte, en satin rouge brillant, avec des manches bouffantes et un large col en dentelle. J'avais vu cette robe en déballant sa valise, mais je m'étais dit que c'était pour se déguiser à la maison. Beth portait également des collants noirs en dentelle et des chaussures d'enfant à hauts talons dont j'avais aussi cru qu'elles servaient de déguisement. Mais le plus inquiétant, c'était ce que Beth avait mis sur son visage.

— Tu te maquilles ? repris-je, frappée d'horreur.

Beth acquiesça et se retourna pour admirer son travail dans le miroir.

— C'est joli, non ?

Je restai fixée sur le reflet de son visage dans le miroir : un fard à paupières bleu vif, un mascara couleur marine et du rouge aux lèvres. Normalement, je ne laissais pas les jeunes filles se maquiller, sauf dans le cadre d'un jeu à la maison. Je ne les laissais pas non plus s'habiller de manière provocante – seule manière de décrire la façon dont se présentait Beth. C'était comme érotiser l'innocence. Elle ressemblait à une enfant prostituée et je frémis à cette pensée. Mais que pouvais-je bien dire ? Beth avait l'air si heureuse. Je ne voulais pas la blesser et gâcher sa soirée. De plus, Jessie devait arriver d'une minute à l'autre.

— D'habitude, mon papa m'aide à me maquiller, dit Beth en s'admirant encore dans la glace. Mais cette fois, je l'ai fait toute seule.

— Ton père te maquille? fis-je, sous le choc.

— Oui. Il dit qu'il a la main ferme et qu'il peut mieux le faire que moi.

Mon regard passa de Beth aux photographies sur les étagères.

— Est-ce que tu portais du maquillage sur ces photos? lui demandai-je.

— Oui, papa m'avait maquillée.

Cela expliquait pourquoi Beth avait l'air beaucoup plus âgée sur ces clichés.

— Où as-tu trouvé le maquillage? repris-je, car j'étais certaine de ne pas l'avoir vu en défaisant sa valise.

— Il était dans le tiroir de mon bureau, à l'école, répondit-elle, se détournant enfin du miroir. Je l'avais apporté pour le montrer à mes amies; elles n'ont pas le droit d'en avoir. Et puis je l'avais oublié. Je m'en suis souvenue aujourd'hui et je l'ai mis dans la poche de mon manteau pour ne pas l'oublier.

On sonna à la porte.

— Ce doit être Jessie, annonçai-je.

Beth n'avait plus le temps de se changer.

— Maman! Ça sonne! cria Adrian depuis le salon.

— Oui, j'ai entendu, répondis-je.

Nous descendîmes, Beth s'accrochant à la rampe et chancelant sur ses talons aiguilles. J'ouvris la porte.

— Je m'excuse, dis-je à Jessie, Beth s'est préparée toute seule.

Beth apparut à côté de moi.

— Oh, mon Dieu ! Tu t'es mise sur ton trente et un ! s'exclama Jessie, apparemment plus impressionnée que choquée.

— Je voulais qu'elle mette une robe plus chaude, expliquai-je, et je ne savais pas au sujet du maquillage...

— C'est papa qui me l'a acheté, avança Beth fièrement.

Jessie opina, ne partageant manifestement pas mon trouble.

— Mets donc ton manteau, dit Jessie, ton papa va t'attendre.

Je pris le manteau dans le vestibule et l'aidai à l'enfiler.

— Fais attention avec ces hauts talons, lui dis-je pendant qu'elle passait le palier cahin-caha. Amuse-toi bien.

— Je devrais vous la ramener peu après 18 heures, dit Jessie. C'est à vingt minutes en voiture et la visite dure une heure.

— D'accord, merci, répondis-je.

— Est-ce qu'on peut rester plus longtemps ? demanda Beth.

— On verra, repartit Jessie avant qu'elles ne disparaissent sur le trottoir en direction de la voiture de Jessie.

Je fermai la porte. Adrian et Paula apparurent dans l'entrée.

— Beth est partie ? questionna Paula. Je ne lui ai pas dit au revoir.

— Elles étaient en retard, expliquai-je. Tu la verras plus tard. Elle sera là avant que tu ne te couches. Toi, Adrian, poursuivis-je, lorsque Beth rentre, promets-moi de ne faire aucune remarque sur ses habits.

— Pourquoi ?

— Disons simplement que ce n'est pas ce que j'aurais choisi, mais que je ne veux pas qu'elle soit vexée.

— Pas de problème, maman, je promets de ne pas dire un mot.

— Tu es gentil.

10

Le calme avant la tempête

Fidèle à sa promesse, Adrian ne dit pas un mot quand, à 18h15, j'ouvris la porte d'entrée et que Beth entra. Je l'entendis réprimer sa surprise, puis, mettant sa main sur la bouche, étouffer un rire et se réfugier en haut, dans sa chambre. Heureusement, Beth ne le vit pas. Debout à côté de moi, Paula, elle, la regarda, bouche bée.

— Tu ressembles à une dame, dit-elle.

Une dame de la nuit, pensai-je, en voyant le rouge à lèvres de Beth qui avait bavé et son mascara qui avait coulé, formant des cernes bleus autour de ses yeux.

— T'es-tu amusée? m'enquis-je gentiment pendant qu'elle enlevait son manteau.

— Nous avons joué à plein de jeux. Il y avait de drôles de gens là-bas, mais ils étaient gentils. Papa m'a acheté deux barres de chocolat sur un petit chariot qui passait dans les couloirs.

Je souris.

— Voulez-vous entrer? demandai-je à Jessie, qui se tenait toujours devant l'entrée.

Je lui proposai un café.

— Non, je dois rentrer, répondit-elle, sans pour autant dire tout de suite au revoir ou rebrousser chemin.

— Vous êtes sûre ? Ce sera vite fait, insistai-je.

J'aurais aussi aimé savoir comment cela s'était passé.

— Non, merci, répéta-t-elle.

Elle inspira profondément, comme si elle allait me demander quelque chose avant de changer d'avis.

— Est-ce que Beth pourra retourner voir son père bientôt ? repris-je.

Je me disais que, la prochaine fois, je serais mieux préparée au sujet de ses habits et de son maquillage.

— Oui, je crois, mais cela dépend de la date à laquelle Derek sortira de l'hôpital, répondit Jessie, qui ajouta, après une nouvelle hésitation : je vous appellerai lorsque j'en saurai davantage.

— Et la visite s'est bien passée ?

— Ils se sont bien amusés.

Jessie me sourit brièvement, puis nous salua et partit. Je refermai la porte, pensant qu'elle avait l'air un peu préoccupée mais sans m'appesantir là-dessus. C'était la fin de la semaine et elle était probablement très fatiguée.

Avant de faire dîner Beth, je la persuadai d'aller se démaquiller dans la salle de bains. Sans que je le lui demande, elle changea également de tenue et mit celle de nuit. Elle dit qu'elle ne voulait pas abîmer sa robe en la tachant pendant le dîner. Beth était très sensible à ce genre de choses ; elle se comportait plus comme une femme que comme une enfant. Une fois dîné, elle me demanda si c'était l'heure d'appeler son papa. Il était bientôt 19 heures mais j'avais présumé que, l'ayant vu peu auparavant, elle ne lui téléphonerait que le lendemain.

— Papa veut que je l'appelle, dit-elle.

Jessie n'avait rien spécifié à ce sujet. À l'heure dite, nous montâmes donc dans la chambre et j'appelai l'hôpital. Paula et moi allâmes dans la salle de bains pendant que Beth parlait à son père. Elle était encore très excitée de sa visite et évoqua gaiement les jeux auxquels ils avaient joué – serpents et échelles, fléchettes, cartes et d'autres que je ne connaissais pas. Je l'entendis dire qu'elle n'aimait pas la dame qui ne cessait d'émettre de drôles de bruits, mais que les hommes étaient gentils. J'imaginai que ces rencontres avaient eu lieu dans la chambre ou dans une salle commune où se trouvaient d'autres patients.

Comme au cours des soirées précédentes, une fois la conversation terminée, Beth nous rejoignit dans la chambre de Paula. Elle avait un bon moral. Mais une fois que vint l'heure d'aller se coucher, sa tristesse refit surface.

— Mon papa me manque tellement, déclara-t-elle en grimpant sur son lit.

— Je sais, mon cœur. Mais tu pourras l'appeler demain et je suis certaine qu'il ira mieux bientôt.

— Je me suis assise sur ses genoux et il m'a fait de gros câlins, dit-elle avec un petit sourire nostalgique.

— Alors, vous avez passé un agréable moment ensemble, dis-je.

— Oui. Un autre homme voulait que je vienne m'asseoir sur ses genoux, mais Jessie a dit « Non ».

— Est-ce que Jessie est restée avec toi et ton papa tout le temps ? demandai-je, intéressée.

— Oui, sauf quand elle est partie prendre un café. Si seulement je pouvais rester à l'hôpital avec mon papa, son lit est assez grand pour deux.

Je souris, la rassurai et la serrai dans mes bras.

— Je suis certaine qu'il va bientôt rentrer à la maison. Dimanche, tu vas faire la connaissance de mes parents, annonçai-je pour la distraire. Nous allons leur rendre visite, ils vivent à la campagne.

Le visage de Beth s'éclaira un peu.

— C'est un événement spécial ? demanda-t-elle.
— Je suppose que oui, répondis-je.
— Alors je mettrai ma robe rouge, avec mes collants en dentelle et mes chaussures à talons hauts.
Oh, mon Dieu, pensai-je. Je contrecarrai immédiatement son projet.
— Tu auras besoin de quelque chose de plus chaud et de plus pratique, annonçai-je avec diplomatie. Nous avons l'habitude d'aller marcher dans la forêt là-bas, je t'aiderai à choisir tes habits.
Beth accepta tranquillement et se glissa sous sa couette.
— Et aussi, mon cœur, ajoutai-je, je ne veux pas que tu te maquilles pendant que tu vis avec moi. Je sais que ton père l'accepte mais je n'aime pas ça.
Autant régler cette question tout de suite.
— Pourquoi est-ce que tu n'aimes pas ?
— Je n'aime pas le maquillage sur les enfants. À mes yeux, les enfants sont suffisamment beaux comme ça. Ils n'ont pas besoin de maquillage.
Beth réfléchit un instant.
— Est-ce que Paula se maquillera quand elle sera plus grande ?
— Pas avant qu'elle ne soit beaucoup, beaucoup plus grande – quand elle sera adolescente et un petit peu seulement, si elle le désire. Maintenant, dodo, ma chérie, lançai-je en ajustant la couette. Tu as eu une journée bien chargée, tu peux faire la grasse matinée demain matin, c'est samedi et il n'y a pas école.
Beth sourit.
— Papa et moi, on fait la grasse matinée le week-end. On reste au lit et on se fait de gros câlins. Ensuite, il prépare le petit-déjeuner et nous le prenons au lit. Est-ce que vous faites ça aussi ?

— En général, non, répondis-je, ne désirant pas commencer à servir le petit-déjeuner au lit aux enfants. Mais quand tu retourneras chez toi, je suis sûre que tu auras de nouveau le petit-déjeuner au lit.

Beth fit oui de la tête, se retourna, saisit la photo sous l'oreiller, l'embrassa, lui dit bonne nuit et la remit à sa place. Je coinçai l'ours Dodo à côté d'elle.

— Dors bien, lui dis-je en lui donnant un baiser.

— Oui, acquiesça Beth avec le sourire.

Je sortis en laissant la porte de Beth entrouverte, comme elle aimait. Adrian et Paula dormaient à poings fermés. En bas, je me préparai une tasse de thé et m'assis au salon. La maison paraissait très calme, étrangement calme pour un vendredi soir. Je ne me souvenais plus de la dernière fois où j'en avais passé un toute seule. D'habitude, John était rentré à cette heure-là et nous avions toujours de nombreuses choses à partager, surtout s'il avait dû travailler loin de la maison. Parfois, nous ouvrions une bouteille de vin et prenions un verre tout en papotant. Mais ce soir-là, il n'y avait que Tosha et moi et je me sentis très seule. Comme si elle le comprenait, Tosha sauta de la chaise sur laquelle elle aimait s'enrouler et vint se blottir sur mes genoux. Je caressai son poil doux pendant qu'elle tournait sur elle-même avant de former une boule et de ronronner doucement.

Tout en la caressant, je bus mon thé et me demandai ce que John faisait. J'imaginais qu'il avait probablement eu un dîner d'affaires et avait regagné sa chambre d'hôtel où il regardait peut-être la télévision. Je me disais qu'il devait également se sentir seul et qu'il allait peut-être téléphoner. John n'aimait pas vivre dans les hôtels. Plus d'une fois il avait dit que les hôtels, c'était bien pour les vacances, mais qu'ils perdaient rapidement de leur charme si l'on y était emprisonné chaque soir après le travail. Je savais qu'il aurait préféré rentrer à la maison si cela avait été possible. Je m'inquiétais aussi qu'il travaille trop. Chez nous, il pouvait se détendre pour reprendre la semaine en se sentant frais et dispos. Là, il allait enchaîner une semaine avec l'autre, sans transition. *Pauvre John*, me dis-je, *seul dans sa chambre d'hôtel et rêvant d'être à la maison, assis à côté de moi sur le sofa.* Je songeai à ouvrir une bouteille de vin mais me ravisai en pensant que ce ne serait pas le même plaisir qu'avec John.

Réaction typique des enfants à qui l'on offre une grasse matinée le samedi matin, Adrian, Paula et Beth furent debout encore plus tôt que les jours d'école. Désireux de tirer le maximum du week-end, ils étaient tous en train de jouer dans leurs chambres à 7 heures. Vêtus de leurs pyjamas, ils continuèrent pendant que je prenais ma douche et m'habillais. Puis je préparai un petit-déjeuner complet. Pendant que nous dégustions nos œufs au bacon, accompagnés de saucisses et de tomates, Beth déclara à Adrian et Paula que son papa lui apportait le petit-déjeuner au lit le week-end.

— Tu as le petit-déjeuner au lit tous les week-ends? demanda Adrian.

Beth acquiesça.

— Ne commence pas à te faire des idées, dis-je à Adrian en souriant. Les seules fois où tu y as droit, c'est le jour de ton anniversaire ou quand tu es malade.

— Ça ne me tente pas de toute façon, répliqua-t-il en grimaçant. Toutes ces miettes de pain dans le lit, on dirait du sable.

Je ris.

— Mon papa me l'apporte sur un plateau, dit Beth. Comme ça, je n'ai pas de miettes dans le lit. Et si je renverse mon jus de fruits, il ne dit rien et change les draps.

À l'évidence, Derek était un père très indulgent et très tolérant, même si je doutais qu'il soit bon de gâter autant une enfant. Elle risquait de devenir égocentrique, attendant d'être choyée sans cesse. Mais c'était peut-être différent avec un enfant unique. Quand on en a plusieurs, on doit s'en occuper de manière égale ; cela n'autorise tout simplement pas à les bichonner comme le père de Beth le faisait avec elle.

La matinée était froide mais lumineuse. Après le petit-déjeuner, je proposai donc d'aller au parc. Les enfants accueillirent l'idée avec enthousiasme et m'aidèrent à débarrasser la table avant d'aller se préparer à l'étage. Adrian ne portait que des survêtements ou des jeans le week-end et savait quoi mettre. Je voulais choisir des vêtements appropriés pour Beth. Paula m'accompagna dans la chambre de Beth, où j'ouvris l'armoire et pris deux survêtements que je me souvenais d'avoir rangés et qu'elle n'avait jamais portés.

— Est-ce que je peux mettre une robe ? demanda Beth.

— Ce n'est pas très pratique pour jouer dans le parc et dans le froid, répondis-je. Voilà qui est parfait et ils ont l'air d'être tout neufs.

— Ils le sont : je ne les ai jamais mis.

— Les deux sont très jolis. Lequel aimerais-tu porter aujourd'hui ? Le bleu ou le rose ? questionnai-je en soulevant les deux survêtements.

— Le rose.

— Excellent choix ! Et tu pourras mettre le bleu quand on ira rendre visite à mes parents demain, proposai-je pour résoudre tranquillement cet autre problème.

Je sortis des chaussettes chaudes et un gilet pendant qu'elle prenait une culotte. Tous les habits de Beth étaient en parfait état ; beaucoup d'entre eux semblaient neufs. Derek devait dépenser beaucoup d'argent en habits pour sa fille, cédant peut-être à ses désirs en ce domaine comme en d'autres. Je la laissai se préparer et allai m'occuper de Paula. Une demi-heure plus tard, nous étions tous dans l'entrée, emmitouflés dans nos manteaux, nos écharpes et nos gants, prêts à aller au parc. Adrian avait pris son ballon de foot et je demandai à Beth si elle voulait emporter une balle, une corde à sauter ou une trottinette, mais elle dit que non. Elle ajouta qu'elle n'allait pas souvent au parc car les parcs étaient pour les enfants. Je ne relevai pas cette évidence et fus soulagée qu'Adrian fasse de même.

Dehors, il faisait froid mais beau. Un soleil d'hiver brillait dans le ciel bleu, faisant étinceler la couche de gel comme par magie. Arrivés au parc du quartier, Beth et Adrian coururent vers l'aire de jeux où se trouvaient des balançoires, une bascule, un tourniquet. J'emmenai Paula vers l'endroit réservé aux plus petits où je l'aidai à monter et à descendre d'un cheval à bascule ou de balançoires pour bébés, qu'elle adorait bien que je ne sois pas autorisée à les appeler ainsi.

— Ce sont des balançoires de grandes filles, disait-elle sur un ton indigné. Elles sont juste un peu plus petites.

On passa une heure dans le parc. J'avais apporté mon appareil photo et je pris de nombreux clichés des enfants en train de jouer. Quand je sentis mes doigts et mes pieds s'engourdir et vis le nez des enfants tourner au rouge, je suggérai de rentrer à la maison prendre un chocolat chaud. Les enfants insistèrent pour un dernier tour de balançoire, puis nous partîmes.

À la maison, la lumière du répondeur téléphonique clignotait. J'appuyai sur la touche « lecture » et la voix de John retentit. Les enfants s'immobilisèrent en enlevant leurs manteaux.

— Salut, les enfants, je suis désolé de vous rater. J'imagine que vous êtes allés faire des courses avec maman. Amusez-vous bien le reste du week-end. J'essaierai d'appeler dans la semaine. Soyez sages et on se voit le week-end prochain. Bisous, papa.

Puis la ligne coupa et la lumière de l'appareil s'éteignit. Je pouvais voir sur les visages d'Adrian et de Paula la joie d'entendre la voix de leur père et la tristesse d'avoir manqué l'appel.

— Il rappellera peut-être plus tard, espéra Adrian.

— Peut-être, ou dans la semaine comme il l'a dit, répondis-je.

Après le déjeuner, je couvris la table de journaux et disposai des pots de peinture et de l'eau au milieu. Je donnai aux enfants un tablier, des pinceaux et un paquet de feuilles blanches. Ils réalisèrent de magnifiques peintures de chats, de chiens, d'oiseaux, de poissons, d'eux-mêmes, de l'un ou de l'autre, et de figures géométriques tourbillonnantes, jusqu'à épuiser le papier disponible. Nous nous débarrassâmes alors de la peinture pour jouer avec de la pâte à modeler. Et quand ils en eurent assez, ils m'aidèrent à cuire des gâteaux secs pour emporter le lendemain chez Nana et papy. Après le dîner, on regarda un film à la télévision. Ce jour-là, quand Beth appela son père, elle lui raconta sa journée. Je me dis qu'il devait être soulagé et heureux de savoir qu'elle s'amusait et ne se languissait pas de lui. Je trouvai aussi dommage de ne pas pouvoir parler à Derek comme je le faisais d'habitude avec les parents des enfants placés chez nous. J'aurais pu le rassurer. Malheureusement, comme je l'avais blessé avec mes allégations sans fondement, Jessie m'avait demandé de ne pas lui parler, et je devais m'y résoudre.

Dimanche fut une journée grise et couverte. Une épaisse couche de nuages s'étendait à perte de vue. Pourtant, alors que je conduisais vers la maison de mes parents (avec Beth se plaignant de son survêtement bleu), le soleil apparut, invitant Adrian à pousser la chansonnette : *Il pleut, il mouille, c'est la fête à la grenouille, il pleut, il fait beau temps, c'est la fête au paysan.*

— C'est la chanson de papy, déclara Paula.

— Oui, papy la chante, confirmai-je, mais toi aussi tu connais les paroles.

— Moi aussi ! reprit Beth en se mettant à chanter.

Les trois entonnèrent le couplet à peu près six fois de suite. Personne ne se souvenait des autres couplets et je ne crois pas que mon père s'en souvenait non plus.

— Je connais d'autres comptines, dit Paula lorsqu'ils furent lassés de celle-ci. *Une souris verte, qui courait dans l'herbe…*, entonna-t-elle.

Beth reprit en chœur et quand elles eurent fini, Adrian entama un tonitruant « Le bon roi Dagobert », que nous reprîmes tous ensemble en rigolant. Ainsi se passa le trajet sur l'autoroute, en chantant et en riant, et cela ne s'arrêta qu'au moment où j'entrai dans l'allée de la maison de mes parents. Ceux-ci devaient nous guetter car j'avais à peine coupé le moteur que leur porte s'ouvrit et qu'ils vinrent à notre rencontre. Je laissai les enfants sortir puis présentai Beth à mes parents. « Bonjour, ma chérie », dit ma mère en embrassant et en enlaçant tout le monde tandis que mon père faisait de même avec moi et Paula et serrait la main à Adrian et à

Beth. Mes parents ont le don de faire se sentir chez eux de nouveaux enfants.

Une fois à l'intérieur, nous offrîmes les gâteaux secs à ma mère et je l'accompagnai à la cuisine pour l'aider à préparer le café pour les adultes et les jus de fruits pour les enfants, pendant que tout le monde s'installait dans le salon. Après avoir posé les boissons et les biscuits sur un plateau, j'apportai celui-ci au salon, où ma mère dit à chacun de se servir. Paula avait déjà trouvé sa place sur les genoux de papy et semblait s'y sentir très bien. Beth et Adrian s'assirent dans des fauteuils et quand ils eurent fini de boire et manger, Adrian montra à Beth la caisse à jouets, une idée de ma mère pour que je n'aie pas à trimballer des paquets de jeux à chaque visite. Elle en ajoutait chaque année et il s'y trouvait maintenant des jeux pour garçons et filles de presque tous les âges. Ils se mirent à constituer un puzzle ensemble, tandis que Paula se pelotonnait contre son grand-père. Ma mère et moi bavardâmes sur le canapé tandis que de délicieuses odeurs parvenaient de la cuisine.

— Le repas sera bientôt prêt, prévint ma mère. Papy et moi avons pensé que vous aimeriez aller faire une petite promenade après avoir mangé.

— Est-ce qu'on peut aller dans la forêt noire? demanda Adrian avec empressement, en levant les yeux du puzzle.

— Oui, si tu veux, répondit-elle.

— Moi en tout cas, j'aimerais bien! interrompit mon père.

Adrian sourit.

— La forêt donne la chair de poule, annonça-t-il à Beth, elle est très sombre, c'est pour ça que je l'appelle la forêt noire. On peut se cacher et sauter sur les gens. Il y a plein de monstres.

— Je n'aime pas la forêt, déclara Paula en se serrant contre papy.

— On restera ensemble, la rassura-t-il. Tu pourras me tenir la main, comme la dernière fois. Il n'y a pas de monstres !

Une fois avalé le rôti, mon père proposa de sortir tant qu'il faisait soleil et de prendre le dessert plus tard. Nous aidâmes à débarrasser, avant d'enfiler nos manteaux et de mettre nos chaussures. La Grande Forêt, comme elle s'appelle vraiment, se trouve à environ cinq kilomètres de la maison de mes parents. Elle est donc trop loin pour y aller à pied avec les enfants. Lorsque nous atteignîmes le parking pour visiteurs, seules deux autres voitures y étaient garées. La Grande Forêt est plus populaire en été. Mon père ouvrit le portail en bois qui menait au chemin traversant la forêt. Du fait de ses centaines de très hauts pins serrés les uns contre les autres, cette forêt est très évocatrice – elle donne « la chair de poule », comme dit Adrian. Même en été, la lumière n'y pénètre que faiblement. En hiver, elle peut être très sombre à certains endroits. Sa densité amplifie aussi le moindre son au milieu d'un calme étrange. Une brindille qui craque ou une fougère qui claque vous fait sursauter. Il n'est pas difficile de comprendre que les autochtones croyaient autrefois qu'elle était hantée.

— N'oubliez pas que vous ne devez jamais nous perdre de vue, criai-je à Beth et Adrian qui couraient devant.

J'avais imposé cette règle après une balade au cours de laquelle Adrian, trop aventureux, s'était perdu pendant quelques minutes. Je crois qu'il avait eu aussi peur que nous. Je savais donc qu'il écouterait. Quant à Beth, elle restait collée à lui.

Nous suivions la direction qu'ils avaient prise, le long d'un chemin unique, longé d'arbres et de fougères. Ils disparaissaient régulièrement de notre vue pour surgir de leur cachette en émettant des bruits de bête pour nous faire peur. Mon père prévenait toujours Paula, de sorte que, lorsqu'ils surgissaient, elle n'était pas trop effrayée. Du coup, il lui arrivait souvent de rire. La promenade dura environ trois quarts d'heure, avant que nous retournions chez mes parents déguster un formidable crumble aux pommes accompagné de crème anglaise. Beth devant téléphoner à son père à 19 heures, nous partîmes une heure avant. De l'entrée, mes parents nous dirent au revoir de la main et nous soufflèrent des baisers jusqu'à ce que nous soyons hors de vue.

— Ils sont très gentils, dit Beth, j'ai passé une très belle journée.

— J'en suis très heureuse, lui répondis-je. Nous nous sommes tous régalés.

Les enfants, fatigués de leur journée, furent calmes dans la voiture. Ce soir-là, j'entendis Beth raconter à son père l'agréable journée qu'elle avait passée avec Nana et papy. Elle lui demanda pourquoi elle n'avait pas de Nana et de papy. Je ne pus entendre la réponse de Derek, mais je savais par Jessie que le père de Derek était dans un hospice et qu'il n'avait aucun contact avec la famille de son ex-épouse.

Une fois les enfants couchés, je pris une tasse de thé dans le salon, avec un esprit beaucoup plus positif que la veille au soir. John n'avait pas pu nous rejoindre pour le week-end mais nous en avions tiré le meilleur. Les enfants s'étaient bien amusés et leur père ne leur avait pas trop manqué. Je m'étais fait plaisir avec eux et en passant la journée chez mes parents. Au cours des semaines qui suivirent, je penserais à ce week-end comme à une petite oasis de quiétude avant que la tourmente ne s'abatte sur nous et change nos vies pour toujours.

11

L'ignorance

Le lundi après-midi, j'attendais dans la cour de l'école quand la mère de Jenni s'approcha. Je ne l'avais pas recontactée au sujet de l'autorisation pour Beth d'aller prendre un thé chez elle et j'espérais que l'affaire était oubliée. Beth n'avait pas demandé à y aller, et étant donné la peine que j'avais déjà causée à Derek, j'étais réticente à accéder à cette demande au risque de le contrarier un peu plus.

— Bonjour, vous vous souvenez de moi? me dit la mère de Jenni avec un sourire.

— Oui, bien sûr, répondis-je en lui rendant son sourire. Beth parle souvent de Jenni et de leurs jeux à la pause déjeuner.

Beth parlait aussi d'autres camarades de classe. Jenni n'était donc peut-être pas une copine aussi spéciale que sa mère l'avait pensé mais davantage une copine parmi d'autres. Je m'attendais maintenant à une nouvelle invitation mais, au lieu de cela, la mère de Jenni me demanda assez brusquement :

— Il est donc toujours à l'hôpital?

— Derek? Pour l'heure, oui. Mais il devrait bientôt rentrer chez lui.

— Ils ne le gardent pas? s'enquit-elle.

Son franc-parler commençait à me mettre mal à l'aise. Heureusement, Beth et Jenni se tenaient à distance et ne l'entendaient probablement pas.

— Ils devraient le laisser sortir bientôt, confirmai-je, ne voulant pas être embarquée dans une discussion sur Derek.

Elle leva les yeux de rage.

— Ce n'est pas normal, dit-elle. Je veux dire, un homme comme lui pour élever seul une fillette. Surtout maintenant qu'il a perdu la boule! Vous ne croyez pas qu'il faut faire quelque chose? Moi si.

En tant que parent d'accueil, j'étais habituée à détourner les questions personnelles à propos des enfants sous ma garde. J'avais également l'habitude d'entendre des commentaires dénigrants. Mais je n'avais jamais entendu quelque chose d'aussi ouvertement méchant et plein de préjugés.

— Vous avez fini? questionnai-je en essayant de contrôler l'hostilité dans ma voix. J'ignore ce que vous voulez insinuer.

— Il n'est pas bien, n'est-ce pas? insista-t-elle. C'est bien pour ça qu'il a été enfermé. Il ne devrait pas avoir la responsabilité d'une enfant. Ce n'est pas normal.

En silence, je bouillais de colère.

— Derek a certainement toute sa tête, dis-je, et de toute évidence, il a très bien élevé sa fille tout seul. Je doute que j'aurais fait mieux.

— Alors pourquoi est-il chez les fous? persista-t-elle.

Il ne servait à rien de prolonger cette discussion avec une personne aussi bornée, me dis-je, *et Beth et Jenni n'allaient pas tarder à nous entendre.*

— Je suis désolée, déclarai-je, les dents serrées, mais je ne peux pas parler de Derek avec vous, et il me semble qu'un peu de compassion ne ferait pas de mal – le malheureux est à l'hôpital.

— Exactement, répliqua la mère de Jenni. À l'hôpital psychiatrique.

Je me retournai et fis semblant de remonter la fermeture éclair du manteau de Paula pour m'éviter de dire ce que j'avais sur la langue. Je pensai un instant qu'elle allait dire autre chose sur Derek et sa maladie mentale – quelque chose d'aussi désobligeant que ses précédents commentaires – mais, au contraire, elle s'adressa à sa fille :

— Allons, Jenni, on s'en va.

— Mais je veux rester discuter avec Beth, se plaignit Jenni.

Je gardai le regard baissé et me concentrai sur la fermeture de Paula.

— Tu obéis à ce qu'on te dit, reprit fermement la mère de Jenni en lui prenant la main et en l'emmenant.

Je me redressai et la regardai traverser la cour de récréation avant de s'arrêter à côté d'une autre mère et son enfant. Elle se mit immédiatement à parler de façon animée, avec force gestes. Je pouvais deviner à son comportement combien elle était irritée et je devinais également contre qui. Peu après, les deux femmes regardèrent dans ma direction. Je savais que j'étais le sujet des cancans de la cour d'école, comme Derek l'avait été.

La cloche de l'école sonna et je dis au revoir à Adrian et Beth. « Passez une bonne journée », leur lançai-je tandis qu'ils me faisaient des signes de la main en rejoignant leurs classes respectives.

Je repartis à la maison en colère contre la mère de Jenni et son attitude sans cœur. Les maladies psychiatriques sont entourées de tant d'ignorance et de préjugés. J'espérais qu'elle ne partage pas ses pensées venimeuses avec sa fille, au risque d'affecter la relation de celle-ci avec Beth.

Cet espoir fut de courte durée.

Cet après-midi-là, quand Beth sortit de l'école, elle était plus calme que d'habitude. Je lui demandai plusieurs fois si tout allait bien et elle répondit que oui. Elle se requinqua un peu à l'idée de parler à son père, mais ce n'est qu'au moment de se coucher que je lui demandai encore une fois si elle était inquiète et qu'elle me répondit :

— Je crois que je ne vais plus être amie avec Jenni.

— Ah bon, et pourquoi? questionnai-je.

— Elle a dit des choses méchantes sur mon papa. Ça m'a rendue triste. Je voulais pleurer mais je me suis retenue.

— Qu'est-ce qu'elle a dit? Peux-tu me le dire?

Beth était assise sur son lit. Je m'assis aussi, lui fis face et lui pris la main.

— Jenni a dit qu'il y avait quelque chose qui n'allait pas dans la tête de mon papa et qu'il avait été enfermé, raconta Beth, le visage très triste. Jenni a dit qu'il ne devrait pas avoir le droit de s'occuper de moi car il était cinglé.

Je savais d'où cela venait. Ce n'était pas la faute de Jenni. À son âge, elle ne faisait que répéter ce qu'elle avait entendu chez elle. Les larmes montèrent aux yeux de Beth et elle chercha dans mon regard de quoi être rassurée.

— Ce qu'a dit Jenni est très impoli et ce sont des idioties, repartis-je avec force. Tu as rendu visite à ton papa vendredi dernier. Tu as vu qu'il était à l'hôpital, en train d'être soigné. Il n'était pas enfermé, n'est-ce pas?

Beth secoua la tête de gauche à droite.

— Non, dit-elle doucement, j'aurais dû dire ça à Jenni mais j'étais trop fâchée. Je suis juste partie.

— Parfois, les enfants disent des choses qu'ils ne comprennent pas. Je pense que c'est le cas de Jenni. Mais c'est probablement une bonne chose que tu n'aies pas argumenté et que tu sois juste partie. J'aurais fait la même chose.

— Mon papa me dit de ne pas argumenter, déclara-t-elle sur un ton triste.

— Il a raison.

— Est-ce que j'aurai le droit de vivre avec mon papa de nouveau ? s'enquit-elle.

— Oui, bien sûr, mon cœur. Dès qu'il ira mieux et aura quitté l'hôpital.

Beth demeura pensive, puis elle insista :

— Quel est le problème avec mon papa ? Je sais qu'il est malade, mais de quoi ? Quel est son problème ?

Beth avait posé la question à son père une fois arrivée chez nous. Il lui avait répondu qu'il avait été submergé, puis avait éclaté en sanglots et mis fin à la communication. Jessie ne m'avait jamais confié ce dont Derek souffrait. D'après ce que je savais, j'avais présumé qu'il s'agissait d'une dépression.

— Il arrive que les adultes se sentent très malheureux, expliquai-je à Beth. On appelle ça la dépression. Les choses commencent à les submerger. Parfois, des détails peuvent les contrarier et ils pleurent sans cesse. Alors, ils vont voir un médecin ou vont à l'hôpital pour que les médecins les soignent.

— À la maison, mon papa pleurait, raconta-t-elle. J'ai essayé de le soigner mais cela le faisait encore plus pleurer. Est-ce que c'est ma faute s'il pleurait ?

— Non, absolument pas. Cela fait partie de sa maladie.

— Il était parfois aussi très fatigué. Et il pouvait se mettre très en colère et me crier dessus sans raison. Avant, il ne criait jamais. Est-ce que ça fait partie de sa maladie?

— Oui, ma chérie, sans aucun doute.

— Et le fait de ne pas dormir? demanda-t-elle, manifestement soulagée de pouvoir enfin en parler. Papa avait l'habitude de venir au lit avec moi, puis de se lever quand il pensait que j'étais endormie. J'attendais jusqu'à ce qu'il revienne se coucher, mais parfois il ne revenait pas, alors j'allais le chercher. Il était assis sur une chaise, la tête entre les mains. Ou alors, il tournait en rond. Quand je lui demandais ce qui n'allait pas, il se mettait à pleurer.

La pauvre petite avait traversé tant de choses comme témoin de l'effondrement de son père. *Dieu merci*, pensai-je, *Derek avait cherché de l'aide au lieu de laisser la situation perdurer – pour leur intérêt à tous les deux.*

— Pleurer facilement faisait partie de la maladie de ton papa, expliquai-je gentiment. Mais les médecins sont en train de le soigner. Quand tu l'as vu vendredi, est-ce qu'il pleurait?

— Non, répondit-elle, son visage s'éclairant un peu. Il riait, faisait des blagues et me câlinait comme avant.

— Ah, tu vois!

— Pourquoi Jenni a dit ces choses horribles si elles ne sont pas vraies?

— Elle ne comprend pas ce qu'elle raconte, déclarai-je. Je suis certaine qu'elle ne voulait pas te blesser. Demain, j'irai voir ton institutrice et je lui demanderai d'expliquer à Jenni que ce qu'elle a dit causait de la peine.

Même si je ne pensais pas que ce que Jenni avait dit l'avait été de manière volontairement malicieuse, il fallait régler cette affaire.

— Oh non ! Ne fais pas ça ! s'écria Beth, les yeux exorbités par la crainte. Je ne veux pas que tu ailles à l'école et que Jenni ait des problèmes. Je veux qu'on soit de nouveau amies.

— Cela ne va pas lui causer de problèmes, dis-je (je savais que Mlle Willow gérerait cela avec tact). Mais imagine que Jenni dise autre chose d'horrible ? Je ne veux pas que tu te sentes blessée.

— Je lui dirai de ne pas être horrible. Je peux me défendre toute seule, mais je ne veux pas que tu ailles à l'école.

J'hésitai. Par instinct, je voulais y aller. Mais la détermination de Beth me faisait vaciller.

— Si tu ne veux vraiment pas que j'y aille, je n'irai pas, affirmai-je. Mais je veux que tu me promettes que si Jenni dit autre chose qui te fait du mal, tu me le répéteras. Je ne veux pas que tu te fasses du souci. Je suis ici pour t'aider.

Beth sembla soulagée et sourit enfin.

— Je promets de te le dire. Mais je suis sûre que ça ira. Merci pour ton aide. J'aimerais bien avoir une maman comme toi.

Ce sont ces petits commentaires totalement inattendus qui me coupent souvent le souffle et me font monter les larmes aux yeux. Les mots de Beth eurent exactement cet effet. Je sentis mes yeux s'embuer et une boule se former dans ma gorge.

— C'est très gentil, dis-je.

— Mais c'est vrai. Si j'avais une maman comme toi, je serais tellement heureuse.

Ce n'était pas la première fois que je me demandais pourquoi Beth n'avait pas laissé Marianne être cette maman-là. D'après ce que j'avais vu, j'étais certaine que Marianne aurait pu être une belle-mère affectueuse et attentionnée. C'était tellement dommage.

Ce mardi matin, comme promis, je ne me rendis pas à l'école pour voir Mlle Willow. Mais dès le mardi soir, j'eus une raison de revenir sur ma décision. J'avais souhaité bonne nuit à Beth, Paula dormait et j'allai dans la chambre d'Adrian pour lui dire bonne nuit à son tour. Il était assis dans son lit, en train de lire, comme il le faisait souvent avant de s'endormir.

— Il est l'heure d'éteindre et de dormir, dis-je.

Il ferma son livre et me regarda d'un air sérieux.

— D'accord, répondit-il, mais je dois d'abord te dire quelque chose.

Adrian ne partageait pas facilement ses inquiétudes. Le plus souvent, il les intériorisait. Je savais donc que c'était important et que cela devait le perturber profondément. Je m'assis sur le bord de son lit et lui demandai de quoi il s'agissait. Je pensai que son père lui manquait. Mais ce qu'il me dit suscita en moi une bien plus grande inquiétude.

— Maman, je crois qu'il faut que tu saches ce que certains enfants disent à propos du père de Beth.

Mon cœur se souleva.

— Quel genre de choses?

— Ils disent que son papa a l'esprit dérangé et ils le traitent de cinglé. Que c'est un maboul et qu'il a été enfermé.

— Qui dit cela?

— Je ne sais pas, mais tu vois qui est Oliver dans ma classe? (Je fis oui de la tête.) Sa sœur est dans la classe de Beth et elle lui a dit que certains enfants de sa classe disent cela et insultent le papa de Beth.

Je ressentis un mélange de colère et de profonde tristesse, regrettant de ne pas être allée à l'école ce matin-là.

— Merci de m'en parler, mon chéri, dis-je à Adrian. J'irai voir Mlle Willow demain matin à la première heure. Elle saura comment régler cela. Est-ce que Oliver t'a dit autre chose?

Adrian fit non de la tête.

— Pas vraiment. Juste qu'ils disent cela dans le dos de Beth.

— Qu'est-ce que tu as dit à Oliver?

— Je lui ai dit que Beth habitait chez nous pendant que son papa était à l'hôpital.

— Très bien. C'est une bonne réponse.

— J'ai de la peine pour Beth, ajouta-t-il, l'air triste. Je n'aimerais pas que d'autres enfants disent ces choses sur mon papa dans mon dos.

— Non, je suis bien d'accord. Et ce qu'ils disent cause beaucoup de peine. Mais ne t'inquiète pas. Tu as eu raison de m'en parler et je m'en occuperai demain.

Rassuré, Adrian éteignit la lumière, prêt à dormir.

Le lendemain matin, en réveillant Beth, je lui dis que j'avais décidé d'accompagner les enfants à l'école et d'avoir une rapide conversation avec son institutrice avant le début des cours. Je pensais qu'il valait mieux qu'elle le sache.

— Mais Jenni n'a pas dit d'autres choses méchantes, protesta Beth, devinant immédiatement la raison pour laquelle je voulais parler à Mlle Willow.

— Je sais, mais je crois que je devrais lui parler de toute façon. Je ne parlerai pas de Jenni. Je parlerai juste d'un enfant dans la classe.

J'imaginai que Beth était probablement inconsciente du fait que d'autres enfants injuriaient son père, puisque Adrian avait dit que cela se faisait dans son dos. Je ne voulais pas la bouleverser davantage.

Beth fit la moue comme si elle allait pleurer.

— Beth, mon cœur, lui dis-je, parfois les adultes savent ce qui est mieux pour les enfants et doivent prendre à leur place des décisions qu'ils ne comprennent pas totalement. Je suis certaine que ton papa souhaiterait que j'aille à l'école et que je parle à ta maîtresse si j'étais inquiète pour toi.

À l'idée que son père ait pu être d'accord, Beth me regarda pensivement avant d'approuver faiblement, avec réticence, de la tête.

— D'accord, mais ne dis pas que c'est Jenni.

— Je ne le dirai pas, lui répondis-je.

Une fois arrivée dans la cour d'école, je laissai Beth et Adrian jouer avec leurs amis et me rendis à l'intérieur avec Paula. Je leur dis que si la cloche sonnait avant mon retour, ils devaient rejoindre leurs classes comme d'habitude. Je me sentais légèrement nerveuse et répétais dans ma tête ce que je voulais dire. La secrétaire-réceptionniste de l'école était dans le bureau et me salua. Je lui demandai s'il était possible de parler à Mlle Willow et elle jeta un œil à l'horloge.

— Ce sera rapide, ajoutai-je.

— Je pense que c'est possible, dit-elle. Normalement, elle est dans sa classe à cette heure-ci. Montez, vous savez où c'est.

Je pris la main de Paula et me dirigeai vers les escaliers en direction du premier étage, bien consciente que les parents d'élèves devaient prendre un rendez-vous avec les enseignants au lieu de débarquer ainsi. Mais je ne voulais pas laisser cela traîner. Et j'espérais que Mlle Willow le comprendrait. À l'étage, la porte de sa salle de classe était ouverte et, en m'approchant, je pouvais la voir debout en train d'écrire sur le tableau. Elle tourna les yeux.

— Bonjour, comment allez-vous? dit-elle, légèrement surprise. Est-ce que vous venez me voir?

— Oui, si vous avez cinq minutes, s'il vous plaît?

— Bien sûr, entrez.

Elle rangea le feutre qu'elle utilisait pour écrire sur le tableau et tira trois chaises d'enfant d'une table de devant. Nous nous assîmes.

— Je ne vous dérangerai pas longtemps, commençai-je. Je sais que vous êtes très occupée, mais j'ai besoin de vous parler d'un point assez urgent.

Son visage devint immédiatement sérieux.

— Il me semble qu'il est bon que vous sachiez que certains enfants de la classe de Beth insultent le père de Beth.

— Quoi! s'exclama-t-elle, horrifiée. Quel genre d'insultes? Je ne suis pas du tout au courant.

— Certains enfants auraient qualifié son père de «cinglé» et d'autres noms dénigrants. L'un des enfants l'a dit à Beth. D'autres l'ont dit dans son dos.

— C'est épouvantable, déclara-t-elle, manifestement outrée. Qui est responsable?

— Beth souhaite que personne n'ait de problèmes. Et plus d'une personne est impliquée.

Mlle Willow secoua la tête.

— Je suis désolée. Je vais m'en occuper immédiatement. Je n'en avais vraiment aucune idée. Pauvre Beth.

— Merci. Je me demandais si vous pourriez vous adresser à toute la classe? Sur le fait d'injurier en général et combien cela peut blesser, plutôt que de mentionner Beth en particulier?

— Absolument. Bien sûr. Et j'expliquerai que les gens vont à l'hôpital pour toutes sortes de raisons. Parfois parce qu'ils sont physiquement malades et parfois parce qu'ils ne sont pas heureux et ont besoin d'aide. Il semble qu'il y ait beaucoup d'ignorance autour de la santé mentale.

— Oui, appuyai-je, soulagée. Ce serait parfait. Merci. Je vous en suis très reconnaissante.

— Je vous en prie. J'aurais dû m'en soucier plus tôt. D'habitude, je suis plus alerte sur les persécutions.

Consciente que l'heure de la classe allait sonner, je fis un mouvement pour m'éclipser.

— Comment va Beth? questionna Mlle Willow.

— Elle va très bien. Elle a vu son père vendredi dernier et je pense qu'elle le verra à nouveau ce vendredi. On me dit qu'il récupère et qu'il devrait sortir de l'hôpital bientôt.

— Et Beth retournera vivre chez lui? s'enquit-elle.

— Oui, autant que je sache.

— Malgré les inquiétudes que vous et moi avons soulevées auprès de son assistante sociale?

— Ma foi, oui, répondis-je, un peu prise de court. Jessie ne vous a-t-elle pas dit que ces inquiétudes étaient complètement infondées? Je me suis sentie misérable d'avoir causé autant de douleur à Derek.

Mlle Willow me scruta du regard pendant quelques instants. Puis elle dit quelque chose d'un peu étrange.

— Je ne me sentirais pas aussi mal. Jessie m'a bien informée mais l'affaire n'est pas encore close.

La cloche sonna et Mlle Willow se leva.

— Je vous accompagne en bas, dit-elle, je dois aller dans la cour chercher ma classe.

Nous sortîmes de la salle.

— Beth sait-elle la raison pour laquelle vous êtes venue me voir? me demanda Mlle Willow en marchant.

— Oui. Elle n'était pas très heureuse mais il m'a semblé que c'était mieux.

— Absolument. Je vous en sais gré et soyez bien assurée que je traiterai cette affaire aujourd'hui.

— Merci, dis-je une nouvelle fois.

Nous arrivâmes à la réception et sortîmes par la porte principale. Nous nous dîmes au revoir et Mlle Willow partit rejoindre sa classe, où Beth attendait déjà, debout dans la file. Elle nous vit et fit un petit signe de la main auquel Paula et moi répondîmes. Adrian était également en rang devant sa classe mais il était trop occupé à papoter avec ses copains pour nous voir. En rejoignant la voiture, je me sentis soulagée et justifiée dans mon initiative. Mlle Willow prenait l'affaire au sérieux et s'en occuperait avec justesse dans la mesure où, comme elle le disait, injurier les gens relève d'une forme de persécution, quand bien même il me sembla que les enfants impliqués n'y avaient pas réfléchi autant.

En chemin, je m'arrêtai à l'épicerie et le reste de la journée fut englouti par les tâches domestiques et par Paula. Elle allait avoir trois ans en avril et entrerait à l'école maternelle au mois de septembre, le matin seulement. Je pensais qu'elle était prête pour ces sources de stimulation et de socialisation supplémentaires qu'apportait l'école. Je pensais alors trouver un travail à temps partiel que je pourrais combiner avec l'école et avec la tâche de parent d'accueil – peut-être un travail administratif, comme j'en avais exercé dans le passé.

La journée était froide, mais le temps sec et ensoleillé. Je décidai donc d'aller chercher Adrian et Beth à pied, tout en prenant la poussette au cas où Paula se sentirait fatiguée. En attendant dans la cour, je papotai avec d'autres mères. Je vis celle de Jenni et son amie rester à distance, sans me regarder. La cloche retentit.

Adrian et Beth sortirent tous deux en bonne forme et Beth avait l'air détendue. Je me dis que les paroles de Mlle Willow avaient dû parfaitement atteindre leur but. Cependant, sur le chemin de la maison, Beth me demanda :

— Pourquoi mon assistante sociale est-elle à l'école ?

— Je ne le savais pas, dis-je, surprise. Est-ce qu'elle t'a parlé ?

— Non, j'étais en classe. Je l'ai vue à travers la vitre de la salle.

— Peut-être est-elle venue pour un autre enfant, suggérai-je, trouvant cette possibilité raisonnable.

Beth haussa légèrement les épaules puis, en même temps que nous marchions, se mit à jouer à la marelle sur les pavés. Adrian et Paula s'y mirent aussi, de sorte que notre progression vers la maison fut lente mais ludique. Je participai quelques instants, ce qui les fit tous rire.

J'oubliai la remarque de Beth à propos de la visite de Jessie à l'école et le reste de l'après-midi et la soirée s'écoulèrent normalement, avec le dîner, les devoirs d'Adrian et de Beth, quelques jeux, le bain et la routine du coucher. Beth téléphona à son père à 19 heures pendant que je baignais Paula. Ils parlèrent essentiellement de la façon dont elle allait s'habiller quand elle irait le voir le lendemain, alors que j'entendais avoir mon mot sur cette question. N'ayant reçu aucune nouvelle de Jessie dans la semaine, je présumai que l'organisation de la visite suivrait le même arrangement que la semaine précédente, ce que Beth et Derek paraissaient supposer aussi, étant donné leur conversation. Ils étaient naturellement impatients de se voir. Pourtant, cela n'aurait pas lieu.

Le lendemain matin, en revenant à la maison après avoir déposé Adrian et Beth à l'école, Jessie téléphona. Ce qu'elle me dit n'était pas seulement dévastateur pour Beth. Cela n'avait aucun sens.

12

Grosse colère

— Beth n'ira pas rendre visite à son père ce soir. Pouvez-vous le lui dire, s'il vous plaît ? me dit Jessie d'une voix égale.

— Oui, mais pourquoi ? Qu'est-ce qui se passe ? Derek ne va pas bien ? Beth va être très déçue, répliquai-je.

Il y eut un bref silence avant que Jessie ne déclare :

— Vous pouvez rassurer Beth, son père va bien. Mais dites-lui que la directrice et moi avons pris la décision d'annuler la visite. Je lui expliquerai pourquoi quand je la verrai. C'est tout ce que vous avez à dire.

Un nœud se forma dans mon ventre.

— Quelque chose ne va pas ? m'enquis-je, toutes sortes de pensées me traversant l'esprit.

— Je ne suis pas en mesure d'en dire plus à présent, répondit Jessie platement. Je dois recueillir d'autres renseignements. Est-ce que Beth a téléphoné à son père hier ?

— Oui. Comme tous les soirs.

— Combien de temps l'appel dure-t-il ?

— Au moins trente minutes. Parfois plus.

— Et de quoi parlent-ils?

C'était un interrogatoire, mais pourquoi? Mon cœur se mit à battre.

— Je n'écoute pas l'ensemble de la conversation, précisai-je. Beth utilise le téléphone de ma chambre pendant que je donne son bain à Paula. D'après ce que j'entends, ils parlent beaucoup des habits que Beth porte – elle se change toujours dès qu'elle revient de l'école. Ils se disent combien ils se manquent et parfois Beth lui parle de l'école, mais pas souvent.

Il y eut une pause, comme si Jessie écrivait ce que je disais.

— Pouvez-vous entendre les réponses de Derek? demanda-t-elle.

— Pas de la salle de bains, non. Au début, je restais assise sur le bord du lit à côté de Beth et je pouvais entendre ses réponses.

— Et pourquoi avez-vous cessé de vous asseoir à côté d'elle pendant ses appels?

— Quand vous m'avez dit que vous n'aviez aucune inquiétude au sujet de leur relation, j'ai pensé que ce n'était plus nécessaire. D'autre part, je dois m'occuper de Paula. Derek et Beth discutent longtemps et si je devais attendre jusqu'à ce qu'ils aient fini, Paula irait au lit en retard tous les jours.

Il y eut une nouvelle pause.

— Est-ce que Derek appelle Beth sa petite princesse?

— Oui, c'est un terme qu'ils utilisent tous les deux beaucoup, confirmai-je sans comprendre sa question. Beth dit souvent : « Je suis la petite princesse de papa. » Excusez-moi, mais est-ce que j'ai fait une erreur?

— Non, répondit-elle, avant d'ajouter : Beth ne doit pas appeler son père jusqu'à nouvel avis.

— Quoi? Pas du tout? m'exclamai-je, sous le choc.

— Pas pour le moment.

— Elle va être très contrariée, affirmai-je. Elle attend impatiemment ses appels téléphoniques. Si cela s'ajoute à l'annulation des visites, elle va être dévastée.

— J'en suis consciente, repartit Jessie. Mais je crains qu'on ne puisse rien y faire. Je vous ferai savoir si et quand les contacts téléphoniques peuvent reprendre. Mais ce ne sera pas le cas pendant un moment. Ne lui donnez donc pas de faux espoirs, s'il vous plaît.

J'avais du mal à donner un sens à ce que l'on me disait. Beth en aurait aussi : on lui interdisait de voir et de parler à son père sans aucune raison claire.

— Et vous ne pouvez pas m'en dire davantage ? demandai-je.

— Pas pour le moment, déclara Jessie. Y a-t-il autre chose que vous pouvez me dire à propos des coups de téléphone entre Beth et son père ? Pourquoi utilise-t-elle le téléphone dans votre chambre ?

— Parce qu'en général, à cette heure-là, Adrian regarde la télévision dans le salon. Cela permet donc de ne pas l'interrompre tout en donnant à Beth un peu d'intimité. C'est la routine que nous avons instaurée.

— Avez-vous autre chose à dire au sujet de Beth ?

Il m'aurait été utile de savoir par rapport à quoi.

— Pas vraiment, répondis-je. Elle affronte bien la situation. Il y a eu un incident à l'école, une forme de persécution, mais j'ai vu Mlle Willow et elle s'en est occupée. Beth vous a vue hier à l'école.

— Ah bon ? dit Jessie sans surprise mais sans s'appesantir. Je prendrai rendez-vous avec vous quand j'en saurai davantage. Merci de votre patience.

Elle mit fin à la conversation et me dit au revoir. Je replaçai lentement le combiné sur son support et demeurai immobile sur le sofa. Que se passait-il donc ?

Que s'était-il passé qui avait mené à une interruption aussi abrupte des contacts ? Qu'allais-je pouvoir dire à Beth ?

Paula, qui jouait par terre, me regarda.

— Tu as des soucis, maman ? dit-elle gentiment.

Puis elle se leva et vint s'asseoir à côté de moi. Je portai mon bras autour d'elle et la serrai contre moi. Nous restâmes silencieuses un moment. Paula semblait ressentir l'énormité de ce qu'on venait de me dire et le fait que j'aie besoin de temps pour réfléchir.

Mes pensées furent interrompues par la sonnerie du téléphone. En décrochant, je pensai que c'était peut-être Jessie qui allait me donner la raison de sa décision, ou peut-être même que cette décision avait été révisée et que Beth pourrait téléphoner ou voir son père comme prévu. Mais ce n'était pas Jessie.

— Est-ce Cathy ? questionna une voix féminine légèrement familière.

— Oui, c'est moi.

— C'est Marianne, l'amie de Derek.

— Oh, bonjour.

— J'espère que je ne vous dérange pas mais j'ai besoin de vous parler de toute urgence.

— Oui, je vous en prie.

— Derek m'a appelée il y a peu et il se sent perdu. On lui a interdit de voir et de parler à Beth. Il ne semblait pas comprendre pourquoi. Il a parlé d'une réunion. J'ai essayé de joindre l'assistante sociale mais elle n'est pas disponible. Je me demandais si vous saviez ce qui s'est passé ?

Marianne parlait vite et je pouvais entendre l'anxiété dans sa voix.

— Je ne sais pas, répondis-je. Jessie vient de me téléphoner, mais tout ce qu'elle m'a dit c'est que Beth ne verrait pas son père ce soir et qu'elle ne pouvait pas lui téléphoner jusqu'à nouvel ordre. Elle ne m'a pas dit pourquoi.

Je me demandai si je devais lui parler des questions que Jessie m'avait posées, ou de la visite de Jessie à l'école, mais je décidai que cela restait confidentiel et que si Jessie avait souhaité qu'elle le sache, elle le lui aurait dit.

— Jessie ne vous en a pas donné la raison?

— Non. Elle m'a juste demandé de le dire à Beth. Elle va être très triste.

Marianne émit un profond soupir.

— Je ne sais pas ce qui se passe. J'ai dit à Derek que j'irais le voir dès que je finirais mon travail. Je suis au bureau pour l'instant, je ne peux rien faire. Il m'a parlé d'une réunion à laquelle il a assisté hier avec Jessie et un psychologue, mais je n'ai pas compris le lien avec tout le reste. Il était trop contrarié pour l'expliquer. Est-ce que vous savez quelque chose sur cette réunion?

— Non. Jessie n'en a pas parlé.

Marianne souffla à nouveau.

— Bon. Merci. Désolée de vous avoir dérangée, mais je ne savais pas qui d'autre appeler. J'essaierai de joindre Jessie plus tard.

— Marianne, je suis tout aussi inquiète que vous. Si vous apprenez quelque chose de Jessie, pourrez-vous me le dire, s'il vous plaît? Cela va être difficile de l'annoncer à Beth et dans la mesure où je n'ai aucune explication, je ne sais pas comment m'y prendre.

— Oui, bien sûr, je vous le dirai.

Elle dit rapidement au revoir et je raccrochai. Même Derek ne comprenait pas la raison de la suspension des contacts. Paula leva le regard vers moi.

— C'était encore Beth? demanda-t-elle doucement. Pauvre Beth, ajouta-t-elle, comprenant que quelque chose n'allait pas, sans savoir quoi.

Marianne ne rappela pas ce jour-là. Je conclus qu'elle n'en avait pas appris davantage de la part de Jessie. À l'approche de la fin des classes, mon anxiété grandit à la perspective d'avoir à dire à Beth qu'elle ne verrait pas son père et qu'elle ne lui téléphonerait pas non plus. Je pris la voiture, espérant que Beth n'évoquerait pas son père avant qu'on soit dans la voiture, voire à la maison, où je pourrais lui parler en privé. Comme d'habitude le vendredi après-midi, les enfants se ruèrent dehors au son de la cloche, tout excités d'être en week-end. Beth sortit avant Adrian et courut vers moi, l'air radieux. «Je vais voir mon papa ce soir!» fut la première parole qu'elle prononça. Paula me regarda, consciente que j'avais quelque chose d'important à dire à Beth.

— Beth, mon cœur, dis-je tendrement en me baissant vers elle, le programme a malheureusement changé.

Le visage de Beth perdit immédiatement son expression heureuse et insouciante.

— Je ne vais pas voir mon papa, c'est ça? demanda-t-elle en me lançant un regard mauvais.

— Non, pas ce soir, ma chérie. Je suis désolée. Je t'expliquerai quand nous serons à la maison.

Elle me dévisagea avec un mélange de désappointement et de colère. Puis elle frappa du pied avec rage.

— Je veux voir mon papa! cria-t-elle.

Paula sursauta de peur. Quelques enfants et leurs mères qui se tenaient debout à proximité regardèrent dans notre direction. Je mis ma main sur l'épaule de Beth.

— Je suis désolée, ma chérie, répétai-je. Jessie a téléphoné. Je te dirai ce qu'elle a dit quand nous serons rentrés.

— Dis-le-moi maintenant ! exigea-t-elle en tapant du pied.

— Non, ma chérie, quand nous serons rentrés, dis-je calmement.

— Vous ne pouvez pas m'empêcher de voir mon papa ! cria-t-elle. Personne ne le peut !

Paula avait l'air effrayée et je commençai moi-même à me sentir embarrassée.

— Cela ne sert à rien de se mettre en colère, dis-je, toujours d'une voix calme. Je te dirai ce que je sais quand nous serons à la maison, mais pas ici.

— Je te déteste ! siffla-t-elle. Je vous déteste tous.

Elle croisa les bras sur sa poitrine, le visage plein de colère, et nous tourna le dos. Je n'avais jamais vu Beth aussi furieuse. Paula, intimidée par l'éclat de colère de Beth, glissa sa main dans la mienne. Adrian arriva et, voyant la tête de Beth, lui demanda doucement :

— Qu'est-ce qui ne va pas ?

— Tais-toi ! jeta-t-elle.

Elle fronça les sourcils.

— Ça suffit, Beth, dis-je. Je sais que tu es malheureuse mais cela ne sert à rien d'être impolie.

— Est-ce qu'on peut y aller, maman ? s'enquit Adrian, visiblement embarrassé et souhaitant s'éloigner de la cour.

— Oui, allons-y.

Paula gardait sa main dans la mienne, Adrian marchait devant et Beth restait en arrière. Je voyais qu'elle mettait une distance entre nous et je regardai une ou deux fois par-dessus mon épaule pour m'assurer qu'elle n'était pas trop à la traîne. Elle avançait bras croisés et le visage tourné vers le sol, une expression féroce effaçant ses jolis traits. Quand nous arrivâmes à la voiture, elle me lança un regard furieux.

— Allez, tout le monde dedans, ordonnai-je en ouvrant la portière arrière.

Adrian se glissa le premier à l'intérieur, suivi par Paula et, enfin, Beth. Je vérifiai leurs ceintures de sécurité mais Beth me repoussa vivement de la main. Je préférai ignorer ce petit geste agressif et fermai la porte, dont la serrure s'enclenchait automatiquement. Personne ne dit mot au cours du trajet de dix minutes qui nous menait à la maison, mais je voyais leurs visages dans le rétroviseur. Adrian et Paula regardaient droit devant, l'air très inquiet, tandis que Beth regardait par la fenêtre, toujours très en colère.

Je me garai dans l'allée, sortis et ouvris la portière. Adrian sauta dehors le premier, suivi de Paula, puis de Beth qui passa devant moi en martelant le sol jusqu'à l'entrée.

— Ne vous inquiétez pas, dis-je doucement à Adrian et Paula, elle ira mieux tout à l'heure.

Je voyais bien que la colère de Beth les mettait mal à l'aise.

Beth entra la première dans la maison. Envoyant valser ses chaussures et jetant son manteau par terre, elle détala vers sa chambre à l'étage et claqua la porte de celle-ci.

— Qu'est-ce qui se passe? s'enquit enfin Adrian, soulagé d'être arrivé à la maison.

— Beth ne peut pas voir son père ce soir, répondis-je. On peut comprendre qu'elle soit peinée. Peux-tu t'occuper de Paula pendant un moment, s'il te plaît, pendant que je vais lui parler?

— Est-ce qu'on peut allumer la télévision? demanda Adrian.

— Oui, bien sûr. Jusqu'à l'heure du dîner.

J'aidai Paula à enlever son manteau et ses chaussures et ôtai le mien. Adrian emmena Paula au salon et je me rendis dans la chambre de Beth après avoir frappé pour la forme. Elle était allongée sur le lit, serrant contre sa poitrine la photographie encadrée de son père.

— Sortez ! cria-t-elle. Je vous déteste tous. Je veux mon papa !

— Je sais que tu veux ton papa, mon cœur, dis-je doucement.

Je m'approchai et essayai de m'asseoir sur le bord de son lit. Je ne voulais pas me trouver à portée de main au cas où Beth me donnerait des coups, par excès de colère.

— Pourquoi vous ne me laissez pas voir mon papa ? demanda-t-elle avec force, le regard furieux.

— Il ne s'agit pas de ma décision. Jessie m'a appelée ce matin et m'a dit que la directrice et elle avaient décidé que tu n'irais pas à l'hôpital et que tu ne téléphonerais pas à ton père jusqu'à ce qu'elle nous le dise.

Il n'y avait aucun moyen de l'expliquer facilement.

— Quoi ? Je ne peux pas lui téléphoner ? s'exclama-t-elle en se redressant d'un bond sur le lit. Elle avait un regard de feu.

— Je crains que non, confirmai-je. Je ne sais pas pourquoi, Jessie ne l'a pas dit, mais il doit y avoir une bonne raison.

— Je ne peux pas lui téléphoner du tout ? interrogea-t-elle à nouveau, un ton légèrement incrédule dans la voix.

— Pas pour l'instant. Pas avant que Jessie ne nous le dise.

— Mais ce n'est pas juste ! s'exclama-t-elle en serrant la photo.

Puis elle retourna sa colère contre elle-même.

— Je parie que c'est ma faute si je ne peux pas le voir, reprit-elle. C'est à cause de ce que j'ai fait. C'est tout de ma faute !

Les larmes lui montèrent aux yeux.

— Non, ce n'est pas vrai, la rassurai-je, ce n'est pas du tout de ta faute.

— Mais si, c'est forcé ! tonna-t-elle. J'aime mon papa et il m'aime. J'ai dû faire quelque chose de très mal pour qu'ils m'empêchent de le voir.

Comme beaucoup d'enfants en placement qui ne peuvent pas voir leurs parents, Beth avait l'impression qu'elle en était la cause. Je m'approchai et lui pris la main. Elle ne résista pas.

— Beth, ma chérie, parfois les travailleurs sociaux doivent prendre des décisions difficiles et ils ne peuvent pas toujours nous dire tout de suite la raison de leur décision. Il va falloir que nous soyons patientes et courageuses, jusqu'à ce que Jessie nous explique le problème. J'espère que ce ne sera pas long.

Beth me regarda. Toute sa colère s'était évanouie, remplacée par le chagrin.

— Peut-être que mon papa ne m'aime plus, dit-elle avec une grande tristesse. Peut-être qu'il aime quelqu'un d'autre, pas moi.

La photographie toujours collée contre elle, elle posa sa tête contre mon épaule et se mit à sangloter doucement. Je l'entourai de mes bras et l'attirai contre moi.

— Bien sûr que ton papa t'aime, déclarai-je, et au fond de toi, tu le sais. Ce n'est pas lui qui a décidé de ne pas te voir. Il est aussi très triste.

— Tu n'en sais rien, répliqua-t-elle entre deux sanglots. Tu ne sais pas s'il est triste. Peut-être a-t-il dit à Jessie qu'il ne voulait plus me voir.

Je pouvais comprendre que Beth se sente aussi rejetée. Et ne connaissant pas la raison de l'interruption des contacts, il m'était difficile de la rassurer. Je décidai que je n'avais pas d'autre choix que de lui parler du coup de téléphone de Marianne, pour lui prouver que ce n'était pas la décision de son père et que lui aussi était bouleversé de ne pas la voir.

— Marianne m'a téléphoné ce matin, entamai-je.

Beth releva la tête et me regarda, les yeux humides.

— Pourquoi?

— Elle m'a demandé si je connaissais la raison pour laquelle tu ne pouvais pas voir ton papa. Il lui avait téléphoné un peu plus tôt parce qu'il était triste de ne pas pouvoir te voir. Il voulait tellement te voir.

— Il le voulait vraiment?

— Oui, mon cœur. Je ne peux pas l'inventer. Il a appelé Marianne et elle m'a téléphoné.

— Mais si mon papa veut me voir et si je veux le voir, pourquoi ne peut-on pas se voir?

— Honnêtement, je ne le sais pas. Marianne et ton père ne le savent pas non plus. Jessie a affirmé qu'elle nous le dirait quand elle en saurait davantage. Mais cela prendra peut-être un peu de temps. Je sais que c'est douloureux pour toi, mais on ne peut rien y faire pour l'instant et je crois que nous devons profiter au maximum de ce week-end.

Je décidai de ne pas dire à Beth que Jessie avait évoqué de plus amples demandes de renseignements, car cela soulevait la question de ces enquêtes et Jessie ne m'en avait rien dit.

— Alors, je ne peux pas téléphoner à mon papa pendant tout le week-end? demanda Beth, son visage se rembrunissant à nouveau.

— Non, ma chérie, je crains que non.

Son visage se brisa et je la repris dans mes bras. J'étais triste pour elle et impuissante à l'aider. Comme je la câlinais et la consolais, j'entendis une clé dans la serrure de la porte d'entrée en bas, puis la porte s'ouvrir. L'espace d'un instant, je me demandai qui pouvait se permettre d'entrer, avant de comprendre.

— John vient de rentrer, annonçai-je à Beth. Allons sécher tes yeux et descendons.

John arrivait à point nommé. Cela allait aider Beth à moins penser à sa déception et cela redonnerait le moral à Adrian et Paula, qui étaient inquiets pour Beth.

Ces derniers s'étaient précipités vers l'entrée pour accueillir leur père à grands cris :

— Papa ! Papa est rentré !

— Chéri ! lançai-je à John depuis l'étage. Je suis avec Beth, on descend dans une minute.

Je n'étais pas sûre que John m'ait entendue car il était tout occupé à embrasser ses enfants. Je pouvais l'entendre leur dire combien ils lui avaient manqué.

— Bon, dis-je à Beth, est-ce que tu crois que tu peux descendre maintenant ?

Elle opina doucement.

— C'est bien, ma chérie.

Elle glissa la photo de son père sous l'oreiller. Je lui pris la main et nous descendîmes. John, Adrian et Paula étaient toujours dans l'entrée en train de se prendre dans les bras.

— Et comment allez-vous toutes les deux ? s'enquit John en nous voyant arriver en bas de l'escalier.

— On va bien, répondis-je.

Beth parvint à esquisser un sourire. J'embrassai John sur la joue ; il m'était impossible de lui donner un vrai baiser et de l'enlacer car il était submergé par Adrian et Paula. Je me dis que ce serait bien que tous trois aient un moment ensemble puisqu'ils ne s'étaient pas vus depuis deux semaines. Je me disais aussi que regarder leurs heureuses retrouvailles pourrait rendre Beth encore plus triste.

— Veux-tu venir m'aider à préparer un thé pour John ? lui suggérai-je. Je suis sûre qu'il aimerait ça.

— Oui, s'il vous plaît. Je meurs de soif, dit John.

Beth était contente de venir avec moi et John hissa Adrian et Paula sur ses épaules pour les emmener dans le salon au milieu de hurlements de rire et de joie. C'était l'exemple des jeux d'équilibre que requièrent les besoins de ses propres enfants et de ceux qu'on accueille, pour que chacun ait sa part équitable d'attention et que personne ne se sente mis en danger ou laissé de côté. Nous les rejoindrions plus tard mais, pour l'heure, il était normal qu'Adrian et Paula profitent de l'attention de leur père.

Beth disposa méticuleusement la tasse et la soustasse sur le plateau, mit des biscuits dans une assiette et, pendant que cette petite activité la distrayait, mon esprit continua d'être accaparé par Derek. Marianne avait dit qu'elle se rendrait à l'hôpital après le travail et elle devait s'y trouver maintenant. Je me demandai comment Derek se sentait et si Marianne avait identifié la raison pour laquelle il n'était pas autorisé à voir et à parler à Beth. Nul doute que Jessie ait donné cette raison à Derek, même s'il avait été trop affecté pour le dire à Marianne au téléphone. Il me vint à l'esprit, pendant un instant, que cela pouvait avoir un lien avec les inquiétudes exprimées auparavant par Marianne, Mlle Willow et moi. Mais je rejetai cette idée : Jessie avait déclaré que ces tourments étaient infondés. Il ne pouvait donc s'agir de cela.

13

Une famille avec deux parents

John apprécia le thé et les biscuits que Beth avait apportés avec précaution dans le salon. Adrian et Paula, un peu calmés, s'étaient assis de chaque côté de lui pour lui raconter leurs aventures. Beth et moi nous assîmes dans les fauteuils et nous mêlâmes à leur conversation. L'atmosphère était joyeuse et festive : l'avantage d'avoir son mari qui travaille loin est que chacun de ses retours au foyer se transforme en fête et que toute la famille est heureuse. Même Tosha ronronnait et se frottait contre les jambes de John. Au bout d'un moment, je laissai tout le monde dans le salon et allai préparer le dîner dans la cuisine. J'avais choisi certains des plats préférés de John : cocotte de poulet avec pommes de terre à la crème, petits pois et maïs doux, suivie d'un crumble aux pommes avec de la crème. C'étaient aussi des plats favoris d'Adrian et de Paula et de la plupart des enfants que j'ai accueillis, y compris Beth.

Celle-ci fut plus calme que d'habitude pendant le repas et ne parla pas de son père, hormis lorsqu'elle dit à John qu'elle n'avait pas le droit de le voir ni de lui téléphoner. Je signifiai par gestes à John que je lui expliquerais plus tard, n'ayant pas eu l'occasion de le prendre à part.

À l'issue du dîner, nous fîmes des jeux – une bataille, surtout pour Paula, puis un Uno pour Adrian et Beth. Adrian avait appris à Beth comment jouer et tous deux aimaient ce jeu, tout comme John et moi. Paula jouait avec moi car les règles de l'Uno étaient un peu compliquées pour son âge. C'était vendredi, il n'y avait pas école le lendemain et les enfants pourraient dormir plus longtemps. L'esprit diverti, Beth oublia provisoirement sa tristesse et parut trouver du réconfort dans la présence de John – elle ne le lâchait pas. J'étais légèrement mal à l'aise avec la façon dont elle le touchait tout le temps – caressant son bras ou passant la main dans ses cheveux – mais je décidai de l'ignorer. Son père lui manquait, voilà tout.

Juste après 20 heures, Paula commença à bâiller et à se frotter les yeux. C'était l'heure pour elle d'aller au lit. Elle fit le tour, souhaitant bonne nuit à chacun et tendant la joue pour recevoir des baisers.

La routine du coucher était plus facile avec John car on se partageait la tâche. Pendant que j'emmenais Paula au lit, il s'occupait d'Adrian et de Beth. Une fois Paula couchée, on inversait les rôles et il venait passer un moment avec Paula pendant que je continuais de jouer avec Adrian et Beth. Puis, à 21 heures, John partit coucher Adrian tandis que je m'occupais de Beth.

Au lit, celle-ci redevint triste. Je lui caressai le front jusqu'à ce qu'elle s'endorme. Une demi-heure plus tard, les trois enfants dormaient et John et moi nous retrouvâmes dans le salon. J'avais moi-même hâte qu'il me prenne dans ses bras et d'échanger des nouvelles. John proposa d'ouvrir une bouteille de vin et se rendit dans la cuisine pour remplir deux verres. À cet instant, le téléphone sonna et je décrochai immédiatement, espérant que la sonnerie n'ait pas réveillé les enfants. Je croyais que c'était une amie qui appelait pour papoter et je m'apprêtai à lui dire que John venait de rentrer et que je la rappellerais plus tard.

Mais ce n'était pas une amie.

— Cathy, entama d'emblée Marianne, je viens de voir Derek à l'hôpital. J'y ai passé trois heures. Je me disais que vous souhaiteriez savoir ce qui se passe. Est-ce que vous êtes disponible pour parler?

Elle semblait très tendue et je ne pouvais guère refuser.

— Comment va Derek? demandai-je.

— Pas bien, raison pour laquelle je suis restée si longtemps. Toute cette angoisse retarde vraiment sa guérison et, bien entendu, je me sens en partie responsable.

— Pourquoi vous sentez-vous responsable? dis-je, le ventre noué, tout en entendant John marcher dans la cuisine et sortir les verres du placard.

— Il y a eu une réunion à l'hôpital plus tôt dans la semaine. Derek n'y a pas assisté. Je ne sais pas exactement quel jour c'était – il n'était pas clair sur ce point. Jessie était présente, ainsi qu'une infirmière du service et le psychologue. Ils ont parlé de Derek et de la vie de Beth à la maison, et certaines choses que je vous ai confiées sur leur comportement ensemble ont été soulevées.

— Oh…

— Je ne vous blâme pas, dit tout de suite Marianne. J'étais d'accord que vous en parliez à Jessie. Mais la façon dont cela a été relaté a donné l'impression que j'accusais Derek d'abus sexuels, ce qui n'était pas du tout le cas. Ils ont également évoqué ce que vous aviez indiqué à Jessie à propos des photographies et d'autres choses. Mlle Willow a aussi été mentionnée.

— Mais je ne comprends pas, coupai-je dès que Marianne marqua une pause, pourquoi maintenant? Je pensais que tout cela avait été traité après que je l'avais soulevé. Jessie m'a dit que mes inquiétudes n'avaient aucun fondement. Elle m'a même donné l'impression que j'étais malveillante en suggérant que quelque chose n'allait pas. Alors pourquoi soulever tout cela maintenant?

John revint dans le salon avec un verre de vin dans chaque main, qu'il posa sur la table basse, avant de venir s'asseoir à côté de moi sur le sofa, attendant la fin de ma conversation téléphonique.

— Je ne sais pas, répondit Marianne. Chaque fois que Derek se mettait à me raconter ce que Jessie avait dit, cela le bouleversait et il commençait à pleurer. Il est possible qu'il y ait un lien avec la visite de Beth, vendredi dernier. Je crois que Jessie l'a emmenée à l'hôpital, n'est-ce pas?

— Oui, c'est exact. Mais Jessie n'a rien mentionné quand elle a ramené Beth à la maison. Cependant, en y repensant, elle m'avait semblé un peu préoccupée. Beth n'a évoqué aucun problème. Elle disait plutôt avoir passé un bon moment. Oh, mon Dieu! m'exclamai-je en me souvenant soudain. J'espère que cela n'a pas à voir avec les habits que Beth portait. Elle s'était préparée seule et avait choisi des habits peu adaptés. Elle avait aussi mis beaucoup de maquillage, mais on n'avait plus eu le temps d'y remédier.

— Je doute que cela ait un lien, dit Marianne. Beth s'est toujours habillée ainsi et Derek n'en a pas fait mention. Ce qu'il a dit, en revanche, et ça m'a semblé étrange, c'est que Jessie a empêché Beth de continuer de s'asseoir sur les genoux d'autres patients masculins ainsi que de jouer à la « chasse aux bisous ». J'ignore de quoi il s'agit et Derek n'avait pas l'air de le savoir.

— Je l'ignore aussi, dis-je, perplexe et soucieuse. Beth ne me l'a pas raconté.

John poussa un léger soupir et prit le journal.

— Marianne, je ne vais pas pouvoir rester longtemps. Mon mari vient de rentrer du travail. Est-ce qu'on peut parler une autre fois ?

— Oui, bien sûr, d'ailleurs c'est tout, en fait. Je suppose que Jessie ne vous a pas téléphoné pour vous en dire davantage ?

— Non.

— Je l'appellerai lundi, et je verrai si elle est disposée à m'expliquer ce qui se passe. Pour Derek, c'est le pire des cauchemars. Avant, il était déjà parano à l'idée de perdre Beth, mais maintenant… (Marianne n'acheva pas sa phrase.) Je n'aurais jamais rien dit si j'avais pensé que cela pouvait arriver.

Ma réponse fut très précautionneuse.

— Je pense que nous avons tous le devoir de partager une inquiétude sincère à propos d'un enfant. Je ne crois pas que vous, Mlle Willow ou moi-même ayons mal agi en exprimant nos préoccupations. C'est à Jessie et aux services sociaux d'agir comme bon leur semble. Vous ne devez pas vous en vouloir.

— Vous avez peut-être raison. Tout cela est très perturbant. Je ne comprends rien à ce qui se passe.

— C'est très perturbant pour Beth aussi.

— Oui, la pauvre. Bon, je vous laisse. J'irai rendre visite à Derek au cours du week-end et je vous téléphonerai si j'ai du nouveau.

— Merci.

Nous nous saluâmes avant de raccrocher. John me regarda.

— Il y a un problème ? dit-il en refermant le journal et en le mettant de côté.

— Oui, répondis-je.

— Alors, raconte-moi, reprit-il.

Ce que je fis. Cela aide de partager ses soucis.

Samedi fut une belle journée. Adrian et Paula étaient ravis d'avoir leur père à la maison et qu'il soit en mesure de leur consacrer du temps. Beth réagit avec courage et n'eut pas besoin d'être poussée pour se joindre aux jeux. Comme la veille, la présence de John la réconfortait et elle chercha constamment son attention. Elle vint quelquefois me faire un discret commentaire sur son père – « Je me demande ce que mon papa est en train de faire », « J'espère que papa va bien » –, montrant qu'il n'était jamais très loin de ses pensées. Je la rassurai de mon mieux. Je ne lui parlai pas de l'appel de Marianne, dans la mesure où elle n'avait rien dit qui puisse aider Beth. Et étant donné son animosité envers elle, je pensai qu'il n'était pas avisé de lui dire que Marianne avait rendu visite à son père alors qu'elle en était privée. En revanche, je lui dis que j'appellerais Jessie mardi si elle n'avait pas donné de nouvelles d'ici là. C'est à peu près tout ce que je pouvais avancer et cela parut la rassurer.

À 19 heures – l'heure à laquelle Beth aurait dû téléphoner à son père –, elle quitta John et, se collant contre moi sur le canapé, me murmura :

— On ne peut pas appeler mon papa sans que Jessie le sache ? Je ne dirai rien à personne.

Nous étions dans le salon en train de regarder la télévision et je répondis à voix basse pour ne pas déranger les autres :

— Non, mon cœur. En tant que parent d'accueil, je dois suivre ce que me dit l'assistante sociale ou sinon j'aurai des problèmes.

Beth réfléchit quelques instants.

— Et si je téléphonais à mon papa sans te le dire ? Tu pourrais écrire le numéro de téléphone sur un bout de papier et le laisser traîner. Je tomberais dessus. Et je pourrais aller en haut pour téléphoner et vous n'en sauriez rien.

Je ne pus m'empêcher de sourire et de sympathiser de tout cœur avec elle ; son père lui manquait tellement.

— Mais alors j'aurais des problèmes pour avoir laissé traîner le numéro de téléphone et pour ne pas t'encadrer correctement, dis-je en l'étreignant. J'ai peur que nous ayons à attendre jusqu'à la semaine prochaine quand nous parlerons à Jessie.

Elle fit la moue mais accepta mes explications et retourna vers John. Ma volonté de savoir ce qui se passait grandissait. Beth avait besoin de savoir pourquoi elle n'était pas en contact avec son père. Je ne devais pas dépendre d'informations de seconde main de la part de Marianne.

Dimanche, John proposa d'aller aux Landes, un petit zoo à environ quarante-cinq minutes de voiture. Les enfants adorèrent l'idée et, à 10 h 30, vêtus de nos manteaux d'hiver, nous embarquâmes dans la voiture de John. J'étais heureuse qu'il ait pris cette initiative. Quand il était loin, toutes les responsabilités reposaient sur moi. Avec lui à la maison, nous étions à nouveau une vraie famille à deux parents, vivant les choses ensemble et partageant les charges. Je suis sûre que les enfants étaient également heureux.

Adrian se souvenait d'être allé au zoo deux années plus tôt, quand Paula était bébé. Beth n'y était jamais allée et répéta plusieurs fois qu'elle dirait à son père de l'y emmener quand il irait mieux. Je ne dis rien. À la lumière des événements récents, j'étais devenue prudente sur le sujet. Étant donné mon manque d'informations et les commentaires de Marianne, j'ignorais si Beth reverrait son père, ou quand cela serait possible.

John et moi parcourûmes le zoo main dans la main tandis que les enfants filaient d'un enclos à l'autre. Il paraissait détendu et était d'humeur badine. Cela me rappela l'époque où nous sortions ensemble, ce temps qui peut parfois se perdre au milieu des responsabilités familiales et professionnelles. Nous prîmes de nombreuses photos des enfants avec les animaux et je dis à Beth que je demanderais un tirage pour elle.

— Je les montrerai à mon papa, assura-t-elle en souriant à John.

Nous déjeunâmes au café du zoo, puis allâmes voir les derniers animaux avant de partir à 15 heures. Bien que le zoo soit petit, la journée fut belle et, de retour à la maison, les enfants se mirent à dessiner des animaux pendant que je préparais le dîner et que John regardait le sport à la télévision. Beth voulait regarder le sport avec John mais je la convainquis de se joindre à Adrian et Paula. Cela paraissait une meilleure idée et je savais que John aimait regarder son sport en paix. Après le dîner, j'inaugurai la routine du bain et du coucher un peu plus tôt que les jours précédents pour que tout le monde soit debout le lendemain matin pour reprendre l'école. Une fois Paula au lit, je descendis pour dire à John qu'elle l'attendait, mais en entrant dans le salon, je vis que les visages d'Adrian et de Beth s'étaient assombris.

— Tout va bien? m'enquis-je.

— Je viens de leur annoncer que j'allais partir bientôt, dit John.

— Quoi? Ce soir? m'étonnai-je, surprise. Je croyais que tu partais demain matin comme d'habitude.

— Malheureusement, non, répondit-il. Je commence tôt demain matin, j'ai une réunion à 8 heures. Je dois rentrer à l'hôtel ce soir.

J'étais aussi déçue qu'Adrian et Beth.

— Eh bien, dis-je, je suppose qu'on n'y peut rien.

— Je crains que non, confirma John.

Il se leva et monta souhaiter bonne nuit à Paula pendant que je restais avec Adrian et Beth. La pièce était silencieuse. Nous étions tous surpris par la soudaineté de son départ et je me demandais pourquoi il n'en avait pas parlé plus tôt. Quand John redescendit, il demeura dans l'entrée et appela :

— Est-ce que tout le monde vient me dire au revoir?

Je me rendis dans l'entrée avec Adrian et Beth, où John enfilait son manteau, sa valise posée à côté de lui. Il avait dû la préparer pendant que je débarrassais la table du dîner. «Au revoir les enfants», dit-il en prenant Adrian et Beth dans ses bras. Beth s'accrocha à lui et le couvrit de bisous sur le visage. Je la retirai doucement et John me donna un baiser sur la joue. Il salua Adrian en lui claquant la main, puis il ouvrit la porte. L'air froid de la nuit s'engouffra. Ayant entendu la porte s'ouvrir, Paula cria d'en haut : «Est-ce que papa s'en va?» Je répondis que oui. Nous regardâmes John s'éloigner vers sa voiture. Il ouvrit la portière arrière, posa sa valise sur le siège, puis se glissa devant. Nous fîmes au revoir de la main jusqu'à ce qu'il soit hors de vue, et je fermai la porte.

— J'aimerais qu'il ne travaille pas loin, dit Adrian sur un ton triste.

— Je sais, mon cœur. Mais le week-end prochain arrivera vite.

— Est-ce que je verrai mon papa vendredi prochain? questionna Beth, l'air triste également.

— Je demanderai à Jessie, répondis-je.

Je ne pouvais offrir mieux. Adrian et Beth retournèrent au salon pendant que je montais m'occuper de nouveau de Paula.

— Est-ce que papa est reparti au travail? interrogea-t-elle.

— Oui, ma chérie, jusqu'au week-end prochain.

— Je peux avoir un autre câlin?

— Bien sûr.

Je m'allongeai à côté d'elle et l'étreignis jusqu'à ce qu'elle se retourne, prête à s'endormir. Je lui donnai un baiser avant de retourner au salon où Adrian et Beth regardaient des livres. Ils me demandèrent si je pouvais leur lire quelques histoires. Bien qu'ils sachent tous deux lire, ils aimaient encore – comme de nombreux enfants – qu'on leur lise parfois une histoire. La suspension des appels téléphoniques de Beth avait mis fin à sa routine de venir partager les histoires de Paula. Je lus les livres qu'ils choisirent et nous en discutâmes jusqu'à ce qu'il soit l'heure de prendre le bain et d'aller se coucher.

Plus tard, quand tous les enfants furent endormis, je m'assis seule dans le salon, parent solitaire de nouveau, et regardai les nouvelles à la télévision. Tosha, sentant que j'avais besoin de compagnie, sauta sur mes genoux et, tout en ronronnant, me lécha le menton, ce qui me fit sourire. Elle prit du temps pour s'enrouler en boule et je caressai son poil doux et soyeux. Cela me réconforta. C'était les prévisions météorologiques. Le présentateur indiquait que la température avait commencé à chuter et que de la pluie et de la grêle étaient prévues dans la nuit. Les automobilistes devraient faire très attention à cause des conditions de circulation dangereuses. J'espérai que John arriverait à son hôtel avant le pire des intempéries. Je m'inquiétais pour lui quand il était loin. Il était tout pour moi et je ne supportais pas l'idée qu'il lui arrive quelque chose.

Je me couchai vers 23 heures mais fus réveillée par Beth à 2 heures. Elle faisait un cauchemar. Je l'entendis crier et, attrapant ma robe de chambre, me précipitai vers sa chambre. Je la trouvai assise sur son lit, l'air pétrifié et des larmes sur ses joues.

— Cathy ! pleura-t-elle en tendant les bras vers moi. J'ai cru que mon père était mort. J'ai rêvé que Jessie avait téléphoné pour dire qu'il était mort. Il n'est pas mort, n'est-ce pas ?

Je la rassurai en la serrant contre moi. Elle s'accrocha à mes bras.

— Ton papa est à l'hôpital, en train de se rétablir. Il n'est pas mort. Tu as juste fait un mauvais rêve. C'est fini maintenant.

— C'était un très, très mauvais rêve, dit-elle, comme à bout de souffle après le choc. On aurait tellement dit que c'était vrai. Je croyais vraiment qu'il était mort et que j'étais toute seule.

— Mais maintenant tu es réveillée et ton papa est à l'hôpital, en sécurité.

Ses sanglots se calmèrent et elle se détendit. Je la convainquis de s'allonger et tirai la couette sur elle jusqu'à son menton. Elle me demanda de lui caresser la tête jusqu'à ce qu'elle s'endorme dans la pénombre. Je comprenais que Beth ait rêvé de la mort de son père. Pour elle, brutalement privée d'information et de tout contact, c'était comme un deuil et son inconscient l'avait traité ainsi, à travers un rêve.

Le lendemain matin, en ouvrant les rideaux, je vis qu'une épaisse gelée blanche s'était déposée pendant la nuit. En recouvrant jardins et maisons, elle donnait au monde extérieur l'allure magique des contes de fées. C'était magnifique. Je le montrai aux enfants pour qu'ils apprécient la beauté du paysage. Les véhicules de sablage étaient déjà dans les rues principales mais ils n'avaient pas encore dégagé les rues adjacentes et je ne voulais pas me risquer à prendre la voiture. Je nous donnai donc le temps d'aller à l'école à pied. Le blanc des massifs d'arbustes le long desquels nous marchions brillait dans le soleil levant et les cristaux de glace formaient de véritables œuvres d'art sur le feuillage.

Arrivée dans la cour de l'école, je me dis que je devrais peut-être entrer pour aller voir Mlle Willow et l'informer des derniers développements et, peut-être, en apprendre davantage de sa part. Il me semblait à présent que la visite de Jessie à l'école était liée à Beth. Mais je n'en fis rien. Je ne devais pas prendre l'habitude de débarquer sans rendez-vous ; si Mlle Willow avait quelque chose à me dire, elle me le ferait savoir, comme le premier jour où j'avais eu la charge de Beth.

Une fois rentrée à la maison avec Paula, je passai l'essentiel de la matinée à attendre la sonnerie du téléphone, espérant que Jessie nous annoncerait de bonnes nouvelles, ou au moins quelques nouvelles.

Le téléphone ne sonna qu'une fois – une amie qui souhaitait qu'on prenne un café ensemble. Cet après-midi-là, comme nous le faisions deux fois par semaine, j'emmenai Paula rejoindre un groupe de petits enfants après avoir enclenché le répondeur téléphonique. Ce groupe se réunissait dans la salle municipale du quartier. Cela permettait aux mères de jeunes enfants d'échanger autour d'une tasse de thé tandis que leurs bambins jouaient avec d'autres petits de leur âge. Pour ces derniers, c'était une bonne introduction à la maternelle, que Paula allait intégrer quelques mois plus tard. En fin d'après-midi, je me rendis directement à l'école pour récupérer Adrian et Beth.

La première chose que Beth me demanda fut :

— As-tu parlé à mon assistante sociale ? Est-ce que je peux téléphoner à mon papa ?

— Elle ne m'a pas encore appelée, répondis-je. Mais la journée n'est pas terminée.

Le visage de Beth se rembrunit.

— Si Jessie n'appelle pas aujourd'hui, je lui téléphonerai demain, lui dis-je.

Jessie avait appelé vendredi. Il me semblait qu'on pouvait lui donner encore un jour ou deux pour recueillir ses informations. Beth me regarda d'un air mauvais, que je choisis d'ignorer. Je comprenais sa colère. Heureusement, elle ne fit pas de scène et se ressaisit rapidement.

À la maison, aucun message sur le répondeur. Je dis à nouveau à Beth que j'appellerais Jessie le lendemain mais qu'elle ne devait pas nourrir trop d'espoir, ne sachant pas ce que Jessie dirait. Beth comptait trop sur ce coup de fil.

— Jessie dira peut-être que je peux téléphoner à mon papa, reprit-elle sans se démonter.

— Ou peut-être pas, répondis-je en toute honnêteté. Si tel est le cas, j'essaierai d'en connaître les raisons.

Celles-ci permettraient à Beth de mieux accepter la décision de Jessie, pensai-je. J'avais tort.

14

La réunion

Le lendemain, je laissai à Jessie jusqu'à 14 heures pour m'appeler. En vain.

— Ici Cathy Glass, annonçai-je lorsque j'obtins son poste. La mère d'accueil de Beth.

— Oui, je sais qui vous êtes, dit-elle. Qu'est-ce que je peux faire pour vous?

Cette question me stupéfia. Il me semblait qu'elle devait savoir ce que j'attendais.

— Je voulais savoir si vous aviez du nouveau au sujet du père de Beth.

— Il est toujours à l'hôpital.

— Oui, je m'en doute. Mais savez-vous quand Beth pourra recommencer à lui parler au téléphone? Il lui manque vraiment et je n'ai pas été en mesure de lui donner une explication sur l'interdiction des appels.

— Lui avez-vous dit que la directrice et moi avions pris cette décision?

— Oui. Mais il serait bien que je puisse lui expliquer pourquoi.

Il y eut un court silence.

— J'allais vous appeler un peu plus tard. J'ai besoin que vous veniez à une réunion ici, au siège des services sociaux.

— Ah bon, très bien, dis-je, surprise.

— Je pensais à jeudi à 13 heures.

— Combien de temps durera la réunion? Je devrai partir à 14 h 45 pour aller chercher Adrian et Beth à l'école (je devais aussi trouver un arrangement pour Paula, mais cela ne regardait pas Jessie).

— Cela prendra environ une heure, mais il vaut mieux que vous ayez une solution de secours, juste au cas où.

— Très bien. Pouvez-vous me dire ce sur quoi porte la réunion?

— Beth.

— Pouvez-vous m'indiquer quand elle pourra appeler son père à nouveau? Elle sait que j'allais vous parler aujourd'hui et elle espère que vous pourrez me le préciser.

— Non. C'est un point que nous discuterons jeudi.

— Je vois. Est-ce que je peux lui dire pourquoi elle n'est pas autorisée à appeler son père?

— Le demande-t-elle?

— Oui.

— Dites-lui que je lui expliquerai quand je la verrai. Je devrais être en mesure de lui rendre visite la semaine prochaine. Je confirmerai le jour et l'heure quand je vous verrai jeudi. Autre chose?

— Euh, je suppose que non.

— Alors à jeudi.

Je n'avais rien appris de nouveau, hormis que je devais assister à une réunion. J'étais encore plus confuse (et inquiète) qu'avant, et je savais que Beth le serait aussi. Face à un problème, je crois profondément qu'il vaut mieux le connaître et le traiter. On ne peut pas traiter quelque chose qu'on ne connaît pas. L'ignorance, à mes yeux, ne conduit pas au bonheur. La réunion n'était que dans deux jours mais cela me semblait un temps infini à passer avant de découvrir le sens de nos questionnements.

Lorsque Beth courut vers moi, dans la cour de l'école, le visage plein d'espoir, je n'attendis pas sa question.

— J'ai parlé à Jessie, annonçai-je d'emblée alors que les yeux de Beth s'éclairaient. Nous allons devoir être patients. Jessie nous rendra visite la semaine prochaine pour nous expliquer ce qui se passe. D'ici là, nous ne pouvons pas téléphoner à l'hôpital. Je suis désolée, mon cœur.

Les larmes lui montèrent immédiatement aux yeux.

— Mais pourquoi je ne peux pas téléphoner à mon papa ? demanda-t-elle, totalement découragée.

Je posai la main sur son épaule.

— Honnêtement, je ne le sais pas. J'ai demandé à Jessie mais elle a dit qu'elle souhaitait te l'expliquer quand elle te verrait la semaine prochaine. Je dois me rendre à une réunion jeudi. J'en saurai peut-être alors un peu plus.

— Est-ce que je peux aller à la réunion ? interrogea-t-elle en séchant ses larmes avec le dos de la main.

— Non, ma chérie. C'est uniquement pour les adultes.

— Mon papa y sera ?

C'était une bonne question. Jessie n'avait pas précisé qui assisterait à la réunion. J'étais pourtant sûre que si Derek devait être présent, elle me l'aurait dit.

— Je ne pense pas qu'il sera là, répondis-je donc à Beth.

— S'il y est, pourras-tu lui dire que je l'aime très fort et qu'il me manque de tout mon cœur?

Une boule s'était formée dans ma gorge quand je lui répondis.

Ce soir-là, je téléphonai à mon amie Kay. Elle s'occuperait de Paula pendant que je serais à la réunion de jeudi et pourrait également récupérer Adrian et Beth à l'école si elle ne me voyait pas dans la cour de l'école.

Plus tard, alors que Paula était couchée et qu'Adrian se concentrait sur les dernières touches à apporter à une maquette d'avion, Beth me demanda de jouer aux cartes. Elle sortit un jeu de cartes de l'armoire où nous rangions jeux et puzzles et l'on s'assit en tailleur, à même le sol, dans le salon. Elle sépara les cartes en deux piles égales.

— Je joue aussi à la bataille avec mon père, dit-elle sur un ton nostalgique.

— C'est bien. As-tu joué avec lui quand tu l'as vu à l'hôpital?

— Non.

— À quels jeux as-tu joué? m'enquis-je, sachant que Marianne avait raconté que Jessie avait interrompu la « chasse aux bisous ».

— Je ne m'en souviens plus, répondit-elle de manière catégorique.

Je ne lui posai pas davantage de questions. Je n'aurais pas évoqué le sujet si Beth n'avait pas raconté qu'elle jouait à la bataille avec son père mais maintenant j'étais sûre qu'il y avait quelque chose qu'elle me cachait. L'expression de son visage, la façon dont elle fuyait mon regard et la fermeté de son déni, tout disait qu'elle se souvenait mais qu'elle ne voulait pas me le dire.

John téléphona le mercredi soir. Il n'avait pas beaucoup de temps mais ce fut agréable de lui parler. Bien entendu, Adrian et Paula étaient ravis de l'entendre. Il dit aussi quelques mots à Beth. Mais après coup, celle-ci me demanda :

— Pourquoi peuvent-ils parler à leur papa et je ne peux pas parler au mien ?

Les deux situations, évidemment, étaient différentes. Mais je pouvais comprendre combien cela pouvait paraître injuste à ses yeux et je n'avais pas beaucoup d'éléments pour la rassurer. Beth disparut alors dans sa chambre. Je ne la suivis pas : elle n'était pas en colère, je pouvais l'entendre marcher, sa porte était ouverte, je n'étais donc pas inquiète. Un quart d'heure plus tard, elle redescendit, habillée de la robe qu'elle avait portée le vendredi où elle avait rendu visite à son père. Elle avait également mis des tonnes de maquillage, y compris un rouge à lèvres très brillant, du mascara et du fard à paupières écarlate. Ses ongles étaient peints d'un turquoise éclatant. Adrian leva les yeux et éclata de rire ; Paula, se souvenant du jour où Beth s'était habillée ainsi, demanda innocemment :

— Est-ce que tu vas voir ton père, ce soir ?

— Non, je n'ai pas le droit. Mais personne ne peut m'empêcher de me faire belle pour lui. Comme ça, j'ai l'impression qu'il est plus proche.

C'était pitoyable et triste ; Adrian, réalisant qu'elle s'efforçait de se rapprocher de son père, s'arrêta de rire. Beth passa le reste de la soirée dans son accoutrement, se déplaçant avec prétention et le sentiment du raffinement. Je n'aimais pas ce qu'elle portait mais je ne dis rien. Le maquillage la vieillissait et cela ne jouait pas à son avantage. Je fus soulagée quand vint le temps du bain et qu'elle passa tout cela à l'eau (j'utilisai un dissolvant avec acétone sur un bout de coton pour enlever son vernis à ongles).

— Quand je reviendrai de l'école demain, je remettrai tout ça, lança-t-elle, sur un léger ton de défi.

Je laissai passer le commentaire. Si cela lui donnait le sentiment d'être plus proche de son père et atténuait sa douleur, il n'y avait pas grand mal à ça. Même si les raisons pour lesquelles son père trouvait charmant de voir sa fille ainsi entartinée me dépassaient.

Jeudi, le jour de la réunion, Paula et moi déjeunâmes tôt. À 12h15, j'enfilai un pantalon noir chic et un chemisier couleur crème. J'expliquai à Paula qu'elle allait jouer avec Vicky l'après-midi et que je la retrouverais chez Kay ou dans la cour de l'école, en fonction de la durée de ma réunion. Je lui dis également que si je n'étais pas revenue à temps, Kay irait chercher Adrian et Beth en même temps que son fils et qu'elle veillerait sur tout le monde jusqu'à mon retour. Après avoir déposé Paula chez Kay, je poursuivis jusqu'au siège des services sociaux, à environ cinq minutes de là. Je me garai sur l'une des aires réservées aux visiteurs et me présentai à la réception. Comme Jessie ne m'avait pas donné le nom de la salle de réunion, je demandai à la réceptionniste. Celle-ci m'indiqua que Jessie avait réservé la salle 3. « Au premier étage, au fond du couloir à gauche », précisa-t-elle. Je la remerciai, signai le cahier des visites et grimpai le large escalier à balustrades. Pour être déjà venue ici, je savais que les salles du premier étage étaient de petite taille comparées à celles du second étage. Nous ne serions donc pas nombreux. La porte de la salle était fermée. Je frappai et l'ouvrai avec précaution avant d'entrer. Il n'y avait personne, mais j'avais cinq minutes d'avance. La pièce était chaude et étouffante, mais il était vain de vouloir ouvrir une fenêtre : le bâtiment était vieux et la plupart de ses fenêtres étaient coincées, collées par la peinture ou, ayant été forcées, ne fermaient pas bien et laissaient passer les courants d'air en hiver. Une petite table rectangulaire se trouvait au milieu, avec une chaise de chaque côté. Deux autres chaises étaient rangées dans un coin. C'étaient les seuls meubles dans la pièce. Je retirai mon manteau et le posai sur le dossier d'une chaise, avant de m'asseoir et d'attendre. Après une matinée agitée, le calme était assez plaisant. Paula avait été très excitée à la perspective d'aller jouer avec Vicky ; elle n'avait pratiquement pas arrêté de papoter, gaiement et bruyamment, en parlant des jeux qu'elle allait partager avec sa copine. Je n'entendais maintenant que le craquement occasionnel d'un radiateur ou les pas feutrés de ceux qui marchaient dans le couloir couvert de moquette. À 13 h 10, alors que j'étais sur le point de redescendre à la réception pour vérifier si j'étais dans la bonne pièce, la porte s'ouvrit et Jessie déboula, un tas de dossiers dans les bras.

— Désolée de vous avoir fait attendre, s'excusa-t-elle, nerveuse. C'est une de ces matinées où…

Elle s'assit sur la chaise en face de la mienne, jeta ses papiers sur la table, et s'exclama :

— Mon Dieu, qu'il fait chaud ici… J'imagine qu'aucune d'entre elles ne s'ouvre ? demanda-t-elle en pointant les fenêtres.

— Je n'ai pas osé essayer, répondis-je, mais j'en doute.

Jessie rit. L'état des fenêtres était une source récurrente de blagues dans l'immeuble.

— Bien, commençons, dit-elle. La directrice espère nous rejoindre plus tard. Elle est en rendez-vous.

Elle prit son carnet de notes sur la pile de dossiers et un stylo.

— Il n'y aura que nous deux et votre directrice? demandai-je.

— Oui. J'avais besoin que vous veniez pour clarifier certaines choses que vous m'avez racontées. Commençons par les photographies. Je les regarderai par moi-même la semaine prochaine, lors de ma visite, mais je veux entendre ce que vous avez à dire.

J'étais interloquée. Pourquoi me reparlait-elle des photos maintenant? Je pensais venir à une réunion mais cela ressemblait davantage à un entretien et je me sentais peu préparée.

— Vous voulez parler des photographies encadrées que Beth possède dans sa chambre?

— Oui, celles qu'elle a apportées de chez elle.

— Elles représentent toutes Beth et son père, expliquai-je, ne comprenant pas tout à fait ce que Jessie attendait de moi.

— Oui, je sais, rétorqua-t-elle, légèrement impatiente, le stylo figé au-dessus de son carnet. Vous m'avez dit que vous les trouviez inappropriées. Pouvez-vous me les décrire?

— Excusez-moi, je suis un peu surprise, dis-je en bougeant sur ma chaise. Quand j'ai soulevé cette question auprès de vous, vous m'avez dit que je me trompais et qu'il n'y avait aucune raison d'être inquiète à leur sujet, ni sur tout autre problème.

Je sentis mes joues rougir.

— Je n'ai pas dit que vous vous trompiez, affirma Jessie sur un ton défensif en levant les yeux sur moi. Mais à l'époque, nous n'avions pas assez d'éléments pour agir.

— Et vous en avez assez maintenant? m'enquis-je, mal à l'aise.

— Peut-être. L'une des raisons de votre présence est de recueillir cette preuve.

Elle croisa mon regard. Pendant un instant, le silence s'installa, dans lequel flottait entre nous une question évidente : qu'est-ce qui avait changé pour qu'elle décide d'agir maintenant? Jessie baissa son stylo et s'adossa doucement à son siège.

— Je vais vous expliquer, repris-t-elle. Lorsque j'ai emmené Beth voir son père à l'hôpital, je suis restée avec eux la plupart du temps. Non pas parce que j'étais inquiète, mais parce que je me demandais si Beth voudrait demeurer là pendant toute l'heure, ou si Derek trouverait sa visite trop douloureuse et souhaiterait l'écourter. Du coup, j'ai été en mesure d'observer leur façon d'interagir et cela m'a choquée. Certains de leurs comportements ne sont tout simplement pas appropriés entre un père et sa fille.

Je regardai fixement Jessie et sentis mon cœur battre plus vite.

— Beth flirte avec son père, continua Jessie. Et il ne fait rien pour l'arrêter. Il l'encourage même. Elle l'embrasse et le câline d'une manière qu'on ne peut que décrire comme provocatrice et séductrice. Il l'a autorisée à faire le tour des autres patients masculins et à leur donner des baisers et des câlins. J'ai mis fin à cela. J'ai aussi empêché Beth d'organiser un jeu de chasse aux bisous avec les autres hommes. Elle n'avait aucune idée que c'était mal. Elle offre beaucoup trop librement son affection et montre des signes de comportement sexué. J'ai pris rendez-vous avec le psychologue traitant de Derek et nous avons conclu que, cela s'ajoutant à d'autres inquiétudes qui avaient été soulevées, il fallait agir et c'est pourquoi j'ai interrompu les contacts.

Je frémis, malgré la chaleur de la pièce.

— Vous pensez donc que Beth a été victime de violences sexuelles? questionnai-je.

— C'est possible.

— De la part de Derek?

— C'est possible, répéta-t-elle en détournant son regard vers son carnet. Peut-on commencer par les photos?

Un gros nœud s'était formé dans mon ventre. Comme si je me sentais malade. *Pauvre Beth*, pensai-je. Qu'avait-elle subi? Depuis combien de temps? Je me sentais affreusement triste pour elle. En même temps, cela indiquait que j'avais eu raison. J'avais remarqué que quelque chose n'allait pas, tout comme Marianne et Mlle Willow, et j'avais eu raison de partager mes inquiétudes avec Jessie. Il était dommage qu'elle ne m'ait pas crue d'emblée.

Je commençai par expliquer à Jessie pourquoi les photographies encadrées m'avaient mise mal à l'aise. C'était à cause de la manière de poser de Beth et son père, et le fait que Beth était maquillée, ce qui la vieillissait.

— Ils avaient davantage l'air d'un homme avec sa petite amie que d'un père avec sa fille, déclarai-je. Ils ne se touchent pas sur un plan sexuel. Il s'agit plus d'une impression générale. Vous le verrez par vous-même lorsque vous viendrez la semaine prochaine. Il est difficile de le formuler avec des mots, mais il y a une intimité dans la façon dont ils se regardent l'un l'autre qui n'est pas appropriée entre un père et sa fille.

— Et la photographie que Beth conserve sous son oreiller? Je l'ai entendue dire à son père qu'elle dort avec cette photo et qu'ainsi elle a le sentiment qu'il est là, avec elle, dans le lit.

— C'est la plus grande des photos encadrées et c'est la plus intime, décrivis-je. Elle l'embrasse pour lui dire bonne nuit, puis elle dort avec, sous l'oreiller. Cette photo semble avoir été prise pendant des vacances. Beth et son père sont en maillot de bain. Ils sont à genoux dans le sable, l'un en face de l'autre, les lèvres ourlées, prêtes à se faire un baiser. Je me suis persuadée qu'il n'y avait rien de mal avec cette photographie, comme avec les autres, ajoutai-je pendant que Jessie prenait des notes.

— Beth a raconté à son père que vous aviez pris des photos d'elle, dit alors Jessie en levant les yeux sur moi.

— Oui, c'est vrai.

— Cela ne lui a pas plu.

— Pourquoi? demandai-je, déconcertée. Ce sont des photos de famille, au parc ou pendant nos sorties. J'ai donné un jeu de ces photos à Beth.

— J'aurai besoin de voir ces photos lors de ma visite, déclara-t-elle.

— Bien sûr, répondis-je avec un sentiment de malaise (j'avais l'impression de faire maintenant moi-même l'objet d'une enquête).

— Y a-t-il autre chose que vous pouvez me dire au sujet des photos?

— Non, je ne crois pas. Il y en a une quinzaine et je les ai disposées sur des étagères, mais vous le savez déjà.

Jessie opina.

— Passons aux appels téléphoniques. Je sais que vous avez cessé de demeurer auprès de Beth pendant qu'elle appelait son père, mais pouvez-vous me dire ce que vous avez entendu lorsque vous étiez présente? demanda-t-elle.

Si seulement j'avais pris des notes, pensai-je en essayant de me le remémorer. Comme on m'avait expliqué qu'il n'y avait rien d'anormal, j'avais évacué cela de mon esprit. Toutefois, en m'en souvenant et à la lumière de l'enquête de Jessie, les appels devinrent encore plus significatifs.

— Quand elle parle à son père, Beth s'étale sur mon lit. Elle ressemble plus à une adolescente parlant à son petit ami qu'à une petite fille parlant à son père. Elle sourit et rit presque avec séduction, en tortillant le fil du téléphone avec ses doigts. En rentrant de l'école, elle ôte son uniforme et choisit une belle robe en vue de l'appel téléphonique. Elle raconte toujours à son père, dans le plus grand détail, ce dont elle est vêtue. Il veut tout savoir – la robe, le jupon, les accessoires de toilette. Beth dit souvent qu'elle aime se faire belle pour son père et il semble l'y encourager. Parfois, lorsqu'elle décrit ce qu'elle porte, elle baisse la voix et fait papillonner ses paupières d'un air sexy. Je me souviens d'un jour où il lui a demandé si sa culotte était propre, ce qui l'a fait rire. Aujourd'hui, cela n'a plus l'air drôle.

— Non, dit Jessie sur un ton grave. Certainement pas.

J'attendis qu'elle ait fini d'écrire, avant de poursuivre :

— Tous deux gloussaient beaucoup. Derek a l'habitude de taquiner Beth ; il lui parlait parfois avec une voix aiguë qui la faisait rire. Il l'appelait sa « petite princesse » ou « la petite princesse de papa ». Beth dit souvent : « Je suis la petite princesse de papa. » Beaucoup de ses robes sont à froufrous, comme si elle se déguisait pour un conte de fées.

— Ce que Beth portait le jour où je l'ai emmenée à l'hôpital n'était pas approprié, dit Jessie en me regardant. Vous le savez, n'est-ce pas ?

— Oui. Je m'en suis excusée. Beth avait choisi ses habits seule et s'était maquillée sans que je le sache. Le temps manquait pour y remédier, ou vous seriez arrivées en retard à l'hôpital.

— Y a-t-il autre chose que vous pouvez dire au sujet des appels téléphoniques?

— Ils ont l'habitude de se dire combien ils se manquent, surtout la nuit au lit. Vous savez que Beth dort avec son père dans son lit?

— Oui, dit Jessie d'une voix blanche.

— Ils ont l'habitude de s'envoyer des bisous et de se dire qu'ils s'aiment et se languissent l'un de l'autre, ce qui n'a rien de gênant. Mais Derek ajoutait: «J'ai envie de te tenir dans mes bras et de sentir ton petit corps chaud» ou «J'ai tellement hâte d'être à la maison et de te border à côté de moi dans le lit». Ce n'est pas approprié.

J'attendis à nouveau que Jessie termine de prendre des notes.

— Autre chose? demanda-t-elle.

— Je ne pense pas. Pas au sujet des appels téléphoniques. Mais il y a aussi la façon dont Beth se comporte avec mon mari, John.

— Continuez, dit Jessie en se concentrant sur son cahier de notes.

À cet instant, la porte s'ouvrit et une femme entra.

— Bonjour, dit-elle. Désolée d'être en retard.

Je supposai qu'il s'agissait de la directrice de Jessie.

— Laura, se présenta-t-elle en tirant une chaise pour s'asseoir. Je suis la chef d'équipe.

Jessie me présenta à son tour.

— Je ne vous interromps pas, dit Laura, Jessie me racontera plus tard.

— Donc, votre mari, John, vous êtes soucieuse de la façon dont Beth se comporte avec lui? reprit Jessie.

— Oui, bien que je me sois persuadée qu'il n'y avait rien de mal. C'est difficile à décrire mais Beth est très familière avec lui. Physiquement, dans le toucher, précisai-je en cherchant les mots adéquats. Je m'excuse, c'est nouveau pour moi ; je ne me suis jamais occupée d'enfant abusé sexuellement.

— Nous ne savons pas avec certitude si Beth a subi des abus sexuels, intervint Laura. Même si les signes indicateurs sont présents.

J'acquiesçai avant de continuer :

— Beth est trop « à l'aise » avec John, plus à l'aise que ne le seraient mes enfants avec le papa d'un de leurs amis. Elle est très tactile, elle le serre contre elle et l'embrasse à toute occasion. Le premier week-end, à l'heure d'aller se coucher, elle lui a demandé de s'allonger sur son lit et de la câliner comme son père. Même si son père lui manquait, cela ne semblait pas approprié et j'ai dit non, comme vous le savez.

— Parce que cela vous mettait mal à l'aise ? interrogea Jessie.

— Oui. C'était instinctif. Cela n'allait pas.

— Et aujourd'hui ? demanda Laura, comment se comporte-t-elle avec votre mari ?

— Le week-end suivant, il n'a pas pu revenir à la maison. Mais le week-end dernier, il était là. Franchement, elle se comportait de la même manière, même si elle ne lui a pas demandé de s'allonger sur son lit. J'ai mis en place une routine pour le coucher : je lui raconte une histoire en bas, puis je la monte dans sa chambre et elle se couche avec une peluche.

— Bien, dit Laura pendant que Jessie prenait ses notes.

— Beth essaie toujours d'attirer l'attention de John, précisai-je. Parfois elle flirte même avec lui.

— Beth se comporte-t-elle ainsi avec d'autres hommes ? interrogea Laura. Par exemple, avec votre père ou votre fils ?

— Mon Dieu, non ! m'exclamai-je. Adrian n'a que six ans et mon père est septuagénaire.

— Son comportement est donc uniquement dirigé vers votre mari, dans son rôle de père ?

— Oui, il me semble. Même si je n'y ai pas vraiment réfléchi jusqu'ici.

Laura se concentrait sur la table, Jessie notait – aucune d'elles ne répondit. Ce n'est que de nombreuses semaines plus tard que les questions de Laura à propos de John prirent leur signification à mes yeux.

15

Loyale envers son bourreau

La réunion se termina à 14 h 30. Jessie prit rendez-vous pour rendre visite à Beth le lundi après l'école. Elle me demanda de ne pas parler à cette dernière des soupçons d'abus. Elle lui expliquerait ce jour-là les raisons pour lesquelles elle ne pouvait ni voir ni téléphoner à son père. Laura me remercia et je quittai la pièce la première, me dépêchant de rejoindre ma voiture. J'avais l'esprit bouleversé et l'estomac noué. Je m'étais convaincue que le comportement de Derek et de Beth ensemble était normal alors qu'en réalité il montrait des signes d'abus sexuels. Je me sentais coupable. J'aurais dû être davantage insistante et tenir ferme après avoir exprimé mes inquiétudes. Mais il était difficile de savoir ce que j'aurais pu dire ou faire de plus. En tant que parent d'accueil, mon autorité était fort limitée. Je n'avais pas l'impression d'avoir les compétences ou la confiance pour insister. J'avais le sentiment d'avoir abandonné Beth. Mais Jessie elle-même n'avait pas non plus agi sur la base des inquiétudes exprimées par Marianne ou par Mlle Willow.

Je sentais aussi que quelque chose clochait. Comme si une pièce du puzzle n'était pas à sa place. Bien sûr, j'étais soulagée que le débat soit désormais ouvert et que Beth reçoive l'aide et la protection dont elle avait besoin, mais j'avais de la peine à accepter que Derek ait abusé sexuellement de Beth. Certes, je ne le connaissais pas. J'avais vu des photos de lui et je lui avais parlé au téléphone, mais je ne l'avais jamais rencontré. Il ne ressemblait pas à un pédophile ; il avait l'air normal, même si, bien entendu, c'est bien en ayant l'air normal que les pédophiles s'attaquent aux enfants. Je savais que les abus sexuels sur les enfants étaient souvent commis par un membre de la famille et non par un étranger. Mais Marianne, qui connaissait très bien Derek et avait partagé sa vie et celle de Beth pendant longtemps, était convaincue qu'il ne pouvait pas faire de mal à Beth. Or, si Derek abusait de sa fille sexuellement, il lui faisait du mal, et de la plus horrible des manières. Cela avait-il pu se dérouler sans que Marianne le sache ? C'était tout à fait possible.

En arrivant dans la cour de récréation, j'étais encore plongée dans mes pensées et devais rapidement les écarter en retrouvant Paula. Je l'aperçus immédiatement, attendant avec Vicky et Kay. Elle me vit aussi. « Maman ! », cria-t-elle. Délaissant Kay, elle courut vers moi et je la soulevai du sol en la couvrant de baisers, soudain reconnaissante pour l'amour simple dont ma famille jouissait, comme la plupart des familles.

J'attendis avec Kay jusqu'à la sortie de son fils, suivi d'Adrian et de Beth, qui arrivèrent presque en même temps. Je remerciai Kay pour son aide et lui dis au revoir. Une fois le portail de l'école franchi, Beth me demanda :

— Tu es allée à la réunion, est-ce que je peux téléphoner à papa ?

J'avais espéré qu'elle me le demanderait une fois arrivée à la maison pour pouvoir en parler en privé.

— Nous allons devoir être patients, lui répondis-je.

— Tu as déjà dit cela la dernière fois ! s'écria Beth. J'en ai marre d'être patiente ! Je veux voir mon papa et tu ne peux pas m'en empêcher. J'irai en bus s'il le faut !

Nous marchions sur le trottoir devant l'école et je vis Adrian regarder par-dessus son épaule, espérant qu'aucun de ses amis ne soit assez près pour entendre l'éclat de Beth.

— Jessie vient nous voir lundi, annonçai-je à Beth. Elle t'expliquera ce qui se passe. Lundi arrivera vite : il ne reste que demain et le week-end.

— C'est trop long ! s'exclama Beth en tapant du pied. J'en ai marre d'attendre ! Je veux voir mon papa !

Elle martela ainsi le sol jusqu'à la voiture, causant le plus grand embarras à Adrian. J'ouvris rapidement la portière arrière pour laisser les enfants monter. Beth entra la première et alla se coller contre l'autre portière, loin d'Adrian et de Paula. Elle ne voulait manifestement avoir aucun contact avec nous. Je vérifiai la ceinture de sécurité de chacun. Beth me dévisagea sans rien dire.

Tout le monde demeura silencieux jusqu'à la maison. Quand je leur demandai s'ils avaient passé une bonne journée, Adrian et Paula opinèrent et Beth me fixa du regard dans le rétroviseur. Une fois arrivés à la maison, Beth balança son manteau et ses chaussures dans l'entrée et fila dans sa chambre. J'entendis la porte claquer. Je pensai la laisser se calmer mais j'étais à peine en train de suspendre mon manteau que nous entendîmes un grand fracas venant de sa chambre. Laissant Adrian s'occuper de Paula, je bondis vers sa chambre, d'où provint un second éclat. Frappant à peine, j'entrai et trouvai Beth au milieu de la chambre, debout, l'une des photographies encadrées dans la main. Deux autres jonchaient le sol, le verre brisé.

— Pose ces photos, ordonnai-je en m'avançant, les briser n'aidera en rien.

— Si, ça aidera ! cria-t-elle avec colère.

J'avais peur qu'elle se coupe avec le verre. Avec rapidité et douceur, je lui retirai la photo de la main.

— Voilà qui est mieux, dis-je. Maintenant, calme-toi pour que nous puissions discuter.

— Non, dit-elle en trépignant, je ne veux pas te parler.

Conservant une apparence calme, je remis le cliché avec les autres sur les étagères, m'assis sur le bord du lit et tapotai le matelas à côté de moi pour lui indiquer de venir.

— Allons, mon cœur, j'ai besoin de te parler.

Beth garda sa mine renfrognée.

— S'il te plaît, viens t'asseoir.

Peu d'enfants peuvent résister à un adulte en qui ils ont confiance et qui les invite à venir discuter et à les écouter. Quelques secondes plus tard, avec la moue, Beth s'assit à côté de moi.

— C'est à cause de l'hôpital, n'est-ce pas ? entama-t-elle, encore en colère et donnant un coup de menton. C'est pour ça que je ne peux pas voir mon papa ?

— Que veux-tu dire par « à cause de l'hôpital » ? répondis-je, interloquée.

— Je sais que Jessie est en colère contre moi. Elle m'a empêchée de jouer à des jeux à l'hôpital.

Beth avait manifestement senti la désapprobation de Jessie et réalisé que quelque chose n'allait pas, sans comprendre quoi. Le sentiment de culpabilité l'avait sans doute menée à déclarer qu'elle ne se souvenait pas des jeux auxquels elle avait joué, quand je le lui avais demandé.

— Jessie n'est pas en colère contre toi. Pas du tout. Elle ne t'accuse de rien du tout.

— Tu es sûre? demanda-t-elle sur un ton suspicieux.

— Absolument. Laisse-moi essayer de t'expliquer. Parfois, les enfants peuvent se comporter d'une manière que les adultes trouvent dangereuse. Ce n'est pas la faute des enfants. Ils se comportent comme d'habitude, mais les adultes peuvent voir un danger que l'enfant ne peut pas voir. Jessie t'a fait cesser de jouer à la chasse aux bisous et à s'asseoir sur les genoux d'autres patients parce qu'elle a senti que ce n'était pas bien.

Je pensai l'avoir formulé au mieux, dans le cadre des restrictions auxquelles j'étais tenue. Beth réfléchit quelques instants.

— Mais je pratique ces jeux-là avec mon papa, dit-elle naïvement.

Là était tout le problème, bien sûr. C'est son père qui lui avait enseigné son comportement vis-à-vis des hommes et elle ne connaissait pas d'autres manières.

— Jessie t'en dira davantage quand tu la verras lundi, répondis-je. Pour l'instant, tu dois comprendre que les décisions qu'elle a dû prendre visent à te protéger pendant qu'elle mène quelques enquêtes.

— C'est quoi des enquêtes?

— Poser des questions aux gens pour établir la vérité.

— Est-ce que Jessie va me poser des questions?

— C'est possible.

— Si elle m'en pose, je lui dirai que j'aime mon papa, qu'il me manque et que je veux le voir vite.

— Tu pourras lui dire ce que bon te semble. Elle est ton assistante sociale et son travail est de t'aider.

Beth accepta cela. Je lui demandai si elle souhaitait que je la prenne dans mes bras. Elle me dit oui. Pour l'heure, sa colère avait passé. Après une minute ou deux, je la laissai.

— Je vais nettoyer les bris de verre avant d'aller préparer le dîner, dis-je.

— Ne jette pas les photos ! s'exclama-t-elle en sautant du lit en direction des cadres brisés.

— Non, je ne vais pas les jeter. Mais ne les touche pas car je ne veux pas que tu te coupes. Je vais juste enlever le verre.

Beth m'observa attentivement pendant que je ramassais avec précaution les deux cadres brisés. Puis elle me suivit en bas. Les visages de Derek et de Beth me regardaient, déformés par les bris de verre. Dans la cuisine, j'enlevai les bris de chaque cadre et les enveloppai dans du papier journal avant de les jeter dans la poubelle.

— Voilà ! C'est comme si elles étaient neuves, dis-je à Beth en lui remettant les photos encadrées. À moins de regarder de très près, tu ne pourrais même pas voir qu'il n'y a pas de verre.

— Merci, dit-elle en lâchant enfin un sourire. Je vais les remettre sur mon étagère. Je promets de ne plus les casser.

— C'est bien.

Je la regardai s'éloigner en portant soigneusement les photographies devant elle. Je pouvais comprendre la colère qui l'avait poussée à les briser mais je ne comprenais vraiment pas pourquoi elle les chérissait tant et idolâtrait ainsi son père s'il lui faisait subir des abus sexuels. Était-ce parce qu'il était la seule personne qu'elle avait au monde et que, sans lui, elle se serait retrouvée complètement seule ? Pour être dérangeante, cette raison n'en était pas moins plausible.

Le jour suivant, un vendredi, les enfants et moi eûmes une bonne surprise. Sans nous l'avoir dit, John avait réussi à quitter le travail plus tôt et était arrivé à la maison pendant que je récupérais Adrian et Beth à l'école. Adrian fut le premier à repérer sa voiture dans la rue.

— Papa est rentré ! cria-t-il. Youpi !

À peine avais-je garé la voiture et ouvert la portière arrière qu'Adrian se rua vers la porte d'entrée où il pressa sans discontinuer sur le bouton de la sonnerie. La porte s'ouvrit rapidement et les trois enfants tombèrent dans les bras grands ouverts de John.

— Vous m'avez manqué, lança-t-il en les enlaçant et en baisant leurs fronts.

— Tu nous as aussi manqué, papa, répondit Adrian.

Je regardai Beth étreindre et embrasser John avec la passion et l'intensité qui, je le supposais, étaient celles avec lesquelles elle embrassait son père et, d'après ce que Jessie avait dit, les autres hommes. Vis-à-vis de quelqu'un qu'elle connaissait à peine, c'était vraiment inapproprié. John se redressa et nous entrâmes tous dans la maison. Je refermai la porte.

— Bonjour, chérie, dit-il en trouvant enfin l'occasion de m'embrasser, comment vas-tu ?

— Beaucoup mieux en te voyant, répondis-je en souriant, avant de lui murmurer : j'ai des choses à te dire.

John comprit et, une fois que les enfants furent assis autour de la table de la cuisine avec une boisson et un goûter, il m'attira dans l'entrée.

— Qu'est-ce qui se passe ? chuchota-t-il quand nous fûmes hors de la pièce.

— Hier, j'ai eu une réunion avec les assistantes sociales de Beth et il semble probable que le père de Beth ait abusé d'elle sexuellement.

John resta glacé d'horreur.

— Les services sociaux mènent une enquête et, pendant ce temps, Beth n'est pas autorisée à voir ou à téléphoner à son père. Mais tu dois faire attention.

— Pourquoi ? demanda John en fronçant les sourcils. Quel rapport avec moi ?

— Aucun rapport direct mais Beth peut se comporter de manière trop familière avec les hommes, du fait de la façon dont son père l'a traitée. Par exemple, lorsqu'elle voulait que tu t'allonges sur son lit. Et la façon dont elle te touche tout le temps, en caressant ton bras, ou ton dos, ou en passant ses doigts dans tes cheveux. La façon dont elle t'étreint et t'embrasse. Elle te connaît à peine et elle est constamment sur toi. Je ne dis pas que tu ne dois pas la serrer dans tes bras, mais fais-le comme tu le ferais avec l'enfant d'un ami, pas comme tu le fais avec Adrian et Paula.

Je pouvais voir John se débattre avec lui-même, comme cela m'était arrivé avant lui. Ayant accueilli Beth dans notre foyer, il l'avait traitée comme un enfant de la famille, avec une affection innocente et spontanée. Mais pour Beth, tout contact avec John pouvait contenir une connotation sexuelle, fondée sur son expérience avec son père. Aujourd'hui, les parents d'accueil reçoivent une formation pour les aider à déceler des comportements sexués chez les enfants placés chez eux. Mais à l'époque, ils devaient se débrouiller tout seuls.

— Je n'aime pas ça. J'espère que cela n'affectera pas Adrian et Paula, dit-il une fois que j'eus fini.

— Je m'en assurerai, affirmai-je, même si, bien entendu, tout ce qui touchait Beth affectait aussi les autres membres de la famille.

Nous entendîmes les enfants quitter la table et, lorsqu'ils apparurent dans l'entrée, nous nous dirigeâmes tous vers le salon pour nous raconter la semaine écoulée : les cours de Beth et d'Adrian, les visites de Paula et moi au parc et les jeux avec Vicky, et de brèves nouvelles du travail de John. Je décidai alors d'aller préparer le dîner.

— Beth ne veut pas venir t'aider ? demanda John, désormais soucieux de ne pas se retrouver seul avec elle.

Je la regardai. Elle secoua la tête.

— Je veux rester ici, dit-elle.

Je rassurai John d'un signe et laissai les portes ouvertes afin que John puisse m'entendre et *vice versa*. Chacun était ainsi en sécurité.

En dépit de ces nouvelles précautions que nous mettions en place, la soirée fut plaisante, même si John, fatigué, somnola parfois sur le sofa. Lorsque ce fut l'heure de se coucher, il souhaita bonne nuit à Beth en bas de l'escalier mais ne se rendit pas dans sa chambre pour l'embrasser, comme il fit avec Adrian et Paula. Une fois les trois enfants au lit, je m'assis à côté de lui sur le sofa et commençai à lui raconter dans le détail ma réunion avec Jessie et sa directrice. Entre parents d'accueil, il y a toujours des sujets à débattre. Peu après 21 h 30, le téléphone sonna. Avec un léger soupir, je décrochai, prête à dire que je rappellerais plus tard. C'était Marianne.

— J'espère que c'est une bonne heure pour vous appeler, dit-elle, je dois vous parler.

John entendit, bâilla et me dit qu'il allait se coucher. J'étais déçue car j'espérais que nous passerions un peu de temps ensemble. Mais je comprenais qu'il soit fatigué. Il se leva, me souffla un baiser et quitta la pièce.

— Est-ce que Jessie et la directrice vous ont déjà reçue ? demanda Marianne sur un ton anxieux.

— Oui, hier.

— Je les ai vues mercredi. On aurait dit un interrogatoire. J'en suis sortie avec l'impression que j'avais commis quelque chose de mal. Elles ne m'ont rien dit mais je suis certaine qu'elles pensent que Derek est un pédophile. Vous ont-elles dit quoi que ce soit?

— Pas grand-chose, répondis-je avec précaution. Je me suis contentée de répondre à leurs questions.

— Des questions sur Beth et Derek?

— Oui, entre autres.

— Il n'est toujours pas autorisé à voir Beth ou à lui parler, n'est-ce pas?

— Non, pas pour l'instant.

Je l'entendis soupirer.

— Derek est rongé par l'inquiétude, dit-elle. J'ai peur qu'il ait une deuxième dépression nerveuse et je ne peux rien faire pour le rassurer. Je suis tellement désolée pour lui.

Je choisis soigneusement ma réponse.

— Marianne, quand vous êtes venue m'apporter le maillot de bain de Beth, vous m'avez dit combien vous étiez inquiète au sujet de la relation entre Derek et Beth. Vous saviez que Mlle Willow et moi-même étions également soucieuses et vous avez souhaité que j'en parle à l'assistante sociale de Beth.

— Oui, mais je n'ai jamais pensé que cela prendrait une telle tournure, m'interrompit-elle. Derek a été séparé de force de sa fille. Il ne peut même pas lui parler. Pour lui, c'est terrible. Beth sait-elle ce qui se passe?

— Elle sait que les services sociaux mènent des enquêtes.

— Qu'y a-t-il à chercher? cria-t-elle. Je leur ai tout dit!

— J'imagine qu'ils étudient la nature de leur relation.

Je demeurai volontairement vague. Ce n'était pas à moi de donner des détails à Marianne si Jessie et la directrice ne l'avaient pas fait.

— Il n'y a rien à chercher ! répéta-t-elle. Derek et Beth sont très proches, c'est tout.

Je commençai à être un peu agacée par la façon dont Marianne voyait les choses et par la compassion déplacée qu'elle exprimait envers Derek.

— Marianne, ce n'est pas ce que vous m'avez dit lorsque vous êtes venue ici. Vous m'avez dit que vous trouviez leur relation malsaine et différente de celle qui devrait exister entre un père et sa fille.

— Mais je n'ai pas imaginé que tout cela arriverait, sinon je n'aurais rien dit. Bien sûr que non.

Je savais que certaines personnes qui signalent des abus sexuels sur des enfants ont peur lorsque des mesures sont prises et regrettent d'avoir exprimé leur inquiétude. Mais il ne saurait y avoir de demi-mesure : les enfants doivent être protégés.

— Il me semble qu'il vaut mieux laisser tout cela entre les mains des services sociaux, dis-je avec diplomatie.

— Mais je dois pouvoir regarder Derek dans les yeux ! Pas vous ! cria Marianne, désormais très contrariée. Que vais-je pouvoir lui dire ?

Marianne n'avait pas l'obligation de voir Derek. Elle l'avait choisi. C'était sa décision.

— Je ne sais pas, répondis-je. Mon inquiétude concerne Beth et je la soutiens du mieux que je peux.

— J'imagine que c'est donc à moi de soutenir Derek, répliqua Marianne sur un ton sec. J'avoue que j'espérais que vous seriez un peu plus sensible et compréhensive.

— Je suis désolée, émis-je.

Un silence suivit à l'autre bout de la ligne.

— Je suis désolée de ne pas pouvoir vous aider davantage, ajoutai-je.

— Ne vous inquiétez pas. Je ne vous téléphonerai plus ! lâcha-t-elle en raccrochant.

Je reposai le combiné et restai ainsi, immobile, quelques instants. J'étais sincèrement désolée d'avoir contrarié Marianne. Je n'avais jamais blessé personne intentionnellement, mais je ne voyais pas ce que j'aurais pu dire d'autre. Je ne pouvais pas prononcer des mots de réconfort ou de commisération à l'égard de Derek. N'était-il pas soupçonné d'abus sexuels sur une enfant ? Lorsque j'avais rencontré Marianne, elle m'avait donné l'impression d'une femme responsable et sensible, qui aurait pu être une bonne belle-mère pour Beth. Mais sa loyauté envers Derek sapait à l'évidence une telle perspective. J'espérai qu'elle tiendrait parole et ne me téléphonerait plus.

Chassant Marianne de mon esprit, je laissai Tosha sortir se dégourdir les pattes et montai à l'étage, espérant me faire chouchouter. Mais en entrant dans la chambre, je trouvai John endormi. Il était manifestement épuisé car il n'était que 22 h 20. Je me dis qu'une longue nuit me ferait aussi le plus grand bien. Je fis ma toilette, me changeai et me glissai discrètement sous les draps. John bougea sans se réveiller. Je m'allongeai sur le dos, fixant l'obscurité, attendant d'être emportée par le sommeil. Mais toutes sortes de pensées s'agitaient dans ma tête. Marianne avait estimé malsaine la relation entre Derek et Beth mais elle regrettait maintenant d'en avoir parlé. De mon côté, je maintenais mes inquiétudes, tout comme, me semblait-il, Mlle Willow. Je savais que les épouses ou compagnes d'auteurs de sévices sexuels prenaient leur parti, de peur de bousculer le statu quo et d'être abandonnées. Marianne semblait en donner l'exemple. Il me vint aussi à l'idée que, Beth n'étant plus en contact avec son père, l'accès de Marianne à Derek s'était dégagé. Était-ce la raison pour laquelle Marianne était si loyale envers lui, saisissant l'occasion de passer le restant de ses jours avec lui ? Cette pensée était déplaisante.

16

Es-tu heureuse ici ?

Après un beau dimanche chez mes parents, John partit tôt le lundi matin, pour une nouvelle semaine de travail. Il m'embrassa alors que j'étais encore couchée et quitta la maison sur la pointe des pieds pour ne pas réveiller les enfants. Je sortis du lit et allai à la fenêtre pour lui dire au revoir de la main. Dehors, il faisait encore sombre et une fine pellicule de givre s'était déposée au cours de la nuit. J'espérais que John appellerait pour dire qu'il était bien arrivé, mais je savais aussi que cela ne lui était pas toujours possible, du fait de ses engagements professionnels.

Comme de nombreux parents, j'ai remarqué que mes enfants étaient réticents à se lever le lundi, surtout après un excellent week-end… Ce lundi-là ne fut pas une exception. Lorsque je réveillai Paula, elle grommela qu'elle était « trop fatiguée pour s'habiller » et me demanda de la laisser au lit pendant que j'emmenais Beth et Adrian à l'école. Elle savait que c'était impossible. Beth grogna aussi quand je la réveillai. « C'est encore l'heure de dormir », dit-elle, plissant les yeux pour les garder bien fermés. Quant à Adrian, il marmonna quelque chose à propos du petit-déjeuner avant de se retourner et de se rendormir. Je lui secouai gentiment l'épaule en lui disant qu'il devait se lever pour avoir son petit-déjeuner.

J'aidai Paula à s'habiller, puis nous descendîmes. Adrian et Beth arrivèrent plus tard qu'ils auraient dû un jour d'école et je dus les activer un peu pour qu'ils ne soient pas en retard. Après une toilette et un brossage de dents rapides, nous sautions dans la voiture et arrivions dans la cour de récréation avec quelques petites minutes d'avance. Un ami d'Adrian l'appela et il courut le rejoindre pour jouer, tandis que Beth restait avec moi et Paula. Je remarquai Jenni et sa mère debout pas très loin de nous. Jenni ne cessait de regarder dans notre direction avec envie, comme si elle désirait parler à Beth. Je lui souris mais sa mère le vit et me tourna le dos avant de détourner le regard de sa fille. Heureusement, Beth ne vit rien. Je ne comprenais pas pourquoi cette femme était si hostile à mon égard alors que j'avais simplement respecté le souhait de Derek et refusé d'entretenir une discussion dénigrante à son sujet. J'espérais que cela ne déteindrait pas sur Jenni.

— Est-ce que tu joues toujours avec Jenni ? demandai-je à Beth.

— Parfois.

— Elle est gentille avec toi ? A-t-elle dit d'autres choses blessantes ?

— Non, ça va, mais je joue davantage avec mes autres amies.

— Tu pourrais en inviter une pour le goûter cette semaine, suggérai-je, comme je le faisais pour tous les enfants que j'accueillais.

— Je n'ai pas le droit. Papa n'aimerait pas ça.

Beth n'avait pas le droit non seulement d'aller chez des amis, mais d'en inviter chez elle. Bien qu'en désaccord avec Derek – les enfants ont besoin de sociabiliser –, je décidai que ce n'était pas le bon moment de soulever ce point avec Jessie. Je me demandai pourtant ce que Beth pensait en voyant Adrian et Paula aller chez des amis ou en recevoir régulièrement, comme de nombreux autres enfants.

De retour à la maison, Paula joua avec ses poupées pendant que je passais l'aspirateur. Il était temps de procéder à un grand ménage, Jessie devant nous rendre visite après l'école. Paula m'aida avec l'aspirateur miniature que mes parents lui avaient offert pour Noël. Je commençai par ma chambre, suivie de près par Paula, et remarquai l'alliance de John sur sa table de nuit.

— Oh mon Dieu, dis-je en éteignant l'aspirateur et en ramassant l'anneau, papa a oublié son alliance. Il va s'inquiéter.

— Pourquoi va-t-il s'inquiéter? s'enquit Paula, qui «éteignit» aussi son aspirateur.

— Parce qu'il va croire qu'il l'a perdue. Elle est précieuse pour lui, tout comme la mienne est précieuse pour moi.

Paula inspecta la bague de John, puis la mienne.

— Pourquoi vos bagues sont-elles précieuses? reprit-elle.

— Parce que nous avons choisi nos bagues ensemble et que nous les avons glissées sur nos doigts quand nous nous sommes mariés et que nous avons fait nos vœux.

Je devinai sa question suivante et anticipai.

— Les vœux sont des promesses que l'on fait à la personne qu'on aime lorsqu'on se marie, expliquai-je. «Pour le meilleur et pour le pire, dans la richesse comme dans le dénuement, dans les épreuves comme dans le bonheur, de t'aimer et te chérir, jusqu'à ce que la mort nous sépare. » Ensuite, tu prends la bague et tu dis : « Avec cet anneau je te prends pour époux, de tout mon corps je t'adorerai et de toutes mes richesses je te couvrirai. »

— Oh, je vois, dit Paula comme si elle souhaitait ne rien avoir demandé.

— J'imagine que papa appellera quand il réalisera que sa bague a disparu.

— Est-ce que je pourrai lui parler?

— Oui, s'il a le temps.

Nous continuâmes de passer l'aspirateur avant de rapporter nos machines dans le placard à balais. Dix minutes plus tard, le téléphone sonna et c'était évidemment John, inquiet d'avoir perdu sa bague.

— Elle est sur ta table de nuit. Tu as dû l'oublier en partant ce matin dans l'obscurité.

— Dieu merci, lança-t-il, manifestement soulagé. J'ai cru que je l'avais oubliée à l'hôtel.

— Paula aimerait te dire un petit coucou.

— Très rapidement alors, parce que j'ai bientôt une réunion.

Je tins le téléphone près de l'oreille de Paula et elle dit :

— Bonjour, papa, maman a trouvé ta bague, tu peux donc l'adorer avec toutes tes richesses.

J'éclatai de rire et j'entendis John rire aussi. Paula sourit et dit au revoir à son papa. Je repris le téléphone.

— Mais d'où sort-elle cela? s'enquit John alors que je riais encore.

— Paula m'a demandé pourquoi nos bagues étaient si précieuses, alors je lui ai expliqué nos vœux de mariage.

— Ah ! dit John. Bon, je suis content que ma bague soit là et je te souhaite une bonne semaine.

— Toi aussi. À vendredi.

— Je l'espère, mais il y a un petit risque que j'aie à travailler tout le week-end.

— Oh non, pas encore, lâchai-je.

— Désolé, je n'y peux rien. Je t'appellerai quand j'en aurai la certitude.

Après nous être dit au revoir, je raccrochai en cachant ma déception à Paula. Si John ne rentrait pas ce week-end, cela voudrait dire deux nouvelles semaines sans le voir, ce qui paraissait bien long. Il était inutile de le dire aux enfants avant d'en avoir la confirmation.

À l'issue du déjeuner, j'emmenai ma fille au parc où je retrouvai une amie dont le fils avait le même âge que Paula. Il faisait froid mais nous restâmes plus d'une heure avant d'aller chercher Adrian et Beth à l'école. Adrian me rappela que, le lendemain, il resterait à l'école après la classe pour son entraînement de football. Beth, elle, me rappela que son assistante sociale venait cet après-midi. Je n'avais oublié ni l'un ni l'autre. J'observai que depuis que Beth n'avait pas été en contact avec son père, elle ne parlait plus autant de lui. Ses références à « la petite princesse de papa », aux habits qu'elle porterait quand elle le verrait ou lui parlerait au téléphone, s'étaient largement estompées. Elle se contentait de demander, avec tristesse, quand Jessie la laisserait revoir son père ou lui parler.

À la maison, je préparai le goûter. Dans la mesure où ce n'était que la deuxième visite de Jessie (la première étant le jour où elle avait amené Beth), je n'étais pas sûre de la forme que cette visite prendrait, ni combien de temps elle durerait. Les travailleurs sociaux ont chacun leur approche.

Jessie arriva à 16 heures et je la fis entrer dans le salon, où Beth attendait déjà impatiemment sur le canapé. J'offris à boire à Jessie mais elle refusa.

— J'aimerais d'abord vous parler, me dit-elle, puis j'aurai une petite discussion avec Beth et je jetterai un œil à sa chambre.

Beth parut déçue.

— Tu peux aller jouer avec Adrian et Paula, lui suggérai-je.

Ils se trouvaient dans la cuisine sur la table de laquelle j'avais installé des puzzles, du papier et des crayons pour les distraire pendant la visite de Jessie.

— Quand est-ce que vous allez me parler de mon papa? demanda Beth à Jessie.

— Dès que j'ai fini de discuter avec Cathy, lui répondit-elle.

Beth accepta et partit rejoindre Adrian et Paula. Je poussai la porte pour éviter que nous soyons entendues et je m'assis sur le sofa, tandis que Jessie s'installa dans un fauteuil.

— Je me disais que vous pourriez commencer par me donner des nouvelles de Beth – comment va-t-elle? questionna Jessie.

— Pas trop mal. Son père lui manque. Je l'ai rassurée de mon mieux.

— A-t-elle raconté quoi que ce soit à propos de leur relation?

— Pas vraiment. Rien de neuf. Les mêmes choses que je vous ai déjà dites.

— Il est possible que cela devienne une enquête policière, auquel cas Beth sera interrogée et vous aurez peut-être à répondre à certaines questions.

— Je ferai ce que je peux pour aider.

— Je suis toujours en train d'étudier tout cela, déclara-t-elle. Je vais essayer de revoir le psychologue de Derek. Après cela, la directrice et moi serons mieux à même de décider de la suite. Il y a une chose que j'ai besoin de vous demander.

— Oui?

— Le maquillage que Beth portait quand je l'ai emmenée à l'hôpital… Elle m'a dit que son père le lui avait acheté. Est-ce exact?

— Oui, pour autant que je sache. Elle m'a dit l'avoir apporté à l'école pour le montrer à des amies et l'y avoir laissé dans un tiroir.

— Vous ne le lui avez donc pas acheté?

— Non, certainement pas.

— Et il n'y a rien d'autre que Beth ait pu dire sur son père qui puisse nous aider?

Je réfléchis quelques instants.

— Non, je suis certaine de vous avoir tout dit. Beth ne parle plus trop de lui en ce moment.

— Autre chose qui date du temps où elle était en contact avec lui?

Essayer de me souvenir me mettait sous pression. Mais finalement, je secouai la tête et répétai être sûre d'avoir tout relaté.

— Et Beth mange et dort bien?

— Oui. Elle a fait un ou deux cauchemars, dont un lorsque le contact a été coupé. Mais en général, elle dort bien.

Jessie opina, l'air pensive.

— J'ai parlé à l'institutrice de Beth, elle m'a dit qu'elle suivait bien à l'école.

— Oui. Beth est une enfant qui ne se laisse pas abattre. J'imagine qu'elle n'a pas eu le choix, n'ayant pas de mère et ayant à affronter tout cela.

— Ou peut-être est-elle douée pour camoufler ses sentiments, comme moyen de faire face. J'aimerais regarder les photographies, s'il vous plaît – celles que vous avez prises.

Je les avais préparées et lui remis le jeu de tirages. Elle commença à les inspecter. Il y en avait une vingtaine, prises lors de nos sorties. Je précisai à nouveau avoir donné un jeu complet à Beth. Jessie hocha la tête. Elle passa en revue les clichés, puis les remit dans leur boîte et me les rendit en me remerciant. Je n'avais aucune idée de ce qu'elle y avait cherché et elle ne m'en dit rien. Puis elle m'indiqua vouloir parler à Beth et qu'elle m'appellerait quand elle aurait fini. Je rejoignis les enfants qui dessinaient dans la cuisine et informai Beth que Jessie voulait maintenant la voir. Je refermai la porte du salon derrière elle et retournai à la cuisine préparer le repas pendant qu'Adrian et Paula poursuivaient leurs activités. Les parents d'accueil et leurs enfants doivent s'habituer à être exclus de réunions qui se déroulent chez eux, aussi gênant cela soit-il. Quinze minutes plus tard, on entendit la porte du salon s'ouvrir et Jessie appeler : « Cathy, vous pouvez venir maintenant. » Je dis à Adrian et Paula de rester là sagement. Dans le salon, Beth était assise à côté de Jessie, l'air cafardeuse. Je lui souris d'un air rassurant.

— Nous avons eu une bonne discussion, déclara Jessie sur un ton vif. Beth comprend que mon travail est de la protéger et d'agir dans son meilleur intérêt, même si les apparences sont contraires en ce moment. Nous avons également parlé des différentes façons dont les gens se touchent et dont on les touche. Le fait que certaines parties du corps sont intimes et ne devraient pas être touchées par les autres.

— Je n'ai pas le droit de voir mon papa, lâcha Beth en me regardant.

— Non, pas encore, confirma Jessie.

N'ayant pas entendu leur conversation, je n'avais aucune idée de ce que Beth comprenait désormais des raisons pour lesquelles elle ne pouvait pas voir son père. Mais j'espérais que Jessie le lui avait expliqué suffisamment et avait répondu à ses questions.

— Maintenant, allons voir ta chambre, dit Jessie à Beth. Vous pouvez venir avec nous si vous voulez, ajouta-t-elle à mon adresse.

Beth se leva, s'approcha de moi et glissa sa main dans la mienne. Nous montâmes dans sa chambre, avec Jessie dans nos pas.

— Quelle jolie chambre ! s'exclama cette dernière en entrant.

— Oui, Beth la garde toujours impeccablement rangée, dis-je en lui souriant.

— Formidable, dit Jessie. Quand je verrai ton papa, je pourrai lui dire à quel point tu te tiens bien.

Je voyais que ce commentaire était censé réconforter Beth mais il me sembla manquer de tact, dans la mesure où elle n'était pas autorisée à le voir.

— Regarde un peu toutes ces photos, continua Jessie en s'avançant vers les étagères. Quelle collection !

Elle se mit à les regarder attentivement une par une.

— Qu'est-ce qui est arrivé avec le cadre en verre de ces deux-là ? demanda-t-elle.

— Je les ai cassées, répondit Beth sur un ton triste.

— Vous ne m'en avez pas parlé, me dit Jessie.

— Désolée, je n'y ai pas pensé, répondis-je.

Il était difficile de savoir ce qu'il était pertinent de communiquer à Jessie et ce qui ne l'était pas.

— J'étais en colère, c'est pour ça que je les ai cassées, admit Beth.

— En colère contre ton père? questionna Jessie.

— Oui.

— Mais après coup, elle était triste de les avoir brisées, ajoutai-je. Et elle a promis de ne pas recommencer.

— Pourquoi étais-tu en colère contre ton père? insista Jessie tout en étudiant les photographies sans verre.

— Parce que je ne pouvais pas le voir.

— Sans autre raison? interrogea Jessie en fixant Beth du regard.

— Non.

Jessie jeta un œil aux autres photographies. Beth et moi étions debout à l'entrée, la regardant. Lorsqu'elle eut fini, elle se tourna vers Beth.

— Je crois savoir que tu gardes une photo sous ton oreiller, n'est-ce pas? Puis-je la voir, s'il te plaît?

Beth s'approcha du lit, retira la photo sous l'oreiller et la tendit à Jessie. Nous gardâmes le silence pendant que Jessie étudiait le cliché. Puis elle le rendit à Beth qui le remit sous l'oreiller.

— Tu as de nombreuses photos à la maison, déclara Jessie en revenant vers les étagères. Pourquoi as-tu choisi de prendre celles-ci?

— Je ne sais pas. Parce qu'elles sont toutes de moi et mon papa, je suppose.

— Tu as l'air d'une grande fille dessus. Pourquoi n'en as-tu pas pris où tu étais plus jeune?

J'ignorais complètement l'intérêt de cette question. Beth se contenta de hausser les épaules.

— Est-ce que je peux jeter un coup d'œil à ta garde-robe? demanda Jessie.

— Oui, répondit Beth en lui ouvrant l'armoire.

— Tu as beaucoup d'habits, énonça Jessie en passant rapidement en revue les cintres. Qui les a choisis pour toi ?

— Papa, dit-elle fièrement.

— Il choisissait tous tes habits ?

— Oui.

— Et tous tes sous-vêtements ?

— Oui.

Jessie referma la penderie et ouvrit le premier tiroir de la commode, fouillant à travers les dessous de Beth, remuant ses culottes, ses jupons et ses maillots de corps à dentelle pour voir ce qu'il y avait en dessous. Elle procéda de même avec les deuxième et troisième tiroirs, puis se tourna vers Beth.

— Tu as l'air de te sentir très bien ici avec Cathy. Est-ce que tu es heureuse ?

Beth opina légèrement.

— Parfait, conclut Jessie en se dirigeant vers l'entrée de la chambre. Pour le moment, tu seras donc bien ici.

Beth garda les yeux fixés sur le dos de Jessie. Je savais qu'elle avait compris comme moi le sens de ses paroles : qu'elle ne rentrerait pas de sitôt chez elle et allait rester avec moi indéfiniment.

17

Un cadeau spécial

— Jessie m'a annoncé que je ne pouvais pas voir mon papa, me confia Beth après le départ de Jessie.

— Et est-ce qu'elle t'a expliqué pourquoi? demandai-je.

— Elle a dit qu'elle devait s'assurer que je sois en sécurité. Mais je ne comprends pas. Je suis en sécurité avec mon papa.

— Je suis certaine que Jessie privilégie ce qui est le mieux pour toi.

Je ne pouvais en dire davantage.

Cela faisait un mois que Beth vivait chez nous, même si, à cause de tous ces événements, cela nous semblait depuis beaucoup plus longtemps. La semaine se déroula selon la même routine de l'école, des devoirs à la maison, des jeux et de la télévision. Beth se joignit à nouveau à la lecture des histoires pour Paula, avant de se coucher. Toutes deux y prenaient plaisir et cela permettait à Beth d'oublier un peu le fait qu'elle ne pouvait plus téléphoner à son père à 19 heures – ce qu'elle ne mentionnait désormais que rarement. Je notai qu'un lien se créait entre Beth et Paula, comme deux sœurs. Au début, Beth avait davantage joué avec Adrian, plus proche d'elle en âge. Dorénavant, elle faisait tout ce qu'elle pouvait pour jouer avec Paula, choisissant des jeux et des livres convenant à l'âge de la petite. Beth était très gentille dans ses gestes et très patiente. Elle prenait soin d'elle et la traitait comme une petite sœur, ce que je trouvais très touchant. Cela semblait lui venir naturellement car, pour autant que je sache, Beth n'avait jamais eu l'expérience d'enfants plus jeunes, ayant mené une vie très isolée avec son père. Cela démontrait un peu plus combien c'était une enfant gentille et douce.

La semaine se déroula sans heurt jusqu'à jeudi. Jusqu'à ce que nous voyions la lumière clignoter sur le répondeur téléphonique en rentrant de l'école. Sans penser une seconde qu'il puisse s'agir d'une mauvaise nouvelle et alors que les enfants ôtaient leurs manteaux à côté de moi, j'appuyai sur le bouton de lecture. On entendit la voix de John et les trois enfants s'immobilisèrent en silence. « Bonjour, tout le monde. J'espère que vous allez tous bien. Je suis désolé mais je ne vais pas pouvoir rentrer ce week-end. Papa a du travail. Je suis sûr que vous passerez quand même un très bon week-end. On se parle bientôt. Bisous. » La voix de la messagerie indiqua que l'appel avait été passé à 15 h 30. Puis le répondeur se remit à zéro.

Le visage d'Adrian se décomposa. Il laissa tomber son manteau dans l'entrée et courut dans sa chambre à l'étage. Comprenant son désarroi, Beth proposa :

— Est-ce que je monte réconforter Adrian ?

— C'est très gentil de ta part, mon cœur, mais je préférerais que tu t'occupes de Paula pendant que j'y vais, lui répondis-je.

J'aidai Paula à enlever son manteau, puis Beth l'emmena dans le salon tandis que je grimpais les escaliers. Il me vint à l'esprit qu'au cours des dernières semaines, les seules sources de désordre à la maison avaient été provoqué par ces pères absents. Et bien que les raisons de ces absences soient différentes, leurs conséquences étaient les mêmes : des enfants très malheureux ayant besoin de réconfort et d'être rassurés.

La porte de la chambre d'Adrian était fermée. Je frappai doucement avant d'entrer. Il était assis par terre, le dos appuyé contre le bord du lit, fixant des yeux la maquette d'avion qu'il tenait sur ses genoux.

— Je peux venir ? lui demandai-je en entrant.

Il fit un léger signe de la tête, sans lever les yeux. Je vins m'asseoir à côté de lui, m'adossant également au lit.

— Tu as fait du beau travail avec cet avion, lui dis-je.

Il y avait consacré des semaines et avait espéré le montrer à son père ce week-end.

— Je vais l'offrir à papy, décida-t-il.

Cela me surprit dans la mesure où toutes les autres maquettes qu'il avait construites étaient exposées dans sa chambre, sur une étagère.

— C'est très gentil. Papy sera ravi. Mais es-tu sûr de ne pas vouloir l'ajouter à ta collection ?

— Oui. Est-ce qu'on peut voir papy et Nana dimanche ?

— Oui, s'ils sont libres. Nous leur demanderons de venir déjeuner. Je les appellerai tout à l'heure.

— J'aime beaucoup Nana et papy, dit-il, toujours concentré sur son avion.

— Je sais que tu les aimes et ils t'aiment aussi, beaucoup. Mais ton papa t'aime aussi. Ce n'est pas sa faute s'il doit travailler loin.

— Non ? s'enquit-il en me regardant enfin.

— Non, mon chéri, ce n'est pas sa faute. Nous manquons à ton papa autant qu'il nous manque. Je suis sûre que tu le sais.

— Je n'ai pas envie de parler de lui maintenant, dit-il avec fermeté, tournant à nouveau son regard vers la maquette.

J'hésitai.

— D'accord, mais promets-moi de me parler quand tu en as envie. Je ne veux pas que tu gardes tout ça pour toi.

Il fit un petit signe de la tête.

— C'est bien. Maintenant, je descends préparer le dîner avant de téléphoner à papy et Nana. Tu descends bientôt ?

Il répondit par un nouveau petit hochement de tête. Je le laissai tranquille, l'embrassai sur la joue et partis en refermant la porte derrière moi. L'ayant élevé depuis la naissance, je le connaissais bien et savais que je pouvais le laisser seul un moment. Avec un enfant que j'accueille depuis peu, je choisis toujours la prudence et ne le laisse pas seul quand il est contrarié. Pourtant, dix minutes plus tard, j'allai vérifier comment il se sentait. Il jouait sans grande passion avec des petites voitures. Je me rendis dans ma chambre pour appeler mes parents. En plus d'une invitation pour dimanche midi, j'avais quelque chose à demander à mon père. C'est lui qui répondit.

— Bonjour, ma chérie, quelle bonne surprise. Tout va bien ?

— Oui, tout va bien mais je viens d'apprendre que John ne pourra pas rentrer ce week-end et Adrian est très déçu. Je me demandais si tu ne pourrais pas avoir un brin de conversation avec lui. D'homme à homme, tu vois ? Par ailleurs, est-ce que vous pourriez venir déjeuner dimanche ?

— Je suis sûr que c'est possible, répondit-il. Passe-moi d'abord Adrian et je demanderai ensuite à ta mère pour dimanche.

— Merci, dis-je en lui soufflant un baiser à travers la ligne.

Je posai le combiné et allai frapper doucement à la porte d'Adrian, en passant ma tête dans l'embrasure.

— Papy veut te parler au téléphone. Tu peux prendre l'appel dans ma chambre.

Son visage s'éclaira et il se rua vers ma chambre pendant que je retournais à la cuisine. Une demi-heure plus tard, le dîner était prêt mais il n'y avait aucun signe d'Adrian. J'allais l'appeler du bas de l'escalier quand je réalisai qu'il était toujours en ligne. Je pouvais entendre le son de sa voix, à défaut de comprendre ce qu'il disait. Je décidai de lui laisser le temps de finir sa conversation avec son grand-père et rejoignis les filles dans le salon.

Un quart d'heure plus tard, Adrian déboula dans le salon, le sourire jusqu'aux oreilles. Se précipitant sur moi, il ouvrit ses bras en grand et me serra fort contre lui.

— Je t'aime tellement ! s'exclama-t-il.

— Je t'aime aussi, lui dis-je. Est-ce que tu as fini avec papy ?

— Oui, il m'a dit de te dire qu'ils peuvent venir dimanche et que Nana préparera une tarte aux pommes.

— Merveilleux.

Nous restâmes quelques instants dans les bras l'un de l'autre puis Adrian se retira et déclara :

— Je meurs de faim, maman, est-ce que le repas est prêt ?

— Oui.

— Moi aussi, j'ai faim, renchérit Beth.

— Moi aussi, ajouta Paula qui ne voulait pas être en reste.

L'heure habituelle du dîner était passée et j'emmenai tout le monde vers la table. J'ignorais ce que mon père avait raconté à Adrian – et je ne le lui demanderais pas, c'était leur affaire – mais cela avait dû être exactement ce qu'il fallait dire car Adrian retrouva sa bonne humeur coutumière. Du coup, le moral de Beth et de Paula remonta également et nous étions tous heureux de voir mes parents le dimanche suivant. Nous les voyions régulièrement mais leurs visites étaient toujours très attendues et avaient un air de fête. Les grands-parents sont tellement importants, et pas seulement en temps de crise. Leur savoir, leur sagesse, leur patience, leur amour et leur compréhension, acquis au fil des années, sont inestimables et leur présence peut être un élément de stabilité pour toute la famille.

Je ne reçus aucune nouvelle de Jessie au cours de la semaine. Je n'en attendais d'ailleurs pas trop. Elle avait annoncé qu'elle appellerait quand elle aurait du nouveau et elle devait encore mener ses enquêtes. Le vendredi après-midi, j'emmenai Paula au groupe des tout-petits et de leurs mamans. Puis j'allai directement chercher Adrian et Beth à l'école. En sortant, les enfants étaient très bruyants, excités à la perspective du week-end. En dépit de l'absence de John, la soirée fut plaisante. Samedi, nous allâmes faire des courses et acheter de quoi préparer le repas de dimanche, sans oublier quelques réserves de produits essentiels. Au supermarché, Adrian voulut prendre du papier cadeau pour envelopper la maquette d'avion qu'il allait offrir à papy. Beth déclara alors qu'il n'était pas juste de donner un cadeau à papy et pas à Nana. (Tous les enfants que nous recevions en placement appelaient rapidement mes parents ainsi.) Paula appuya l'avis de Beth et toutes deux choisirent une boîte de chocolats et une feuille de papier cadeau. Une fois rentrés et après avoir déjeuné, les enfants enveloppèrent soigneusement leurs cadeaux. Adrian dit alors qu'il allait écrire une carte d'accompagnement et les filles, bien sûr, voulurent en faire autant. *Au meilleur des papys du monde. Mille bisous. Adrian*, écrivit celui-ci sur la sienne. *J'aimerais tant avoir une Nana comme toi. Bisous, Beth*, écrivit-elle tandis que Paula ajouta avec mon aide : *Pour Nana, plein de bisous, Paula.* Et elle remplit le reste de la page avec des baisers. La fin de la journée s'écoula dans l'attente joyeuse du lendemain.

Le lendemain matin, les enfants se réveillèrent tôt et voulurent s'habiller élégamment pour la visite de leurs grands-parents. Adrian opta pour un jean et un pull chaud. J'aidai Paula à choisir une robe d'hiver dans son armoire. Et je pris dans celle de Beth la robe à carreaux gris et rose et à manches longues que j'avais initialement choisie lorsqu'elle devait aller rendre visite à son père. « Voilà qui est parfait pour la visite de Nana et papy », dis-je. Par bonheur, elle ne contesta pas cette décision. Son choix de vêtements convenables était limité. Je lui avais acheté un survêtement et un haut assorti et je voulais lui en acheter d'autres, mais je craignais de déplaire à nouveau à son père. Je me dis que, la prochaine fois, je demanderais à Jessie s'il serait acceptable de reconstituer la garde-robe de Beth avec des habits décontractés plus appropriés.

À 11 heures, nous étions tous fin prêts et lorsque la sonnerie retentit, nous nous ruâmes vers l'entrée pour ouvrir la porte. Au milieu de nombreux « Bonjour », « Salut » et de « Tellement heureux de te voir », mes parents entrèrent et nous embrassèrent chacun à notre tour. Entre les enfants qui attendaient le bon moment pour offrir leurs cadeaux régnait une atmosphère de conspiration silencieuse. Je préparai du café et lorsque nous fûmes tous assis dans le salon, les enfants se levèrent soudain et quittèrent la pièce sans dire un mot.

— Qu'est-ce qu'ils manigancent ? demanda ma mère avec un sourire suspicieux.

— Ah, vous allez voir..., avançai-je.

Un instant plus tard, les enfants revinrent en formant une petite procession, leurs cadeaux posés sur leurs mains. Adrian était en tête, suivi de Beth et de Paula qui partageaient le leur. Adrian se dirigea vers papy et, l'air un peu penaud, déposa son cadeau sur les genoux de son grand-père.

— Merci beaucoup, mais ce n'est pas mon anniversaire, dit celui-ci, à la fois stupéfait et enchanté.

— Ce n'est pas le mien non plus, dit ma mère alors que Beth et Paula lui présentaient leur présent et leurs cartes.

Adrian avait l'air légèrement gêné et vint s'asseoir à côté de moi pendant que papy déballait son cadeau. Les filles, elles, restèrent à côté de Nana, les yeux rivés sur elle. Je vis sur le visage de mon père combien il était ému en voyant l'avion.

— Quel travail extraordinaire, déclara-t-il à Adrian. Est-ce que tu l'as fait entièrement seul ?

Adrian sourit avec fierté.

— Oui.

— C'est formidable, lança mon père, tu as accompli un magnifique travail, mais je ne crois pas que tu devrais me l'offrir. Tu ne veux pas le garder avec tes autres maquettes?

Pour avoir été systématiquement invité à aller voir sa collection, mon père savait combien Adrian en était fier.

— Je veux que ce soit toi qui l'aies, déclara Adrian.

— Je te remercie beaucoup, dit mon père, je lui trouverai un coin spécial dans la vitrine de notre salon. Et quand nous aurons des visiteurs, je leur montrerai ce que mon brillant petit-fils a fabriqué pour moi. Merci, mon garçon, j'apprécie beaucoup.

Adrian alla se percher sur l'accoudoir du fauteuil de son grand-père, enroulant ses bras autour de son cou et le serrant contre lui. De leur côté, Beth et Paula demandaient à Nana si elle ne voulait pas goûter l'un de ses chocolats, évitant d'avouer qu'elles en désiraient elles-mêmes.

— Il me semble que nous pourrions bien en avoir un petit avant le repas, non? proposa ma mère.

— Oui, un seul ne coupera pas leur appétit, dis-je.

Transportant la boîte de chocolats à deux, Beth et Paula en offrirent un à chacun d'entre nous, avant que ma mère ne mette la boîte de côté, «loin de toute tentation».

Nous papotâmes ensemble pendant que les filles jouaient et qu'Adrian parlait à son grand-père. Ma mère m'accompagna ensuite à la cuisine et là, elle me regarda d'un air sérieux.

— Cathy, ton père et moi nous faisons du souci pour toi. S'occuper de trois enfants alors que John est loin, cela représente un sacré travail.

— Ça va, maman, répliquai-je. Beth est facile. Et il n'est pas fréquent que John soit ainsi absent le week-end.

J'enfilai des gants pour vérifier la cuisson du plat dans le four.

— Il va suffisamment bien pour rentrer chez lui, dit-e prudemment. Et il souhaite parler à Beth. J'imagine 'elle aimerait parler à son père, n'est-ce pas?

— Ma foi, oui, je suppose, répondis-je, totalement routée par ce que Jessie me révélait.

— Très bien. Vous pouvez l'appeler à n'importe el moment après 17 heures, ce vendredi. Mais vous vez surveiller l'appel. Votre téléphone est-il équipé ın haut-parleur?

— Oui, celui de l'entrée.

— Utilisez celui-là, s'il vous plaît, et interrompez ppel si Beth est contrariée ou si Derek dit quelque ose d'inapproprié.

La question était : quel genre de choses? Mais mon prit était sens dessus dessous et j'en oubliai toutes les tres questions que j'aurais dû poser.

— Si l'appel se déroule bien, poursuivit Jessie, nous urrons établir un contact téléphonique régulier, mais a viendra après. J'ai aussi besoin que vous veniez ıne réunion, mardi, à 13 heures. Dans le même reau que la dernière fois. Cela risque d'être long, nc libérez-vous pour l'après-midi. Vous me direz rs comment s'est déroulée la conversation télépho-ue. Il serait sans doute judicieux que vous preniez notes.

— Oui, dis-je en gribouillant la date et l'heure sur carnet à côté du téléphone. Combien de temps doit er le coup de téléphone? Ils ont l'habitude de rester heures...

— Je dirais qu'une quinzaine de minutes sont suf-ıntes pour le premier appel. Avez-vous le numéro Derek?

— Non, seulement celui de l'hôpital.

— Vous avez de quoi noter?

— Cela fait deux week-ends en un mois, rappela-t-elle.

— On n'y peut rien et on s'en sortira. Je ne pense pas que cela se reproduira avant longtemps, avançai-je.

J'arrosai le poulet et les pommes de terre et refermai la porte du four. Ma mère continuait de me regarder comme si elle essayait de me dire quelque chose.

— Qu'y a-t-il? repris-je. Je devine toujours quand quelque chose te chiffonne.

— S'il te plaît, ne le prends pas mal, commença-t-elle étrangement, mais est-ce que tout va bien entre toi et John?

— Mais bien sûr! répondis-je, surprise qu'elle puisse imaginer autre chose. Qu'est-ce qui te fait penser ça?

Elle haussa les épaules.

— J'imagine que c'est juste moi qui me raconte des histoires, mais John ne semble pas être aussi souvent à la maison qu'avant. Je sais que tu dis que c'est à cause de son nouveau boulot, mais je me souviens qu'une fois ton père a reçu une offre de travail au loin et qu'il l'a refusée parce qu'il voulait passer davantage de temps avec sa famille. Je suppose que les choses ont changé; les boulots sont rares et il n'y a pas le même choix.

— John est très soucieux de sa carrière, dis-je pour la rassurer. C'est important pour lui et je le respecte. S'il te plaît, ne t'en fais pas. Tout va bien entre John et moi.

Pour autant que je le sache, tout allait effectivement bien.

18

Retournement de situation

Le mois de février s'écoula ainsi rapidement, au gré d'un vent froid de nord-est qui apportait des giboulées glaciales sans qu'il y ait jamais assez de neige pour fabriquer des bonshommes et en profiter. Je ne reçus pas de nouvelles de Jessie, bien que je l'aie appelée au milieu du mois, après que Beth m'eut demandé comment allait son père. Une collègue de Jessie me répondit alors qu'elle était en congé pour deux semaines. Je laissai un message pour qu'elle me rappelle à son retour.

En l'absence de contact, le lien de Beth avec son père se détendit lentement. Elle parlait de lui de moins en moins et, lorsque cela lui arrivait, cela donnait ceci : « Je ne crois pas que j'aie encore un papa », ou « Mon papa est parti et il ne reviendra plus ». J'étais triste pour elle et la réconfortais de mon mieux, mais je me disais aussi qu'il était peut-être préférable qu'elle accepte l'absence permanente de son père dans sa vie, dans la mesure où il semblait hautement improbable qu'elle vive à nouveau avec lui ou même qu'elle le voie.

La dernière semaine de février marquait le milieu du trimestre et les enfants bénéficiaient d'une semaine

de vacances. Le temps restait très froid et
des activités à la maison. Je les emmenai aus
musée de la région, à la piscine et au centre
John manqua un seul autre week-end ce m
notre grande joie, il prit un lundi de congé
profitâmes pour aller au cinéma. Ce soir-là
vai avec lui la question de nos vacances
pouvoir effectuer les réservations à l'avanc
enfants, nous ne partions pas à l'étranger m
un appartement sur la côte anglaise. John
encore connaître ses engagements professio
l'été, mais qu'il s'y pencherait et que nous
réservations dès qu'il le saurait.

— Je ne sais pas si Beth sera avec nous,
semble que oui, lui annonçai-je.

— Il faut que tu demandes à l'assista
quels sont ses projets pour Beth, répliqu
rement irrité. Il est difficile de programme
sans le savoir. Je suppose que Beth ne reste
nous éternellement.

Je ris brièvement.

— Cela ne me surprendrait pas ! Mais tu
demanderai à Jessie quand elle téléphoner

Pourtant, lorsque je reçus l'appel de Je
mier jeudi de mars, j'omis de l'interroger su
à long terme pour Beth ou si elle pouvai
nous en vacances. J'étais trop sous le choc
venait de me raconter.

— Derek est sorti de l'hôpital ce mardi,
maintenant chez lui et je souhaite établir un
phonique ce vendredi. J'ai besoin que vous

— Sorti ? répétai-je, incrédule. Il va mie

Je m'étais attendue à ce qu'il soit en p
suivi pour violences sexuelles sur mineure

— Oui, je vous écoute.

Je notai le numéro et le répétai à haute voix pour vérifier auprès de Jessie qu'il était correct.

— Je dirai à Derek de se tenir prêt à recevoir l'appel vendredi soir, précisa Jessie. Il est possible que Marianne décroche, donc appelez vous-même.

— Marianne est avec Derek? demandai-je, de plus en plus stupéfaite.

— Oui. Pour l'heure, elle a emménagé chez lui. Pourquoi? Il y a un problème?

— Non, répliquai-je, jonglant avec mes pensées. Dois-je parler à Derek ou dois-je simplement passer le combiné à Beth, comme avant?

Il y eut un court silence.

— Vous pouvez lui parler, mais allez-y avec précaution. J'ai une réunion bientôt, y a-t-il autre chose?

— Non, je ne crois pas, répondis-je sans comprendre ce qui se passait.

— Alors à mardi. Je ne serai pas au bureau demain et lundi. En cas de problème, appelez ma collègue.

— Très bien.

En raccrochant, mon cœur battait la chamade et j'avais le ventre noué. J'essayai de déchiffrer ce que l'on venait de m'annoncer. Tout contact entre Derek et sa fille avait été suspendu depuis plus d'un mois et tout d'un coup, sans explication, il fallait lui téléphoner et surveiller la conversation. Avait-il été innocenté? C'était peu probable, étant donné les charges contre lui. Marianne avait emménagé chez lui, ce qui semblait accréditer mes soupçons sur ses motivations. Mais qui donc voudrait vivre avec un auteur d'abus sexuels sur mineure? Cela n'avait aucun sens. Je supposai que je recevrais davantage d'explications à la prochaine réunion.

Beth ne me demandait plus de nouvelles de son père à chaque sortie des classes. J'attendis donc que nous soyons à la maison et qu'Adrian et Beth soient occupés. Beth était montée dans sa chambre chercher un jouet et je la suivis.

— Beth, Jessie a appelé aujourd'hui, annonçai-je en entrant.

Elle se retourna d'un coup et me regarda.

— Elle a dit que tu pourrais téléphoner à ton père demain soir. Il a quitté l'hôpital et il est à la maison.

Beth demeura bouche bée, les yeux ronds d'effarement.

— Est-ce que ça veut dire que je vais bientôt rentrer à la maison ? s'enquit-elle.

Jessie n'avait rien dit à ce sujet mais j'avais eu l'impression que ce ne serait pas le cas.

— Pas autant que je sache, répondis-je avec douceur. Mais Jessie a dit que si le coup de téléphone se passait bien, tu pourrais l'appeler un autre soir. Je la vois mardi et j'en saurai peut-être plus.

Beth traversa la chambre et, entourant ma taille de ses bras, posa sa tête contre ma poitrine pour un câlin. Je la tins serrée contre moi. Je pouvais comprendre combien tout cela devait être confus pour elle. Pendant quelques instants, elle resta silencieuse. Puis elle releva la tête et interrogea :

— Est-ce que mon papa va mieux ?

— Il est suffisamment mieux pour rentrer à la maison, répondis-je en reprenant la phrase de Jessie.

— Il a besoin de moi, déclara Beth, les bras ballants et semblant soucieuse tout à coup. Papa ne peut pas être seul. Il a besoin que je m'occupe de lui, comme avant.

Je décidai sur-le-champ de ne pas lui dire que Marianne était avec lui. Je savais que cela lui déplairait.

— Je suis certaine que Jessie y a pensé et a prévu une aide en cas de besoin.

— Tant que ce n'est pas Marianne, dit Beth, gagnée par une vieille rancœur. Mon papa la déteste et moi aussi.

Manifestement, Derek ne détestait pas Marianne, tant s'en faut. Mais je gardai cela pour moi.

— J'espère qu'une personne gentille s'occupe de mon papa, reprit Beth.

Puis elle prit le jouet qu'elle était venue chercher et redescendit avec moi. Elle rejoignit Adrian et Paula dans le salon pendant que je commençais à préparer le repas. Pendant le dîner et le reste de la soirée, Beth resta calme. Elle ne dit qu'une seule fois à Adrian et Paula qu'elle avait le droit d'appeler son père le lendemain. L'excitation qui prévalait lorsqu'elle était en contact régulier avec son père avait disparu. Elle ne répétait plus toutes les choses qu'elle et son super héros de père réalisaient ensemble. Elle me semblait inquiète, tout comme je l'étais. Et je n'avais pas grand-chose pour la rassurer. Plus tard, en la mettant au lit, elle me demanda :

— À quelle heure dois-je téléphoner à mon papa demain ?

— Vers 17 heures.

Jessie m'avait laissé choisir l'heure de l'appel. Cette heure me paraissait bonne car Adrian et Paula seraient occupés à regarder la télévision.

— Jessie a dit que l'appel devrait durer une quinzaine de minutes, ajoutai-je afin que Beth le sache à l'avance.

Je lui souhaitai bonne nuit, elle retira la photo de sous l'oreiller et l'embrassa.

— Je savais que tu ne m'avais pas oubliée, dit-elle avec le sourire. Bonne nuit, papa, bisous. Bonne nuit, Cathy.

— Bonne nuit, mon cœur.

Le lendemain après-midi, en revenant de l'école, Beth annonça qu'elle allait se changer dans sa chambre. Je n'y prêtai aucune attention car Beth ôtait toujours son uniforme en rentrant pour enfiler une robe. Mais n'ayant pas réapparu vingt minutes plus tard, je m'inquiétai qu'elle puisse se sentir nerveuse à l'approche du coup de téléphone et je montai dans sa chambre. La porte était fermée.

— Est-ce que ça va? demandai-je à travers la porte.

— Oui, tout va bien, répondit-elle d'une voix gaie. Je descends bientôt.

Rassurée, je retournai en bas. Dix minutes plus tard, Beth apparut. La raison pour laquelle elle avait pris autant de temps pour se changer fut immédiatement visible. Pour son père, elle avait revêtu une petite jupe noire, un chemisier de dentelle beige transparent, des bas résille, des talons aiguilles, un maquillage épais, du rouge à ongles pétard. Elle ressemblait à nouveau à une enfant prostituée. Adrian rit en la voyant. Paula sembla frappée d'effroi. Nous n'avions pas vu Beth habillée ou maquillée ainsi depuis qu'elle avait arrêté de voir son père.

— Est-ce que tu vas voir ton papa? demanda Paula.

— Non, je vais lui téléphoner. Il aime que je sois belle.

Ni les enfants ni moi-même ne soulignâmes l'évidence: que son père ne pourrait pas la voir à travers le téléphone ou que, en réalité, elle n'était pas belle. Je ne comprenais pas qu'elle se soit sentie obligée de s'habiller ainsi pour son père, mais cela m'inquiéta. Tous mes tourments précédents au sujet de la relation de Derek avec sa fille refirent surface. Je redoutais de devoir lui parler au téléphone, même brièvement.

J'espérais presque que Marianne réponde. Jessie m'avait demandé de prendre des notes. À l'écart de Beth, j'écrivis donc comment Beth s'était habillée pour donner son coup de fil. Je pensai que Jessie en verrait la pertinence ; elle était formée à repérer ce genre de signes.

Juste avant 17 heures, alors qu'Adrian et Paula regardaient la télévision et que le plat du dîner était au four, je dis à Beth de m'accompagner vers le hall d'entrée.

— Nous allons utiliser ce téléphone parce qu'on peut le mettre sur haut-parleur et qu'ainsi tu n'auras pas à tenir le combiné, lui expliquai-je.

Je cherchais à rendre le haut-parleur attrayant et qu'elle ne se soucie pas que je puisse écouter ce qu'elle et son père se diraient.

— Tu peux t'asseoir sur cette chaise près du téléphone et je te montrerai comment ça fonctionne.

Beth s'assit et me regarda appuyer sur le bouton du haut-parleur. Nous entendîmes immédiatement le son de la ligne.

— Je vais d'abord composer le numéro et mettre ton père en ligne. Puis je presserai sur le bouton et tu pourras lui parler. Il pourra t'entendre et tu l'entendras à travers le microphone qui est ici. Jessie veut que je reste avec toi pendant l'appel, dis-je.

Beth opina. Elle semblait un peu nerveuse, serrant et desserrant les mains. Comme c'était le premier contact avec son père depuis plus d'un mois, cela se comprenait. J'étais également nerveuse.

Je décrochai et composai le numéro de Derek. Beth me regardait avec attention. Le téléphone me parut sonner longtemps, même si ce n'était sans doute que six à huit fois. Mon pouls s'accéléra. Puis on entendit une voix d'homme :

— Allô ?

La voix était si calme, presque inaudible, que je ne fus pas sûre qu'il s'agisse de celle de Derek.

— Est-ce que c'est Derek ? demandai-je.

— Oui.

— C'est Cathy Glass, de la famille d'accueil de Beth.

— Ah oui, dit-il d'une voix un peu plus forte. Est-ce qu'elle est là ?

— Oui, je vous la passe.

Je pressai le bouton du haut-parleur et reposai le combiné. Beth me regarda, hésitante.

— Parle normalement, lui recommandai-je, ton papa peut t'entendre.

Et il pouvait m'entendre aussi, bien sûr.

— Allô, papa ? avança-t-elle prudemment.

— Allô, ma princesse, comment vas-tu ?

— Je vais bien. Et toi ?

— Je suis de retour à la maison. Ça va aller mieux, dit-il avec la voix chancelante. Ton papa va bien.

— Je me fais du souci pour toi, énonça Beth, moins gênée. Je veux rentrer à la maison et m'occuper de toi. Pourquoi n'est-ce pas possible, papa ? Pourquoi est-ce que je ne peux pas revenir et être avec toi ? ajouta-t-elle, la lèvre inférieure tremblante.

— Ne t'inquiète pas pour moi, princesse. On s'occupe bien de moi.

— Qui s'occupe de toi ?

Il y eut un silence avant que Derek ne réponde.

— Une gentille dame que Jessie connaît, répondit-il.

C'était une habile demi-vérité et je me demandai combien d'autres demi-vérités plus subtiles encore Derek avait racontées au fil des ans.

— Parle-moi de l'école, dit-il pour changer de sujet. Est-ce que tu travailles toujours bien ?

— Oui, répondit Beth, qui parla à son père du livre que la classe était en train de lire.

Je m'assis sur la première marche de l'escalier, utilisant mes genoux comme un reposoir sur lequel je pouvais noter ce qu'ils se disaient, bien qu'il n'y ait rien de très significatif. Leur conversation passa de l'école à la nourriture. Derek demanda si Beth mangeait bien.

— Oui, réagit-elle, j'aime les repas de Cathy.

Je souris, et notai un silence à l'autre bout du fil.

— Bien. Et que fais-tu de tes soirées ? demanda-t-il.

Beth commença par lui raconter qu'elle se changeait en rentrant de l'école, puis jouait ou regardait la télévision jusqu'à ce que le dîner soit prêt ; elle accomplissait alors ses devoirs et jouait à nouveau. À un moment, elle s'interrompit et dit :

— Tu sais, je n'ai pas besoin de tenir le téléphone ; Cathy a pressé un bouton et on peut t'entendre toutes les deux.

— Je sais, repartit Derek.

Je présumai que Jessie l'avait informée que j'écouterais la conversation. Derek demanda si Beth avait un bon sommeil.

— Oui, répondit-elle, mais tu me manques, papa. Cathy m'a donné l'ours Dodo et j'ai ta photo, mais ce n'est pas pareil.

— Je sais, princesse. Tu me manques aussi.

Beth se mit alors à décrire ses habits. Dans le passé, Derek participait avec enthousiasme à la conversation, désirant entendre chaque détail, y compris quel jupon ou quelle culotte elle portait. Mais cette fois-ci, il demeurait très silencieux. Même quand elle expliqua avoir « appliqué son propre maquillage mais que ce n'est pas aussi bien que lorsque tu le fais », il n'y eut aucune réponse.

— Tu m'entends, papa? interrogea-t-elle.

— Oui, je t'entends, répondit-il.

Je me demandai si sa réticence à discuter de ce que portait Beth était due au fait qu'il savait que j'écoutais. Dix minutes s'écoulèrent et nous entendîmes un boum venant de derrière Derek.

— Qu'est-ce qui se passe? demanda Beth.

— C'est la porte, répondit Derek, Marianne vient de rentrer.

Je compris immédiatement qu'il avait parlé sans réfléchir car il ajouta très vite :

— Elle passe juste avec des courses.

Beth s'enflamma.

— Dis-lui de partir! s'exclama-t-elle. Elle n'a pas à être là si je n'y suis pas. Dis-lui de partir, tout de suite. Je ne veux pas qu'elle soit là. Sinon, je ne te parlerai plus jamais.

Je relevai les yeux. Le visage de Beth était crispé de colère. Elle fulminait et essayait d'intimider son père. Je n'avais aucune sympathie pour lui, mais je n'aime pas voir un enfant manquer de respect à un adulte ou à un autre enfant.

— Beth, ne sois pas impolie, s'il te plaît, lui dis-je doucement.

— Je lui parlerai comme je veux! tonna-t-elle. Et il fera comme je dis, ou sinon…

Beth ne m'avait jamais parlé de cette manière et je la sanctionnerais un peu plus tard, mais pour l'heure j'attendis de voir comment Derek allait réagir. Au bout d'un moment, on entendit sa voix, faible et impuissante.

— S'il te plaît, ne sois pas dure avec moi, princesse. Tu sais à quel point je t'aime.

— Tu ne peux pas m'aimer si tu la laisses entrer, martela Beth. Est-ce qu'elle a encore une clé?

Derek demeura silencieux et j'eus le sentiment qu'il recouvrait le microphone pour parler sans être entendu. Lorsqu'il reprit la ligne, sa voix était mal assurée.

— Tu as blessé ton papa, affirma-t-il en tremblant.

— Tu le mérites. Pour l'avoir préférée à moi !

— Ce n'est pas ça, gémit Derek. Tu sais bien que ton papa t'aime plus que personne au monde.

— Ce n'est pas possible si elle est là.

Jessie m'avait donné la responsabilité de mettre un terme à la conversation téléphonique si cela était nécessaire. Il ne restait qu'une minute avant que le quart d'heure soit écoulé et je ne voyais aucun intérêt à ce que la conversation continue. Pour l'un comme pour l'autre.

— Beth, je pense qu'il est temps de dire au revoir à ton père, lui annonçai-je. Nous allons bientôt dîner.

L'espace d'un instant, je crus qu'elle allait se montrer impolie à mon égard, mais il n'en fut rien. Les yeux fixés sur le téléphone, elle dit calmement :

— Papa, je dois y aller maintenant.

— Oui, j'ai entendu, dit-il. Va dîner, princesse. Et essaie de ne pas être en colère contre moi. Je m'excuse. Je t'aime.

Le visage de Beth perdait de sa colère mais elle n'était pas prête pour autant à lâcher prise.

— Tu vas lui dire de partir ? demanda-t-elle.

— Oui, je lui dirai.

— Promis ?

— Oui, je le promets.

Je n'étais pas sûre que Derek tiendrait cette promesse mais il n'aurait jamais dû accepter d'être mis dans une telle position. C'était un adulte et, malgré les accusations portées contre lui et les enquêtes en cours, il avait le droit de voir qui il voulait. Beth avait beaucoup trop de pouvoir sur lui et cela la desservait. Ils se dirent au revoir du bout des lèvres. Je coupai la communication et regardai Beth d'un air grave. Elle savait qu'elle avait mal agi.

— Tu as perdu dix minutes de ton temps de télévision pour avoir été impolie envers moi, lui annonçai-je, tu peux soit aller dans ta chambre, soit m'aider à dresser la table.

— T'aider, choisit-elle sans hésiter car elle aimait ça.

Ce n'était pas vraiment une punition mais les choses étaient dites. Beth n'était qu'une enfant et elle devait apprendre les limites et le respect, pour son propre bien. Il ne se passa pas beaucoup de temps avant qu'elle regrette amèrement la manière dont elle avait parlé à son père.

— Est-ce que je peux retéléphoner à papa pour lui dire que je m'excuse? me demanda-t-elle, au bord des larmes.

— Je ne crois pas que cela soit possible, ma chérie. Jessie a dit: un seul appel de quinze minutes.

— Oh, mon Dieu. Peux-tu dire à Jessie de répéter à mon papa que je suis désolée et que je l'aime?

— Je le lui dirai. Mais ne t'inquiète pas. Je suis sûre qu'il le sait.

19

Le Dr Jones

Ce vendredi soir, nous nous mîmes à table sans John. J'attendais son arrivée à tout instant mais je ne savais jamais exactement à quelle heure il se montrerait. Cela dépendait de son éloignement et de la circulation. En général, il arrivait pour le dîner, parfois un peu avant. Ce jour-là, quand nous eûmes fini de manger, peu après 18 h 30, il n'y avait toujours pas de signe de lui. Je ne m'en préoccupai pas encore mais, la soirée avançant et ne le voyant toujours pas, l'inquiétude me gagna. Lorsqu'il fut l'heure pour Paula d'aller au lit, elle me demanda :

— Papa ne rentre pas ce week-end ?

Je lui répondis que si, qu'il avait juste dû être retardé. Je lui donnai son bain, puis lui lus une histoire, mais John n'arrivait toujours pas.

— Tu verras papa demain au réveil, lui dis-je pour la rassurer.

Mon anxiété grandit au fil de la soirée. De nos jours, si quelqu'un est en retard, on l'appelle sur son portable ou on lui envoie un message. À l'époque, leur usage n'était pas si courant et peu de gens en possédaient. Je rassurai Adrian en lui disant que son père avait été retardé. Il resta debout plus tard que d'habitude, dans l'espoir de le voir avant d'aller se coucher. Et à notre grand soulagement, John téléphona à 21 h 30 d'une station-service pour nous dire que le mauvais temps perturbait gravement la circulation et qu'il ne serait pas là avant au moins une heure et demie. Il dit rapidement bonsoir à Adrian et l'assura qu'il le verrait le lendemain matin. Rasséréné, celui-ci partit au lit.

Les trois enfants couchés, je m'assis dans le salon, Tosha sur les genoux, et regardai le journal télévisé de 22 heures. C'était la même litanie de catastrophes, suivie par le bulletin météo qui, lui, était beaucoup plus réconfortant. Le présentateur déclarait que les averses de neige fondue étaient passées et que la nuit serait claire. Tous les axes routiers étaient fluides. Je me dis que John allait arriver plus tôt qu'il n'avait prévu. Un peu après 23 heures, j'attendais toujours. Le téléphone sonna tout d'un coup et me fit sursauter. Je décrochai et fus surprise d'entendre la voix de John.

— Cathy? Tu es toujours debout? Je m'attendais à tomber sur le répondeur.

— Oui. Est-ce que tout va bien? Combien de kilomètres te reste-t-il?

— Trop, dit-il dans un profond soupir. J'ai décidé de jeter l'éponge pour ce soir. J'ai pris une chambre dans un motel. Je ferai le reste du trajet au petit matin.

— Ah. Combien te reste-t-il à faire? Je pensais que tu étais tout près.

— Non, et je suis épuisé. Je ne veux pas risquer de conduire davantage dans un tel état de fatigue. Je vais me reposer et on se voit tôt demain matin. Et si ce temps persiste, je repartirai dimanche après-midi.

— Oui, bien sûr. Sois prudent et à demain matin.

Évidemment, j'étais dépitée que John ne rentre pas ce soir. Mais il avait pris la décision la plus sage. Je mis Tosha dans son panier et rejoignis mon lit.

Le lendemain matin, j'expliquai aux enfants ce qui s'était passé et les assurai que John était en route. Lorsqu'il arriva, à 10 heures, nous terminions notre petit-déjeuner et les enfants se ruèrent sur lui.

— Je voulais que tu arrives hier, lança Adrian en l'enlaçant.

— Mais tu ne veux pas que ton papa ait un accident de voiture, n'est-ce pas? lui demanda John.

Bien sûr que non. Adrian était simplement déçu de ne pas avoir beaucoup de temps avec son père ce week-end.

Je préparai un petit-déjeuner chaud pour John car il n'avait bu qu'un café en quittant le motel. Pendant qu'il mangeait, nous échangeâmes les nouvelles de la semaine. Comme le présentateur météo l'avait prédit, le samedi fut ensoleillé. L'après-midi, nous partîmes nous promener dans la forêt du coin. Après avoir assisté à des réunions toute la semaine et un long trajet en voiture, John apprécia « de se dégourdir les jambes et de prendre un peu l'air frais ». On joua à cache-cache avec les enfants, nous dissimulant derrière les arbres. Puis, sur le chemin du retour, nous achetâmes des plats à emporter dans un restaurant chinois.

Dimanche matin, une autre belle journée nous attendait. La température était encore froide – nous n'étions que début mars – mais le ciel était dégagé et le chant des oiseaux suggérait l'arrivée du printemps. Adrian se mit à réfléchir à son anniversaire, qui tombait fin mars. Il annonça vouloir emmener des amis au bowling, ce que John et moi acceptâmes. Je dis à Adrian que je réserverais la salle de bowling à temps.

Paula, entendant parler d'anniversaire, demanda dans combien de temps était le sien. C'était une semaine après celui d'Adrian mais, à son âge, elle n'avait guère la notion du temps. Je lui montrai donc les pages du calendrier – vingt-cinq au total.

— C'est beaucoup de temps ! s'exclama-t-elle. Est-ce qu'on peut avancer mon anniversaire ?

Et tout le monde rit.

— Est-ce que je pourrai voir mon papa pour le mien ? demanda Beth, dont l'anniversaire n'était pas avant octobre.

— Je ne sais pas, répondis-je honnêtement. J'en saurai peut-être plus quand je verrai Jessie mardi.

Le temps s'étant amélioré, je présumai que John ne repartirait pas dimanche après-midi mais seulement lundi matin. Pourtant, à 17 heures, à ma grande surprise et à mon désappointement, il annonça qu'il devait partir bientôt.

— Je ne veux pas prendre le risque, dit-il. On ne peut pas se fier à la météo à cette époque de l'année.

C'était vrai. En Grande-Bretagne, le temps est changeant toute l'année mais tout particulièrement au printemps et à l'automne, quand la température peut monter ou chuter de dix degrés ou plus d'un jour à l'autre, passant du soleil au gel. Je m'inquiétais quand John était sur la route et je m'empressai donc d'accepter car il valait mieux « prévenir que guérir », comme il le disait. Je pris ses chemises propres, que j'avais repassées le matin-même, et préparai sa valise. Je gardai le sourire pendant que nous lui disions tous au revoir dans l'entrée. Adrian était particulièrement abattu. Une fois la voiture disparue à l'horizon, je refermai la porte pour faire face à trois visages ténébreux.

— Allons faire du pop-corn et regarder un film, proposai-je pour nous changer les idées.

Je n'avais pas encore cherché de baby-sitter pour s'occuper de Paula pendant que j'assisterais à la réunion de mardi, et pour aller éventuellement chercher Adrian et Beth à l'école au cas où je ne serais pas revenue à temps. Jessie m'avait prévenue que la réunion pourrait être longue et que je devais me libérer pour l'après-midi. Je pouvais demander à Kay mais j'hésitais un peu à la solliciter de nouveau. Même si elle était une excellente amie et que je savais que cela ne la dérangerait pas, je n'avais pas eu l'occasion de lui rendre la pareille pour son aide la fois précédente. Ce soir-là pourtant, alors que les enfants jouaient, je lui téléphonai.

— Quelle coïncidence ! s'exclama-t-elle en entendant ma voix. J'allais justement te téléphoner plus tard : j'ai besoin de te demander un service.

— Parfait, dis-je en riant. Je me sens beaucoup mieux ainsi car j'ai également besoin de ton aide. À toi d'abord.

Kay avait un rendez-vous chez le dentiste qui durerait trois heures, mercredi matin. Elle souhaitait me confier sa fille, Vicky.

— Oui, bien sûr, assurai-je. Avec plaisir.

— Je crains que le rendez-vous soit un peu matinal – 9 h 30, dit-elle. Est-ce que je peux te confier Vicky dans la cour de récréation ? Il me faut une demi-heure pour me rendre chez le dentiste.

— Aucun problème. Et ne te presse pas en rentrant. Je ferai déjeuner Vicky et elle peut rester ici pour jouer l'après-midi. Cela te donnera un peu de temps pour te remettre. Je peux te retrouver à l'école, à la fin des classes.

— Ce serait parfait. Merci. Je vais avoir une bouche douloureuse pendant quelque temps, mais cela vaudra le coup à long terme.

Je savais que Kay économisait depuis un certain temps pour une opération d'orthodontie visant à redresser ses dents de devant. Je me sentis moins coupable de solliciter son aide pour le mardi. Elle fut heureuse d'y répondre favorablement.

Lundi matin, l'école reprenait et le ciel était dégagé. Nous quittâmes donc la maison un peu plus tôt pour nous rendre à l'école à pied. Mon esprit était très occupé par la réunion du lendemain. J'imaginais toutes sortes de discussions et de résultats hypothétiques. Je m'attendais à être informée des derniers développements concernant Derek et des projets à long terme des services sociaux pour Beth. L'idée me traversa que si Beth ne pouvait plus vivre avec son père – ce qui me semblait devoir être le cas – et qu'elle n'avait aucun autre parent pour prendre soin d'elle, elle continuerait peut-être à rester chez nous. Évidemment, John, Adrian et Paula devraient donner leur assentiment. Mais il me semblait idiot de l'envoyer dans une autre famille d'accueil alors qu'elle avait commencé à s'habituer à nous. Je pensais soulever cette question lors de la réunion, si cela semblait approprié.

Lundi soir, j'expliquai aux enfants les arrangements pris pour le lendemain. Paula était ravie à l'idée de passer un autre après-midi de jeux avec Vicky. Adrian ne voyait pas d'inconvénient à être récupéré à l'école par Kay, et Beth me répéta plusieurs fois de dire à Jessie qu'elle aimait son papa et qu'elle était très triste d'avoir été impolie avec lui au téléphone.

— Assure-toi que Jessie sache que je ne serai pas impolie si je suis autorisée à lui parler de nouveau, dit-elle.

— Je lui dirai – ne t'inquiète pas.

Je me sentais triste pour elle.

Le lendemain, bien que la réunion fût à 13 heures, je me levai et m'habillai tôt. Je glissai dans mon sac à main les notes prises lors du contact téléphonique, afin de ne pas les oublier plus tard. Nous prîmes notre petit-déjeuner et j'emmenai Adrian et Beth en voiture à l'école avant de rentrer à la maison avec Paula. Le temps fila, ce qui tombait bien car Paula était surexcitée de retrouver Vicky et me demandait constamment s'il était l'heure d'y aller. À 12 h 20, je lui répondis enfin que l'heure était arrivée.

Après l'avoir déposée chez Kay, je poursuivis en direction des services sociaux. Je signai le cahier des visites à la réception et montai directement au premier étage, vers la salle 3. La porte était fermée et je pouvais entendre le son de voix à l'intérieur. Étant légèrement en avance, je supposai qu'il s'agissait d'une autre réunion qui n'était pas encore terminée. Je restai dans le couloir à attendre. Quelques minutes plus tard, il n'y avait aucun signe d'une fin de réunion. Sans pouvoir déchiffrer ce qui se disait, j'entendais la discussion à l'intérieur. L'heure du rendez-vous étant passée, je m'inquiétai d'un changement de salle à la dernière minute. J'allais retourner à la réception quand j'entendis une voix à l'intérieur qui était assurément celle de Jessie. Je frappai à la porte et une femme répondit : « Entrez ! » J'ouvris. Jessie était là, assise autour de la table avec trois autres personnes. Elle et Laura, sa directrice, me faisaient face tandis que deux hommes me tournaient le dos.

— Entrez et prenez un siège, me dit Jessie en me voyant hésiter.

— Désolée, je suis en retard : j'attendais dehors, m'excusai-je un peu troublée.

Je m'assis sur la chaise libre à côté de Jessie.

— Vous n'êtes pas en retard, reprit Laura. Nous avions demandé au Dr Jones et à Derek de nous rejoindre plus tôt.

Je regardai les deux hommes de l'autre côté de la table : c'étaient donc le Dr Jones, que je n'avais jamais vu, et Derek que je reconnus d'après les photographies. Confuse et embarrassée, je leur souris faiblement.

— Enchanté, dit le Dr Jones, d'une voix chaude et douce.

Grand, les cheveux blonds et les yeux bleus, il avait une petite quarantaine et s'avança par-dessus la table pour me tendre la main.

— Enchantée, répondis-je.

Derek me regarda brièvement et fit un petit signe de la tête, se sentant manifestement aussi mal à l'aise que moi. Il portait un costume, avec une chemise à col ouvert. Il paraissait plus âgé que sur les photos mais était aisément reconnaissable : des cheveux grisonnants et dégarnis, des yeux gris-bleu et des traits réguliers. Ses mains étaient posées sur la table et il jouait nerveusement avec ses doigts.

— Merci d'être venue, me dit Jessie. Le Dr Jones est le psychologue de Derek, ajouta-t-elle avant de se tourner vers ce dernier : Cathy est le parent d'accueil de Beth.

Il sourit.

— Laura dressera le procès-verbal de la réunion, me précisa-t-elle, même si cette entrevue restera informelle.

Laura et le Dr Jones avaient un carnet de notes ouvert devant eux et Laura écrivit quelque chose sur le sien. J'étais encore sous le choc d'être soudain en présence de Derek et je me demandais pourquoi lui et son psychologue étaient là. Je sentis mon cœur battre plus fort et mes joues s'empourprer.

— Nous avons la permission de Derek de partager certaines choses avec vous, déclara Jessie en se tournant légèrement dans ma direction, mais vous comprenez bien que ce qui se dit dans cette pièce ne sort pas d'ici, n'est-ce pas?

Je comprenais. La plupart des réunions auxquelles j'assistais au siège des services sociaux étaient confidentielles et je respectais évidemment cette clause.

— Je vais partager avec Cathy quelques informations d'ordre général avant de continuer, poursuivit Jessie.

Le Dr Jones et Laura opinèrent.

— Comme vous le savez, commença-t-elle en me regardant, Derek est sorti de l'hôpital la semaine dernière. Il est maintenant chez lui et se rétablit bien. Marianne, son amie de longue date, a emménagé chez lui pour l'aider jusqu'à ce qu'il soit complètement remis.

Derek acquiesça en continuant de regarder fixement la table.

— Nous venons d'apprendre que, lors de leur conversation téléphonique de vendredi dernier, il a révélé par inadvertance à Beth la présence de Marianne, continua Jessie, et que Beth est devenue très agitée et très en colère. C'est l'une des questions dont nous allons discuter ensemble, mais il me semblerait utile que vous nous disiez comment Beth se porte de manière générale et comment le contact téléphonique s'est déroulé, puisque je vous avais demandé de le surveiller, n'est-ce pas?

— Oui, effectivement, répondis-je en cherchant au fond de mon sac les notes que j'avais prises. Voulez-vous que je vous lise ce que j'ai écrit?

— Pensez-vous pouvoir procéder à cela plus tard? interrompit le Dr Jones. Je souhaiterais d'abord recueillir vos impressions sur Beth, en tant que parent d'accueil. Comment s'est-elle intégrée à votre vie de famille – ou pas. Et comment vous apparaît-elle en tant que personne. Je crois que vous êtes cinq, en comptant Beth, n'est-ce pas?

— Oui. J'ai deux enfants et un mari, John.

— Et quel est l'âge et le sexe des enfants?

— Adrian a six ans, bientôt sept. Et Paula a presque trois ans.

— Et votre mari soutient l'idée d'être une famille d'accueil? demanda-t-il en relevant les yeux de son carnet de notes.

— Oh oui, absolument. Bien qu'il doive travailler loin en ce moment et qu'il ne soit donc à la maison que le week-end.

— Bien, peut-être pouvez-vous nous décrire Beth et la façon dont elle se comporte avec vous et votre famille?

Il tenait son stylo prêt à écrire et je sentais les regards de Laura et de Jessie posés sur moi. Derek, lui, se concentrait toujours sur la table. Je ne savais pas trop ce que le Dr Jones attendait de moi mais je me lançai néanmoins.

— De manière générale, Beth est très chaleureuse et polie. Nous l'aimons tous. Elle paraît très mature pour son âge. Elle est très organisée et autonome. Elle peut cependant s'inquiéter de questions domestiques à un point que je n'attendrais pas d'un enfant de sept ans. Elle se met parfois en colère, mais c'est compréhensible. Elle se reprend vite et s'excuse. Elle s'est attachée à mes deux enfants et joue avec eux gentiment. À l'école, elle travaille bien. Elle mange et dort bien. Si l'on prend en considération tout ce qui s'est passé, je trouve que Beth s'en sort remarquablement bien. Son père lui manque et j'étais très peinée qu'elle soit impolie avec lui au téléphone. Elle m'a demandé de nombreuses fois de s'assurer que Jessie dise à son papa qu'elle est désolée et qu'elle l'aime.

Derek me regarda, le regard douloureux.

— Dites à Beth que ce n'est pas grave. Bien sûr que non. Je l'aime aussi.

Il y eut un silence pendant que le Dr Jones et Laura prenaient des notes. Le Dr Jones s'arrêta d'écrire le dernier et fixa son regard sur moi.

— Merci, Cathy. Cela nous aide beaucoup, mais quels sont les problèmes que vous avez rencontrés et les inquiétudes que vous avez exprimées auprès de Jessie?

Consciente de la présence de Derek, j'avais évité de dire des choses trop négatives. Et bien que le Dr Jones m'ait maintenant posé une question directe, je n'étais pas certaine de jusqu'où je devais aller. Il vit mon hésitation et déclara :

— Vous êtes consciente de notre inquiétude quant à un inceste?

Le mot me glaça.

20

Il est à moi !

— Je suis au courant de certaines de vos inquiétudes, répondis-je en fixant le Dr Jones, sans oser regarder Derek. Mais je ne connais pas le détail des enquêtes des services sociaux ni leurs conclusions.

Le Dr Jones se tourna vers Jessie et Laura et leur assura :

— Si nous devons travailler tous ensemble, alors Cathy doit en être pleinement partie prenante.

Laura murmura quelque chose à l'oreille de Jessie. Puis celle-ci demanda à Derek :

— Êtes-vous d'accord pour que Cathy sache le résultat de nos enquêtes ?

Derek opina sans lever les yeux.

— Alors, allez-y, dit Jessie au Dr Jones.

Le psychologue posa son stylo très exactement au milieu de son carnet de notes, puis me regarda dans les yeux.

— Beth est venue s'installer chez vous quand son père a été admis à l'hôpital. Je suis affilié à cet hôpital et le dossier de Derek m'a été confié. Derek n'allait pas bien et présentait les symptômes classiques de ce qu'on appelle généralement une dépression nerveuse. Il a été traité avec des médicaments et une thérapie. Au début, Derek a réalisé de rapides progrès et je pensais le laisser sortir au bout d'une quinzaine de jours. Mais un soir, après une visite de Jessie qui avait soulevé un certain nombre d'inquiétudes, il a rechuté et a dû être mis sous sédatif. Je n'étais pas de garde ce soir-là mais j'ai été informé de ce qui s'était passé. Peu de temps après, Beth a rendu sa première visite à son père à l'hôpital, accompagnée par Jessie. J'étais présent cet après-midi-là et Jessie m'a demandé d'observer leur relation, étant très inquiète de ce qu'elle voyait. Sur la base de mes observations et de celles de Jessie, combinées aux inquiétudes que vous, Marianne et l'institutrice de Beth aviez soulevées, il a été décidé de suspendre tout contact entre Beth et son père, afin de la protéger en attendant qu'une enquête soit menée.

Le Dr Jones inspira profondément et jeta un œil sur Derek, qui était maintenant penché en avant sur la table, la tête entre les mains, comme écrasé par le poids de ce qu'il entendait. Je détournai mon regard vers le Dr Jones, qui me demanda :

— Cathy, je suppose que vous ne connaissez pas ce que le terme « inceste symbolique » signifie ? La plupart des gens ne le savent pas.

— Je sais ce que signifie l'inceste, mais je ne suis pas sûre de savoir ce qu'est l'inceste symbolique.

— Je vais vous l'expliquer. Il existe de très bonnes raisons pour lesquelles pères et filles, mères et fils ne sont pas autorisés à avoir des relations sexuelles. Tout enfant né d'une telle liaison affaiblirait le patrimoine génétique. Ces relations mineraient la structure sociale et morale de la famille sur laquelle est fondée la société. Pour que les enfants s'épanouissent, ils doivent grandir dans une atmosphère où ils se sentent aimés et protégés par leurs parents et non en compétition avec eux. Parfois – et cela est plus fréquent que les gens le pensent – les frontières entre le parent et l'enfant deviennent floues, quand elles ne s'effondrent pas complètement. Le parent crée alors une relation avec l'enfant qui est inappropriée. Cela peut arriver pour un certain nombre de raisons, y compris un parent absent ou mort, une maladie mentale chez l'un des parents, un parent vulnérable, dans le besoin ou immature, qui se trouve incapable d'établir les limites et un soutien adéquats à son enfant. L'inceste symbolique existe dans les familles biparentales comme monoparentales. Pratiquement la moitié des cas d'inceste symbolique se transforment en inceste sexuel, où l'enfant est soit contraint à des rapports sexuels, soit violé.

Le Dr Jones marqua une pause et un étouffant silence s'installa. Personne ne bougeait. J'entendais mon cœur tambouriner dans ma poitrine. Puis il reprit, en me regardant :

— L'inceste symbolique peut être très difficile à repérer, y compris par des cliniciens. Vous et l'institutrice de Beth avez bien fait de partager vos inquiétudes. Souvent, dans de telles situations, un adulte proche de l'enfant sentira instinctivement que quelque chose ne va pas mais sera incapable d'identifier de quoi il s'agit. Ou alors il écarte ses soupçons, les considérant comme ridicules, et ignore les indices qu'il voit. Marianne, l'amie de longue date de Derek, savait que quelque chose n'allait pas mais elle n'a pu l'identifier. Elle est venue partager avec vous ses inquiétudes et vous avez eu raison de les communiquer à Jessie. Vos actes ont probablement sauvé Beth et ont changé le cours de son destin.

Je donnai un petit signe d'appréciation de la tête. Mais alors qu'on me donnait raison, je n'étais pas moins inquiète pour Beth. Au contraire, maintenant que j'en savais davantage, mon inquiétude grandissait.

— Il y a beaucoup de travail à accomplir pour que Derek et sa fille aient la moindre chance d'avoir une relation correcte de père-fille, poursuivit le Dr Jones à l'attention de tous. Ils vont devoir complètement changer leur rapport l'un avec l'autre et, pour cela, ils vont devoir transformer la perception qu'ils ont l'un de l'autre. J'ai l'espoir qu'une partie de cela peut être résolu grâce à la thérapie. Derek va continuer celle-ci à raison de deux séances par semaine. Cathy, cela pourrait aider si, à un certain moment, vous vous joigniez à nous pour une séance afin que vous puissiez mieux aider Beth. Je vais également inviter Marianne et Beth à un moment donné, mais cela est pour plus tard.

Il marqua une nouvelle pause.

— Beth doit être une petite fille très troublée.

— Elle l'est, dis-je sans hésitation. Mais jusqu'à aujourd'hui, je ne comprenais pas pourquoi.

— L'inceste symbolique est très troublant, reprit le Dr Jones. L'enfant ne comprend guère comment il doit se comporter en tant qu'enfant, dans sa relation avec un parent. Il bénéficie souvent d'un statut élevé. Il a un statut spécial : la petite princesse de papa. Mais cela a un prix. Si l'inceste symbolique prospère, il a un effet dévastateur sur l'enfant pour le restant de sa vie. Les enfants qui en sont victimes sont souvent incapables, dans leur vie d'adulte, de construire des relations sérieuses avec le sexe opposé, rêvant de leur père – ou, dans le cas des garçons, de leur mère. Ils s'isolent inévitablement, deviennent dépressifs et tombent dans la boisson ou les drogues pour y faire face. Ils développent souvent des tendances suicidaires. Une intervention précoce est cruciale pour sauver l'enfant.

Le Dr Jones s'arrêta puis ajouta :

— C'est un vaste sujet mais j'espère que cela vous aide à comprendre ?

— Oui, merci, assurai-je sur un ton grave.

Jessie et Laura acquiescèrent. Derek garda la tête baissée.

— Bien, dit le Dr Jones, maintenant, vous pouvez peut-être nous parler de la conversation téléphonique de vendredi dernier. Et nous en resterons là pour aujourd'hui. Je suis certain que Derek doit être épuisé et je sais que Laura et Jessie souhaitent vous parler après notre départ.

J'avais presque oublié l'existence du morceau de papier sur la table devant moi. Je le dépliai. Avec l'aide de ces notes, je partageai le détail de l'appel, dont l'accoutrement et le maquillage de Beth et le fait que j'avais dû mettre un terme à l'appel quand Derek avait mentionné Marianne et que Beth s'était mise en colère.

— Il restait une minute ou deux et je ne voyais pas en quoi il serait positif de prolonger l'appel, expliquai-je.

— En effet, appuya le Dr Jones tandis que Laura prenait des notes. C'était une bonne décision, ajouta-t-il. Je ne vais pas analyser cet appel sur le fond maintenant, mais il soulève deux importantes questions, que je traiterai en thérapie. Rapidement, Beth a mis du maquillage et s'est habillée ainsi pour apparaître plus âgée à cause du rôle d'adulte qu'elle a dû remplir dans sa relation avec son père. Elle n'est pas son enfant mais sa compagne et croit qu'elle doit se rendre attrayante sexuellement pour conserver l'amour de son père. Elle a pris le rôle laissé par sa mère quand celle-ci a quitté le couple alors que Beth était toute petite. Deuxièmement, et cela découle du premier point, la colère et l'hostilité de Beth envers Marianne sont dues au fait que Beth se voit comme la partenaire de son père. Ainsi, Marianne devient automatiquement une rivale – une menace –, quelqu'un que Beth doit écarter. Elle y est remarquablement parvenue quand Derek a essayé d'avoir une relation avec Marianne l'année dernière. Mais il nous faut être très clairs sur le fait que l'inceste – de tout type – n'est jamais, jamais la faute de l'enfant, même si l'enfant paraît aimer flirter avec le parent. L'enfant ne fait que répondre comme on le lui a appris et essaie de plaire au parent. Il peut répondre à d'autres hommes de la même manière. Bien, je crois que cela suffit pour aujourd'hui. J'irai plus loin sur ces questions dans le cadre de la thérapie.

— Merci, docteur Jones, dit Laura.

Le Dr Jones remercia d'un mouvement de tête, referma son carnet de notes et le rangea dans son attaché-case, avec son stylo. Il posa légèrement sa main sur l'épaule de Derek et lui dit gentiment :

— Je vous accompagne dehors.

Derek, qui n'avait pas prononcé un mot, releva lentement la tête de ses mains et se redressa. Son front était plissé par la douleur, mais la raison de celle-ci – le sentiment de culpabilité ou le regret d'avoir été débusqué – était impossible à deviner. Le Dr Jones se leva et, venant vers moi, me tendit la main.

— Ravi de vous connaître, déclara-t-il sur un ton charmant. J'espère vous revoir bientôt.

Je le remerciai. Puis il salua Laura et Jessie et quitta la pièce avec Derek.

Une fois la porte refermée, Jessie se laissa aller en arrière sur sa chaise et poussa un long soupir.

— Quel marathon…, souffla-t-elle.

Je la comprenais. Je ne les avais rejointes que depuis une heure et j'étais épuisée.

Laura resta aussi assise et silencieuse. Elle se tourna vers moi et m'interpella :

— Alors, qu'avez-vous pensé du Dr Jones?

— Il en connaît manifestement un rayon et ce qu'il a dit a beaucoup de sens, répondis-je.

— C'est un expert dans son domaine, déclara Laura. Nous avons de la chance de l'avoir. Mais Derek va devoir être réceptif à ce qu'on lui dit et prêt à opérer de très profonds changements s'il veut avoir une chance de retrouver la responsabilité de Beth.

— Y a-t-il une chance? demandai-je.

— Cela dépend. Derek sera évalué dans le cadre de la thérapie. Nous travaillerons en contact étroit avec le Dr Jones. Ses rapports seront cruciaux dans toute décision que nous prendrons sur le lieu où Beth vivra. Nous vous remercions d'accepter de participer à la thérapie.

— Je suis heureuse de pouvoir aider, dis-je sans savoir dans quoi je me laissais embarquer.

— Je dois bientôt partir, annonça Jessie. Avez-vous d'autres questions, Cathy?

Il y en avait une qui m'avait brûlé les lèvres mais que j'avais presque trop peur de poser, de crainte d'entendre la réponse.

— Savez-vous si Beth a été abusée sexuellement? demandai-je.

— À ce stade, nous ne le savons pas. Et il serait erroné de spéculer. Nous attendrons les résultats du rapport d'évaluation du Dr Jones, poursuivit Jessie.

— Pendant ce temps, dit Laura, Beth ne verra pas son père mais elle pourra lui téléphoner une fois par semaine. Je suggère que vous l'organisiez le vendredi, de façon qu'elle puisse bénéficier du week-end pour se rétablir si elle se trouve contrariée. Surveillez les communications, s'il vous plaît, et prenez des notes. Mettez fin à l'appel si vous entendez quoi que ce soit qui vous semble inapproprié ou si Beth perd son contrôle.

J'acquiesçai, avant de demander :

— Et que dis-je à Beth en rentrant ? Elle est anxieuse sur son avenir et demande déjà si elle verra son père pour son anniversaire, même si ce n'est qu'en octobre.

— Nous aurons pris une décision d'ici là, assura Laura.

— Je vais voir Beth et je lui expliquerai, enchaîna Jessie. Mais je ne peux pas venir avant la semaine prochaine. Pouvez-vous la rassurer en attendant que j'aie l'occasion de lui parler ?

— Oui.

J'étais devenue assez douée pour tranquiliser Beth sur la base d'un minimum d'informations.

— Dois-je lui dire que j'ai rencontré son père lors de la réunion ?

— Je ne vois pas ce qui l'empêcherait, répondit Jessie en tournant son regard vers Laura.

— Non, allez-y, appuya Laura. Cela ne peut pas faire de mal.

Mais je pense qu'aucune d'elles n'avait imaginé l'effet que cela aurait sur Beth.

J'arrivai dans la cour de récréation quelques minutes avant la fin des classes. Mon esprit était encore plein des paroles du Dr Jones. Cela faisait beaucoup de choses à digérer et je savais que Beth allait avoir besoin de beaucoup de soutien au cours des mois à venir. Je n'avais pas indiqué, à la réunion, que j'aimerais être considérée comme la famille d'accueil permanente de Beth dans l'éventualité où elle ne pourrait pas retourner chez elle. L'occasion ne s'était pas présentée mais je l'avais à l'esprit.

Paula m'aperçut et courut vers moi. Je la soulevai et la serrai fort dans mes bras, avec la vive conscience des horreurs que certains enfants ont à endurer. Puis, la reposant à terre, je me dirigeai vers Kay.

— Merci beaucoup, dis-je.

— Pas de problème, elle s'est bien amusée, n'est-ce pas ma chérie ? dit Kay, en regardant Paula, qui acquiesça vigoureusement.

Je confirmai à Kay que je la retrouverais dans la cour de l'école le lendemain matin, où je récupérerais Vicky pour la journée. Les filles étaient tout excitées de passer une nouvelle journée ensemble. Adrian sortit de classe le premier, se ruant vers moi pour m'annoncer la bonne nouvelle :

— Maman ! J'ai été sélectionné pour représenter l'école à la compétition départementale de natation ! cria-t-il avec fierté.

— Fantastique ! Bravo ! s'exclamai-je en lui donnant un baiser sur la joue, qu'il essuya immédiatement. Cela fait deux années de suite que tu es choisi !

J'étais encore en train de souligner sa performance quand Beth arriva.

— As-tu vu Jessie ? demanda-t-elle en me touchant le bras.

— Oui, répondis-je en me détournant d'Adrian pour lui parler. Je t'expliquerai dans la voiture.

— Tu lui as dit ce que je t'ai dit ? insista-t-elle.

— Oui, et je te raconterai tout dans une minute, quand nous serons dans la voiture.

Je craignais que Beth ne réagisse trop vivement, ou avec colère, quand je lui dirais avoir rencontré son père. Je souhaitais donc être loin de la cour de récréation, pour avoir un peu d'intimité et épargner à Adrian l'embarras d'une autre crise devant ses camarades.

Je me dirigeai vers le portail mais Beth me tira par la manche :

— Dis-moi maintenant. Je veux savoir tout de suite.

— Je te raconterai quand nous serons dans la voiture, répétai-je, plus fermement.

Beth comprit que je ne céderais pas à ses désirs. Une fois dans la voiture, les portes fermées, elle revint à la charge :

— As-tu dit à Jessie que je m'excusais et que je voulais téléphoner de nouveau à mon père ?

— Oui, je le lui ai dit, confirmai-je en me retournant. J'ai aussi pu le dire à ton père. Il était à la réunion. Je lui ai expliqué que tu étais désolée de la façon dont tu lui avais parlé.

Les yeux de Beth s'écarquillèrent.

— Quoi ? Tu as vu mon papa ?

— Oui, mon cœur. Il a dit que ce n'était pas grave que tu sois en colère contre lui et qu'il te pardonnait. Il m'a dit de te dire qu'il t'aime.

Je pensais que Beth allait fondre en larmes et je m'apprêtais à la consoler. Mais au contraire, elle fut envahie par la colère.

— Pourquoi n'ai-je pas eu le droit de venir à la réunion ? rugit-elle en donnant des coups de pied dans le siège de devant.

Adrian et Paula s'écartèrent.

— Ne tape pas dans le siège, Beth. La réunion était uniquement pour les adultes.

— C'est pas juste ! cria-t-elle. Tu ne devrais pas avoir le droit de voir mon papa si je n'en ai pas le droit. Il est à moi ! Tu ne peux pas l'avoir !

Sa réaction en disait long, à la lumière des propos du Dr Jones sur le fait que Beth voyait les autres femmes comme des menaces.

— Qu'est-ce que mon papa a dit d'autre ? demanda-t-elle.

— Rien. C'était tout.

— Je ne te crois pas ! s'enflamma-t-elle. Tu mens, comme Marianne mentait !

À nouveau, je pouvais désormais mieux comprendre le sens de ses propos.

— Jessie et la directrice étaient également présentes à la réunion, précisai-je. Maintenant, calme-toi. Je vais nous conduire jusqu'à la maison et je t'expliquerai un peu plus quand nous y serons.

— Tu as intérêt, lâcha-t-elle d'un ton féroce, croisant ses bras sur la poitrine.

— Ne sois pas grossière, s'il te plaît. Tu risques d'être privée de télévision.

Je souris à Adrian et Paula pour les rassurer et me retournai pour conduire et nous ramener à la maison. Une fois arrivée, j'installai Adrian et Paula dans le salon et emmenai Beth dans la pièce de devant. Là, je tirai deux chaises. Nous nous assîmes l'une en face de l'autre et je lui pris la main. Sa colère s'était évanouie et elle me regardait avec tristesse. Je lui dis que Jessie viendrait nous rendre visite la semaine prochaine pour lui donner de plus grandes explications et qu'elle serait autorisée à téléphoner à son père vendredi.

— Ça veut dire que je ne retournerai jamais chez moi ? questionna-t-elle, ses yeux se remplissant de larmes.

— Nous ne le savons pas encore, répondis-je. Ton papa va être examiné par un médecin régulièrement. Jessie te l'expliquera.

— Je crois que je ne vais pas retourner chez moi, assura-t-elle, une larme coulant sur sa joue. Papa aime Marianne maintenant. Il ne m'aime plus.

— Ton papa t'aime vraiment, déclarai-je, mais il doit opérer de profonds changements. Je sais que c'est difficile à comprendre.

J'espérais que cela deviendrait plus clair avec les explications de Jessie mais j'en doutais. Un enfant de sept ans n'a pas le vocabulaire ou la compréhension nécessaire pour saisir ce qu'impliquait une tentative d'explication de la part de Jessie.

— Cathy ? demanda Beth en se séchant les yeux. Si je ne peux pas rentrer chez moi et vivre avec mon papa, est-ce que je peux rester avec toi ? Je n'ai nulle part où aller.

Elle me brisait le cœur. Beth avait, tout comme moi, clairement réfléchi à son avenir à long terme, mais je ne pouvais pas lui donner de faux espoirs en répondant par un oui définitif. C'était aux services sociaux de décider où Beth vivrait.

— Je l'espère, dis-je en la prenant dans mes bras.

21

Le coup de téléphone

Le lendemain matin, comme prévu, je retrouvai Kay dans la cour de récréation. Vicky resterait avec moi pendant que Kay se rendrait à son rendez-vous chez le dentiste. Au son de la cloche, Oliver, Adrian et Beth s'alignèrent devant leurs salles de classe, prêts à reprendre leurs cours, tandis que je retournais à la maison avec Vicky et Paula. Les deux fillettes jouèrent gentiment ensemble toute la journée. Elles déjeunèrent sur la petite table pour enfants, utilisant des assiettes et des couverts pour poupées, ainsi que de la porcelaine, et trouvèrent cela très amusant. Plus tard, nous retrouvâmes Kay à la sortie de l'école, la bouche enflée. La grosse dose d'anesthésique qu'elle avait reçue commençait à se résorber et je grimaçai à la pensée de toutes ces injections.

— Dis-moi que ça en vaut la chandelle, me dit-elle, s'apitoyant un peu sur elle-même.

— Oui, répondis-je.

Jeudi, Adrian resta plus longtemps à l'école pour l'entraînement de natation. Les participants devaient s'entraîner chaque semaine jusqu'à la compétition. Je récupérai

Beth comme d'habitude et retournai à l'école une heure plus tard pour prendre Adrian. Il était content : il avait été choisi pour nager le relais quatre nages et le cinquante mètres nage libre. Il me tendit une lettre imprimée où figuraient la date, l'heure et le lieu de la compétition, avec une partie détachable permettant de demander le nombre de tickets désirés par la famille.

— C'est samedi, prévint Adrian, papa pourra venir.

— Parfait. On lui dira demain quand il rentrera à la maison afin qu'il l'inscrive sur son agenda.

Lorsque j'allai chercher Beth à la sortie de l'école le vendredi, elle ne fit aucune mention du contact téléphonique prévu avec son père. Elle n'en parla pas non plus une fois arrivée à la maison. Elle monta silencieusement se changer et réapparut une demi-heure plus tard, tout habillée, maquillée et sur ses talons aiguilles. Elle se dirigea d'un pas chancelant vers la cuisine pour prendre un verre d'eau. Elle manquait d'entrain et je me demandai si elle appréhendait de parler à son père.

— Tout va bien ? lui demandai-je en lui tendant son verre d'eau.

Elle fit oui de la tête et avala une gorgée.

— Nous allons téléphoner à ton père dans environ trente minutes, quand j'aurai mis le plat au four, dis-je.

— Je vais essayer de ne pas me mettre en colère contre lui, déclara-t-elle, l'air sombre. Mais ça me rend tellement folle de savoir que Marianne est là.

— Pourquoi ?

— Parce que Marianne est avec mon papa et pas moi, répondit-elle, le visage figé. Elle essaie de me le prendre.

— Je suis certaine que non, assurai-je. Je crois qu'elle essaie d'aider ton papa. Comme elle a voulu t'aider dans le passé.

Après avoir écouté le Dr Jones, les pensées que j'avais nourries à l'encontre de Marianne quant à sa volonté de défendre ses propres intérêts aux dépens de Beth s'étaient largement dissipées. Je pensais désormais qu'elle apportait un soutien à Derek et que toutes les menaces que Beth percevait en elle étaient dues à la relation faussée qu'elle avait avec son père.

— Mais Marianne l'aime, affirma Beth comme si c'était un crime. Et elle fera en sorte qu'il l'aime. Je sais qu'elle le fera.

— Beth, si ton papa aime Marianne, c'est parce qu'il le veut. Et cela ne signifie en aucune manière qu'il t'aime moins. L'amour d'un parent pour son enfant est très différent de son amour pour son compagnon ou sa compagne (ou devrait l'être, me dis-je silencieusement). Les parents montrent leur amour et leur affection de différentes façons.

Je fus tentée d'ajouter un mot sur la manière dont elle s'habillait pour parler à son père mais il me semblait en avoir dit assez pour aujourd'hui et devoir laisser Jessie et la thérapie du Dr Jones apporter de plus amples explications.

Une fois le plat mis au four, j'appelai Beth pour qu'elle vienne téléphoner dans l'entrée. Comme la semaine précédente, elle s'assit à côté de la table et me regarda composer le numéro de téléphone de Derek. Il répondit presque immédiatement, en disant calmement :

— Allô ?

— C'est Cathy. Beth est prête à vous parler.

— Merci.

Je pressai le bouton du haut-parleur, posai le combiné et allai m'installer sur la marche de l'escalier.

— Bonsoir, papa, commença Beth doucement.

Derek demanda à Beth comment elle allait et prit des nouvelles de l'école. L'appel n'avait duré qu'une minute et Beth était en train de lui dire ce qu'elle avait mangé pour dîner quand on entendit le bruit d'une clé dans la porte d'entrée.

— Qu'est-ce que c'est ? demanda Derek nerveusement.

— C'est John, le mari de Cathy, répondit Beth tout en continuant de parler à son père.

Je me levai, m'approchai de John, l'embrassai sur la joue.

— Elle est en train de parler à son père, murmurai-je. Je dois rester pour surveiller l'appel. Adrian et Paula sont dans le salon.

John acquiesça, posa sa valise et se rendit dans le salon, en fermant doucement la porte. Mais même à travers la porte fermée, je pouvais entendre les éclats de joie des enfants à la vue de leur père. Je souris. John était rentré tôt et nous avions tout le week-end devant nous.

La conversation de Beth avec son père me parut assez « normale ». Je remarquai que Derek ne demandait pas à Beth ce qu'elle portait comme habits, et le flirt sous-jacent des précédents appels qui me rendait si mal à l'aise avait disparu. Sa voix avait un timbre assez plat, il s'enquérait de ses cours, de ce qu'elle mangeait et des jeux auxquels elle jouait avec Adrian et Paula. J'ignorais ce qui provoquait ce changement chez Derek mais Beth répondit sagement à ses questions et demanda même sur un ton neutre :

— Papa, est-ce que Marianne est là ?

Il y eut un long silence, puis Derek dit :

— Oui, elle est là.

Je suis assez sûre qu'il s'attendait à une explosion de la part de Beth – c'était assurément mon cas – mais, au contraire, elle ajouta d'une petite voix, assez triste :

— Tu sais que je n'aime pas qu'elle soit là.

— Je le sais, répondit Derek, avant de changer de sujet.

À ma grande surprise, Beth tint sa promesse de ne pas se mettre en colère. Elle ne réagit pas. Le fait de lui avoir dit que Marianne voulait du bien à son père l'avait peut-être un peu aidée, je ne sais pas. Mais au bout du compte, ce fut une conversation téléphonique agréable, plus conforme à celle d'un père avec sa fille. Jessie ne m'avait pas indiqué la durée de l'appel mais Derek sembla présumer (ou avoir été informé) qu'elle était la même que la fois précédente : alors que le quart d'heure approchait, il commença à conclure leur conversation.

— Passe un bon week-end et sois gentille, dit-il. Et n'oublie pas de m'appeler vendredi prochain.

— Est-ce que je peux t'appeler avant? gémit Beth. C'est loin, vendredi.

— Nous devons faire comme on nous dit, répondit-il. Jessie et le Dr Jones ont décidé que, pour l'instant, tu pouvais appeler une fois par semaine.

— Est-ce que le Dr Jones est ton médecin?

— Oui, affirma Derek.

Ils se dirent au revoir et j'ajoutai un au revoir poli à l'attention de Derek avant de raccrocher.

— Bravo, dis-je à Beth, tu t'es très bien comportée.

Elle haussa légèrement les épaules, l'air boudeur.

— Papa ne m'a pas demandé ce que je portais. Je l'ai choisi spécialement pour lui.

— Mais il a pris du plaisir à te parler, ce qui est plus important.

— Je ne mettrai plus ma plus belle robe si ça ne l'intéresse pas, repartit-elle sur un ton maussade, avant de filer rejoindre Adrian, Paula et John dans le salon.

Je rangeai mes notes en sécurité dans un tiroir et les rejoignis. John était assis sur le sofa, Adrian et Paula de chaque côté de lui, écoutant ses histoires. Beth se mit à réaliser un puzzle et je pouvais voir qu'il regardait son accoutrement d'un œil bizarre. Je lui expliquerais plus tard.

— Tout le monde va bien ? demandai-je avec entrain.

— Oui ! répondirent-ils en chœur.

Je souris et regagnai la cuisine pour finir de préparer le dîner avant d'appeler tout le monde à table. John arriva le premier et déclara être impatient d'avoir un repas fait maison après avoir mangé dans des hôtels et des restaurants toute la semaine. Il était en pleine forme et anima l'essentiel de la discussion pendant le dîner. Il avait été soumis à une évaluation professionnelle et les commentaires de son directeur avaient été positifs.

— Tout ce travail et toutes ces nuits perdues ont valu le coup, déclara-t-il.

Je l'approuvai.

Adrian s'assura que son père notait les dates de sa fête au bowling, que j'avais maintenant organisée, ainsi que de sa compétition de natation.

— Je ne les manquerais pour rien au monde, garantit John en ébouriffant les cheveux d'Adrian.

— Mon anniversaire, enchaîna Paula, hé ben il est juste une semaine après celui d'Adrian.

— Oui, et je mettrai ça aussi sur mon agenda, confirma John.

Beth garda le silence sur son propre anniversaire. Je n'avais rien de réconfortant à ajouter car nous ne savions pas du tout où nous en serions en octobre. C'était l'un de ces moments où l'on réalisait l'énorme sentiment d'insécurité que toutes ces incertitudes font peser sur un enfant mis en placement – ne pas savoir où l'on habitera d'un mois à l'autre et ne jamais avoir son avis à donner sur ces déménagements.

Ce soir-là, quand les enfants furent au lit, John et moi discutâmes. Il me raconta plus en détail l'évaluation effectuée à son travail ; je lui narrai la réunion avec le Dr Jones. John fut surpris que j'aie rencontré Derek et plus encore par ce que j'y avais appris.

— Tu as toujours pensé qu'il y avait quelque chose de bizarre dans leur relation, dit-il en se référant à Derek et Beth. Je pensais qu'ils étaient simplement proches et s'aimaient beaucoup, ajouta-t-il.

— Ils s'aiment effectivement beaucoup, concédai-je, mais Derek lui montre cet amour et cette affection de manière inappropriée. Il considère Beth comme sa compagne plutôt que comme sa fille, raison pour laquelle elle voit Marianne comme une rivale au lieu d'une possible belle-mère.

Je poursuivis en expliquant pourquoi Beth s'habillait ainsi pour son père et lui rappelai de rester prudent dans son comportement, pour son bien comme pour celui de Beth.

— Beth ne sait pas comment se comporter avec une figure paternelle, précisai-je, il va donc falloir que tu mettes des limites, comme tu l'as déjà fait.

À l'instar de la plupart des hommes adultes, John savait instinctivement comment se comporter de manière appropriée avec les enfants, comme il en avait reçu l'exemple étant petit.

Pour un vendredi soir, notre discussion avait pris une tournure un peu lourde, mais je me sentis considérablement soulagée, après coup, de pouvoir partager ce fardeau avec John.

Notre samedi matin fut paresseux et, l'après-midi, nous allâmes dans une réserve animale, située dans une ancienne carrière inondée, à environ une demi-heure de route. Le temps était agréable et nous nous postions dans les zones boisées, aussi silencieusement que les enfants le pouvaient, pour observer les oiseaux, les canards et les oies se poser et s'envoler dans le marais. Nous connaissions le nom de certains oiseaux, mais pas de tous.

Sur la route du retour, nous nous arrêtâmes dans un café pour commander un grand brunch pour tout le monde. Le repas était si copieux que même Beth, qui avait bon appétit, eut du mal à finir. John et Adrian mangèrent la moitié de celui de Paula et une partie du mien. Mais nous trouvâmes tous une place pour le dessert, une glace recouverte d'un coulis de chocolat… La seule ombre de la journée fut lorsque, en revenant à la maison, John reçut le coup de fil d'un collègue de travail ayant une question urgente à débattre, qui ne pouvait attendre lundi. John dut organiser un rendez-vous avec cet homme dans un pub à mi-distance de leurs domiciles respectifs, à environ une heure de chez nous. Il partit vers 19 h 30, après avoir assuré aux enfants qu'il rentrerait tard ce soir-là, pendant qu'ils dormiraient.

Juste avant minuit, je le sentis se glisser dans le lit.

— Est-ce que tout va bien? marmonnai-je, à moitié endormie.

— Oui, c'est réglé, lança-t-il gaiement.

Le dimanche matin fut tout aussi paresseux, avant d'aller l'après-midi dans un parc de la région, munis de pain pour nourrir les canards. John ne devait pas repartir avant le lendemain matin à 8 heures. Nous avions donc tout le dimanche ensemble et il put même voir les enfants partir à l'école le lendemain.

Lundi après-midi, Jessie téléphona et annonça qu'elle viendrait rendre visite à Beth le mercredi après l'école. Elle demanda comment Beth allait depuis notre réunion et comment l'appel téléphonique de vendredi avec son père s'était déroulé. Je l'informai que le coup de téléphone s'était bien passé, même si Beth s'était encore habillée pour la circonstance et s'était montrée un peu grincheuse que son père ne lui ait pas demandé ce qu'elle portait.

— On dirait que Derek intègre ce que le Dr Jones lui dit, souligna Jessie sur un ton positif.

— Beth en est sortie un peu confuse, dis-je.

— C'est normal, parce que son père est en train de changer la façon dont il se comporte avec elle. J'essaierai de le lui expliquer quand je la verrai mais elle commencera un travail thérapeutique la semaine prochaine. Avez-vous de quoi écrire ?

— Oui, répondis-je en attrapant un stylo et un bloc-notes.

— J'ai prévu que Beth voie le Dr Weybridge, qui est une psychothérapeute pour enfants. Malheureusement, Beth va devoir manquer un peu l'école, mais c'est inévitable. La liste d'attente pour les rendez-vous après l'heure de la classe est très longue. Ce sera le mardi et le jeudi après-midi, à partir de la semaine prochaine. L'heure n'est pas encore confirmée. Le Dr Weybridge travaillera étroitement avec le Dr Jones. L'idée est que Beth voie le Dr Weybridge deux fois par semaine. Puis dans environ un mois, ils se joindront à Derek et au Dr Jones dans le cadre d'une thérapie familiale.

— Voulez-vous que j'informe l'enseignante de Beth?

— J'ai déjà parlé à Mlle Willow. Je lui ai dit que j'avais demandé un rendez-vous le plus tard possible dans l'après-midi, pour réduire au minimum le temps d'école perdu. Voilà, je vous vois mercredi, donc.

— Très bien, merci.

J'étais contente de voir les choses avancer et j'étais certaine que la thérapie aiderait Beth d'une autre manière que moi. Ce soir-là, avec étonnement et un léger embarras, je reçus un coup de téléphone de Marianne. Il était 21 h 30 et les enfants étaient couchés.

— Je passe juste à mon appartement pour récupérer quelques affaires, commença-t-elle, et j'ai pensé à vous donner un coup de fil.

— Ah bon, répondis-je avec hésitation, comment allez-vous?

La dernière fois qu'elle m'avait téléphoné, quand Derek était hospitalisé et que tout contact avec Beth était interrompu, elle s'était mise très en colère et avait raccroché.

— Derek ne sait pas que je vous appelle, alors, s'il vous plaît, ne lui dites pas. Je ne veux pas qu'il pense que je le surveille mais je me demandais si vous pourriez me dire comment s'est passé le coup de téléphone de vendredi dernier? De notre côté, cela a semblé bien se dérouler mais comment allait Beth?

C'était gentil de la part de Marianne de se montrer soucieuse de Beth, mais ce n'était pas mon rôle de lui en rendre compte. Jessie ou le Dr Jones lui confieraient ce qu'elle avait besoin de savoir. Mais je ne voulais pas non plus apparaître impolie.

— Je pense que ça s'est assez bien passé, affirmai-je.

— Est-ce aussi ce que vous avez dit à Jessie? demanda-t-elle, une pointe d'angoisse dans la voix.

— Je lui ai dressé un compte rendu honnête de l'appel, oui, répondis-je. Et Jessie était satisfaite?

Je comprenais que Marianne soit anxieuse. Les appels téléphoniques allaient constituer une partie de l'évaluation de Derek. Mais ce n'était pas à moi de donner ces détails ou de deviner les opinions de Jessie.

— Je lui ai dressé un compte rendu honnête, répétai-je. Il est sans doute préférable que vous vous adressiez à elle.

Marianne demeura silencieuse un moment, puis elle dit:

— Je me sens responsable, vous savez. Je savais que quelque chose n'allait pas et j'aurais dû intervenir. Mais c'était difficile – les deux étaient contre moi et je me sentais profondément blessée. Je ne savais ce qui était le mieux à faire.

— Je ne pense pas que vous devriez vous sentir responsable, déclarai-je.

— C'est ce que dit Jessie. Elle souligne qu'il est très difficile de déceler ce genre de choses, ce qui explique que de nombreux cas ne soient pas rapportés.

Je notai que Marianne était incapable d'utiliser le mot « inceste ».

— Est-ce que Beth me hait? demanda-t-elle.

— Elle est très perturbée, répondis-je avec diplomatie.

— Moi aussi, je le suis, affirma-t-elle. La semaine dernière, je me suis effondrée au travail et je me suis confiée à ma supérieure. Ça n'ira pas plus loin mais je savais qu'elle avait connu des problèmes comparables dans sa famille. Sa nièce était sortie avec un homme plus âgé, qui avait un enfant d'une précédente relation. La façon dont lui et sa fille se comportaient ensemble était pire que Derek et Beth. Sa nièce ne comprenait pas ce qui se passait et, finalement, elle avait mis fin à la relation. Elle était très contrariée mais on peut se demander ce qui est arrivé à l'enfant laissée derrière…

— En effet, oui, dis-je. Elle ne pouvait pas partir comme ça.

— Mais Derek ne faisait rien, vous savez.

Marianne entendit mon silence.

— Derek n'a pas abusé Beth sexuellement, reprit-elle. Je sais que la façon dont il se comportait avec elle était mauvaise mais cela n'a jamais atteint ce stade-là. Il ne l'a certainement jamais violée. Je l'ai dit à Jessie.

— C'est la meilleure personne à qui le dire.

Je me demandai comment Marianne pouvait en être si sûre. Elle n'avait pas été aussi affirmative, une autre fois : « Certains de leurs bisous et de leurs câlins pourraient être décrits comme sexuels », avait-elle déclaré quand elle avait apporté le maillot de bain de Beth.

— Est-ce que vous me croyez ? interrogea Marianne, la voix un peu plus forte.

— Je ne sais pas ce qui s'est passé entre Beth et son père. Je crois qu'il faut laisser cela au docteur Jones et à Jessie. C'est à eux de l'évaluer.

Il y eut un moment de silence, puis, la voix brisée, Marianne ajouta :

— Je suis désolée de vous avoir importunée.

Et elle raccrocha.

Je regrettais de ne pas avoir réussi à lui offrir toutes les assurances qu'elle cherchait. Mais je ne savais pas ce que j'aurais pu dire d'autre. Personne ne connaissait le résultat de l'évaluation et, comme Laura l'avait souligné, cela aurait été une erreur de spéculer.

Ce soir-là, je me couchai en pensant à Beth, à Marianne, à Derek, à la nièce de la supérieure de Marianne. J'étais enfin sur le point de sombrer dans le sommeil quand la sonnerie du téléphone me fit tressaillir. Je tendis le bras et saisis le combiné téléphonique sur la table de nuit.

— Allô?

— Est-ce que John est là? demanda une voix de femme.

— Non, il est au travail, répondis-je, l'esprit dans les vapes.

— Mais oui, bien sûr, suis-je bête. Désolée de vous avoir dérangée.

Et elle raccrocha.

J'oubliai cet appel jusqu'à ce que je sois contrainte, quelques mois plus tard, de beaucoup penser aux coups de téléphone à John et à ses nuits à l'extérieur.

22

La cerise sur le gâteau

Le soir suivant, un incident me fit réaliser que j'étais devenue un peu trop complaisante avec Beth. Lorsque j'accueille un enfant que je ne connais pas, je suis très vigilante. Pas seulement pour m'assurer que ses besoins sont satisfaits mais aussi pour que ma famille et lui-même soient en sécurité. Avec le temps, j'apprends à le connaître, il se sent plus rassuré et je commence à me détendre. Plus il reste, plus je suis détendue, jusqu'à ce que l'enfant fasse simplement partie de la famille et que je sache pouvoir lui faire confiance sans dire un mot. À moins, évidemment, qu'un événement ne m'alerte à nouveau.

Ayant mal dormi dans la nuit de lundi, je m'étais sentie fatiguée le lendemain et j'entendais me coucher assez tôt. J'avais dû l'indiquer aux enfants, dans une parole en l'air, et Beth m'avait sans doute entendue. Elle épia donc le moment propice pour agir. J'allai au lit un peu avant 22 heures et m'endormis rapidement. Heureusement, peu importe mon état de fatigue, j'ai le sommeil léger. Après des années à être aux aguets pour les enfants, j'ai tendance à me réveiller au moindre bruit. Il allait être 23 heures quand j'ouvris les yeux.

J'eus d'abord l'impression que l'un des enfants avait appelé ou que des chats se battaient dehors, ou encore qu'un renard jappait dans le jardin, ce qui arrivait assez souvent là où nous habitions. Je m'allongeai dans la faible lumière qui filtrait dans l'embrasure des rideaux depuis le réverbère de la rue et tendis l'oreille. Pendant quelques secondes, tout fut calme. Puis j'entendis un étrange tapotement qui semblait venir d'en bas.

John étant loin, il m'arrivait de me sentir parfois assez vulnérable, surtout quand il y avait des bruits suspects dans la nuit. Je ne me considère pas comme une personne peureuse mais l'une des raisons pour lesquelles je gardais un téléphone près du lit était de pouvoir appeler à l'aide si nécessaire. Pourtant, ce tapotement ne semblait pas être le bruit d'un voleur. Ou alors, celui-ci n'aurait pas été très discret. J'écoutai encore un peu, puis soulevai ma couette avec précaution et, le cœur commençant à battre plus vite, sortis du lit en chemise de nuit avant de traverser la chambre à pas de loup. Une fois dans le couloir, je sus avec certitude que le bruit provenait du rez-de-chaussée et je continuai d'avancer jusqu'à pouvoir voir l'entrée. Les veilleuses étaient allumées et j'aperçus Beth en pyjama, debout à côté du téléphone. Elle me tournait le dos mais je vis qu'elle tenait dans une main le combiné et tapait de l'autre main des numéros.

Ne voulant pas réveiller Adrian et Paula, je descendis jusqu'au milieu des escaliers avant de dire :

— Qu'est-ce que tu fais, Beth ?

Elle sursauta et, en se retournant, lâcha le téléphone.

— Rien ! répondit-elle avec un air coupable.

Je m'approchai encore, pris le combiné, qui émettait le bruit d'un appel, et le replaçai sur son support.

— À qui téléphonais-tu ?

— Personne, dit-elle en serrant un bout de papier contre sa poitrine.

— Beth, ma chérie, je ne suis pas idiote. Tu essayais de téléphoner à quelqu'un. Tu n'auras pas de problèmes mais je veux savoir qui et pourquoi.

— Une amie, dit-elle.

— Il est assez tard pour appeler une amie. Est-ce qu'elle ne sera pas au lit?

Beth me regarda et, réalisant peut-être qu'elle avait été prise et qu'elle devait passer aux aveux, elle poussa le bout de papier froissé vers moi. Je l'ouvris. Dans l'écriture enfantine de Beth figurait une série de chiffres, que je reconnus comme étant le numéro de Derek, avec l'indicatif de zone.

— Alors tu essayais d'appeler ton père, dis-je.

— Oui, mais il n'a pas répondu. J'ai essayé plusieurs fois, mais le répondeur est branché, comme ici. Alors, je ne lui ai pas parlé.

Tant mieux, pensai-je. J'imaginais le tableau : une enfant papotant avec son possible agresseur pendant que le parent d'accueil dormait.

— Pourquoi essayais-tu d'appeler ton père au milieu de la nuit? demandai-je.

Elle haussa les épaules.

Consciente que les portes des chambres d'Adrian et de Paula étaient entrouvertes et que nos voix pouvaient les réveiller, j'ordonnai à Beth de venir discuter avec moi dans la pièce de devant. J'allumai la lumière et refermai la porte derrière nous. Beth se tint debout au milieu de la pièce et me regarda avec un léger air de défi.

— Je voulais parler à mon papa, dit-elle.

— Mais nous lui avons téléphoné vendredi, comme Jessie nous l'a dit. À l'heure fixée, pas au milieu de la nuit.

— Mais je veux lui parler plus souvent.

— Je comprends cela. Et la meilleure chose à faire est d'expliquer à Jessie ce que tu ressens quand tu la verras demain. Comme tu le sais, je ne suis pas en position de décider si tu peux téléphoner ou non à ton père. Et nous ne pouvons pas décider par nous-mêmes de l'appeler quand on veut.

— Je n'aime pas que tu écoutes quand je lui parle! cria-t-elle.

— Je comprends aussi cela, assurai-je. Mais tout comme toi, je dois respecter ce que Jessie me demande de faire.

— Est-ce que mon papa doit aussi faire ce que dit Jessie?

— Oui.

— Pourquoi?

— Parce qu'il travaille avec Jessie pour son propre bien. Jessie te l'expliquera plus en détail demain mais tu ne peux pas décider de téléphoner à ton père à ta guise. Je pensais que tu dormais. Es-tu restée éveillée pendant tout ce temps, en attendant que je me couche?

Elle acquiesça.

— Eh bien, tu dois me promettre de ne plus recommencer, Beth. Dans la pénombre, tu aurais pu trébucher dans l'escalier.

— Je le promets, déclara-t-elle, d'un air boudeur.

— Bien. Comment as-tu obtenu le numéro de ton père? demandai-je en jetant un œil au petit bout de papier dans ma main.

— Quand nous avons téléphoné, j'ai regardé les numéros que tu pressais et je les ai écrits. Pas tous d'un coup – je n'arrivais pas à tous les mémoriser. Mais quelques-uns chaque fois.

Elle avait la palme de l'ingéniosité, pensai-je. Et je me décernai le bonnet d'âne pour l'avoir laissée me voir composer le numéro.

— Merci pour ton honnêteté, lui dis-je. Maintenant, au dodo et plus de promenades au milieu de la nuit.

Nous montâmes à l'étage et je la remis au lit. Dans les semaines qui suivirent, pour ne prendre aucun risque, je débranchais le téléphone de l'entrée avant d'aller me coucher et le rebranchais le matin. Les portes des pièces où se trouvaient d'autres téléphones en bas étaient fermées la nuit. Et bien entendu, si Beth essayait d'utiliser celui de ma chambre, je l'entendrais.

Le lendemain, une lettre arriva de la secrétaire du Dr Weybridge, confirmant les rendez-vous de Beth pour sa thérapie, le mardi et le jeudi à 14 heures, à partir de la semaine suivante. Chaque séance durerait une heure et se tiendrait dans l'aile des Papillons, une unité rattachée au bâtiment pour les enfants, dans l'hôpital de la région, le même où Derek avait séjourné. Dans l'enveloppe se trouvait un dépliant d'informations donnant les instructions pour se rendre à l'hôpital et une carte montrant où se situait l'unité et où se garer. Elle indiquait aussi qu'une salle d'attente pour les parents et les enfants existait. J'en conclus que Beth verrait le Dr Weybridge seule et que j'attendrais Beth avec Paula, même si je vérifierais cela par téléphone. L'heure des rendez-vous était favorable : Beth ne manquerait pas trop d'heures d'école et je devrais avoir le temps, à l'issue des séances, de récupérer Adrian, sans avoir à demander une nouvelle faveur à Kay.

Cet après-midi-là, Jessie vint nous rendre visite comme prévu, à 16 heures. Elle souhaitait parler à Beth seule dans un premier temps. Je lui préparai une tasse de café et les laissai dans le salon, la porte fermée, pendant qu'Adrian et Paula jouaient dans la cuisine et que je commençais à préparer le repas. Ce n'est que trois quarts d'heure plus tard que Beth émergea du salon et vint me chercher.

— Jessie dit que tu peux y aller maintenant, me prévint-elle. Moi, j'ai fini.

Elle semblait contente et, en deux petits sauts, elle partit jouer avec Adrian et Paula.

Jessie était assise sur le sofa, entourée de papiers, avec un carnet de notes et un stylo sur les genoux.

— Beth semble tout prendre très bien, dit-elle alors que je m'asseyais. Même si elle peut devenir très anxieuse à propos de son père.

— Oui, je la rassure comme je peux.

— Je lui ai promis qu'on s'occupait très bien de son père. Elle a demandé si Marianne était toujours à la maison et je lui ai dit la vérité : qu'elle demeure avec son père pour l'aider. Beth doit le savoir. Marianne ne va pas disparaître. Mais leur relation sera abordée dans le cadre de la thérapie. Beth m'a aussi dit qu'elle souhaitait appeler son père plus souvent. Je lui ai répondu que, pour l'instant, cela resterait une fois par semaine. J'ai appris qu'elle a essayé de l'appeler dans votre dos.

— C'était plus grave que ça, affirmai-je en lui racontant toute l'histoire.

Heureusement, Jessie n'en retint que l'aspect amusant.

— La petite dame ! rit-elle. Elle peut avoir une volonté de fer.

— Oui, même si elle accepte ma position après que je la lui ai expliquée.

Jessie m'interrogea sur l'appel téléphonique du vendredi précédent. Je lui en fis le résumé et elle prit des notes. Je lui montrai la lettre que j'avais reçue du Dr Weybridge confirmant les rendez-vous de Beth. Jessie nota les horaires.

— Il a été décidé qu'à partir de la semaine prochaine, Marianne se joindra à l'une des séances de thérapie de Derek, reprit-elle. Elle prendra sur son temps de travail pour y assister. Il faut admirer l'engagement de cette femme, quel que soit l'aboutissement de tout ça.

J'acquiesçai. Je savais que je devais informer Jessie du coup de téléphone de Marianne et je lui en donnai un bref compte rendu.

— Marianne est très angoissée, je lui parlerai, annonça Jessie.

Elle prit de nouvelles notes puis me regarda.

— Mais de façon générale, Beth est-elle heureuse ici avec vous ?

— Oui, je le crois.

— Bien. C'est ce que je pense aussi. Il y a quelque chose que je dois vous demander.

— Oui ? fis-je, m'interrogeant sur ce qui allait me tomber dessus.

— Lorsque l'évaluation sera achevée, dans quelques mois, s'il est décidé que Beth ne peut pas retourner chez elle vivre avec son père, sera-t-elle en mesure de rester ici avec vous et votre famille ?

Je souris.

— Je pensais vous poser la même question. Évidemment, je devrai en discuter avec mon mari et avec mes enfants, mais j'ai le sentiment qu'ils seraient heureux si Beth restait et je le serais aussi.

— Formidable. J'en suis ravie. Personne ne veut déplacer un enfant à moins que ce ne soit absolument nécessaire et Beth se sent tellement bien ici. Cela deviendrait un placement de longue durée, car Derek ne donnera jamais la permission que Beth soit adoptée.

— Je comprends.

Jessie partit peu après, en disant au revoir de loin aux enfants. Nous dînâmes puis je leur lus dans le salon un autre chapitre de *Matilda*, le livre de Roald Dahl que tous les trois adoraient. Le téléphone sonna. Je répondis et fus d'abord ravie d'entendre la voix de John.

— Bonsoir, comment vas-tu?

— Tout va bien, merci mon chéri. Et toi?

— Pas trop mal mais, malheureusement, je ne vais pas pouvoir rentrer ce week-end. Je n'y peux rien.

— Oh, non, pas même pour un jour? demandai-je, déçue.

— Impossible, j'en ai peur. Mais je serai là sans faute le week-end prochain pour l'anniversaire d'Adrian.

— Et le week-end suivant pour la fête de Paula? lui rappelai-je.

— Oui, bien sûr. Je n'ai pas oublié. C'est dans mon agenda, tout comme la compétition de natation d'Adrian. C'est uniquement ce week-end que ça tombe mal.

— Eh bien, ma foi, j'imagine qu'on n'y peut rien, dis-je en sachant que les enfants écoutaient et qu'il fallait rester positive. Et les semaines passent vite.

— C'est bien vrai, affirma John. Je peux dire un mot aux enfants?

— Oui, bien sûr.

Je passai le téléphone à Adrian, qui parla à son père de sa fête avant de donner le téléphone à Paula, qui parla de la sienne. Paula laissa le téléphone à Beth, qui dit qu'elle se réjouissait des deux fêtes, ce qui était gentil de sa part. Après quelques mots, elle rendit le téléphone à Adrian, qui papota à nouveau avec son père, puis Paula reprit l'appareil. Le téléphone fit ainsi le tour trois fois, au milieu de nombreux rires, avant qu'il me revienne pour que je dise au revoir. John avait annoncé qu'il ne rentrerait pas mais toute cette conversation sur les fêtes d'anniversaire et ces rires avaient atténué leur déception et ils ne se sentirent pas malheureux. Après avoir raccroché, je continuai de lire l'histoire de Matilda et de son pouvoir magique de faire bouger les objets par la simple pensée.

— J'aimerais bien avoir ce pouvoir, déclara Beth.

Et Adrian, Paula et moi-même dîmes en chœur :

— Moi aussi.

Vendredi matin, des pluies torrentielles s'abattirent et des vents soufflant en tempête se levèrent qui, annonçait-on, allaient continuer durant tout le week-end, rendant les conditions de circulation dangereuses. En un sens, j'étais soulagée que John n'ait pas à prendre la route. Vendredi soir, Beth se « déguisa » à nouveau pour téléphoner à son père mais la conversation fut bonne, comme le vendredi précédent, sans rien de fâcheux. Lorsque Beth décrivit à son père les habits qu'elle portait, il dit « Oh » et changea de sujet. Je remarquai que Beth ne lui raconta pas qu'elle avait essayé de l'appeler dans la soirée de mardi. Mais elle l'informa que Jessie était passée. Puis elle lui demanda s'il « coopérait » toujours.

— Qui t'a dit cela ? demanda Derek.

— Jessie. Elle a dit que tu coopérais avec les services sociaux. Est-ce que c'est bien, papa ?

— Oui, c'est bien. Cela veut dire que j'écoute ce qu'on me dit et que j'essaie de changer.

À cause de la pluie et du vent incessants, nous fûmes coincés à l'intérieur l'essentiel du week-end. Même Tosha ne sortit que pour ses besoins naturels et revint rapidement. Dimanche matin, les enfants avaient virtuellement épuisé tous les jeux de la maison et commençaient à se chamailler. J'organisai une préparation de gâteaux puis une séance de pâte à modeler qui dura environ une heure. Après le déjeuner, la pluie cessa enfin et nous enfilâmes tous nos manteaux et nos bottes pour une petite promenade dans l'aire de jeux de notre quartier. L'air était frais et faire de l'exercice était exactement ce dont nous avions besoin. De retour à la maison, les enfants avaient un bien meilleur moral et ils regardèrent un film pendant que je préparais le dîner. Celui-ci terminé, je lus à nouveau *Matilda*. Puis vint l'heure du bain et de la routine du coucher. Les semaines à venir allaient être bien occupées avec le début de la thérapie de Beth, les entraînements supplémentaires d'Adrian, le groupe des petits de Paula, les fêtes d'anniversaire et la compétition de natation. Notre agenda était rempli.

Mardi matin, en emmenant Adrian et Beth à l'école, j'allai à la réception et demandai à l'intendante si elle pouvait informer Mlle Willow que je prendrais Beth à 13 h 30. Jessie avait déjà prévenu l'institutrice de la thérapie de Beth mais ne lui avait pas donné les horaires. L'intendante dit qu'elle passerait le message et que je devrais attendre à la réception pour récupérer Beth. Jessie lui avait parlé de cette thérapie par le jeu. Beth savait donc un peu à quoi s'attendre. Mais elle ne lui avait pas précisé à quel hôpital cela se passerait et je n'avais pas pensé à l'indiquer non plus. Cet après-midi-là, en entrant en voiture dans le parking de l'hôpital, Beth s'écria avec angoisse :

— Je ne vais pas là !

— Pourquoi ? Quel est le problème ? questionnai-je.

— Ils ont pris mon papa !

— Ah bon ? s'inquiéta Paula, en se tournant avec compassion vers Beth. J'espère qu'ils ne vont pas me prendre mon papa.

Je me garai, coupai le moteur et me retournai pour faire face aux filles. Elles me regardaient avec inquiétude.

— Il s'agit d'un hôpital, dis-je. On guérit les gens ici, on ne prend pas les papas.

Je comprenais pourtant pourquoi Beth l'avait pensé.

— Beth, ton papa a résidé ici pendant un temps et tu lui as rendu visite. Puis les médecins l'ont suffisamment soigné pour qu'il rentre à la maison. Tu sais bien cela.

— Tu ne vas pas me laisser dormir ici, n'est-ce pas ? interrogea-t-elle.

— Non, bien sûr que non. Les gens viennent à l'hôpital pour un rendez-vous. Ils ne dorment pas tous ici. Ils rencontrent le médecin et ils rentrent chez eux. C'est ce que tu vas faire. Tu ne dormiras pas ici.

Paula regarda Beth.

— Alors ça va aller ? s'enquit-elle.

— Je suppose, répondit Beth. Tu n'as pas apporté mon pyjama, n'est-ce pas ? demanda-t-elle encore.

— Non, mon cœur. Tu vas voir le médecin pendant une heure et nous rentrerons toutes à la maison.

Cela montrait à quel point un enfant peut mal interpréter une situation qui semblait claire à un adulte. La seule fois où Beth s'était rendue dans un hôpital, c'était lorsqu'elle avait rendu visite à son père. À ses yeux, il avait bien été « emmené » loin d'elle.

Grâce au plan inséré dans la lettre de l'hôpital, nous trouvâmes facilement l'aile des Papillons. C'était un petit édifice récent rattaché par un couloir à l'extrémité du bâtiment pour les enfants. Je donnai le nom de Beth à la réceptionniste et elle nous indiqua la salle d'attente où se trouvaient des chaises confortables, des jouets et des livres. Toute l'unité paraissait très accueillante et adaptée aux enfants, les murs peints en bleu pastel ou couleur lilas, et décorés de frises aux couleurs vives avec des images d'animaux qu'on avait envie de caresser. Une femme attendait en lisant un magazine. Elle leva les yeux et sourit quand nous entrâmes. Je la saluai. Aucun enfant n'était présent. Je m'assis dans un des fauteuils tandis que Beth et Paula se dirigeaient vers une grande boîte de jouets, à l'autre bout de la pièce. Assises par terre, elles se mirent à sortir des jouets et à s'amuser. Juste avant 14 heures, j'entendis une porte s'ouvrir et se refermer, puis des pas dans le couloir, jusqu'à ce qu'une femme apparaisse, accompagnée d'un enfant du même âge que Beth.

— Au revoir, Clare, dit la doctoresse à l'enfant, qui courut en direction de la femme qui attendait.

— Merci, docteur, dit celle-ci. À la semaine prochaine.

Elle aida l'enfant à enfiler un manteau.

— Docteur Weybridge, déclara la femme médecin en se présentant à nous.

— Bonjour, je suis Cathy Glass et voici Beth et ma fille Paula.

Le Dr Weybridge salua les deux petites filles, qui lui sourirent timidement. Elle devait être au milieu de la quarantaine ; de taille moyenne, elle ne portait pas de blouse blanche mais une jupe en laine et un pull. Sa coiffure était plutôt négligée, suggérant qu'elle avait des choses plus importantes à l'esprit que sa coupe de cheveux. J'avais noté dans le courrier ses nombreuses qualifications, illustrées par les multiples lettres accolées à son nom.

— Beth sait-elle pourquoi elle est là ? me demanda-t-elle.

— Oui, son assistante sociale et moi-même le lui avons expliqué.

— Très bien. Dis au revoir à Cathy, indiqua-t-elle à Beth. Tu la retrouveras dans une heure.

— Au revoir, émit Beth sans hésiter.

— Au revoir mon cœur, à tout à l'heure, lui répondis-je.

Paula fit un petit signe de la main à Beth, qui suivit le Dr Weybridge dans le couloir. On entendit une porte s'ouvrir puis se refermer. Paula retourna jouer et je pris un magazine. Un peu plus tard, je lui lus quelques extraits de livres qui se trouvaient dans la caisse à jouets. Le temps passa rapidement et, au bout d'un peu moins d'une heure, une autre femme entra dans la salle d'attente avec un petit garçon. Nous échangeâmes des sourires et le garçon rejoignit Paula par terre, à côté de la caisse à jouets. Juste avant 15 heures, la porte dans le couloir s'ouvrit, on entendit des pas et le Dr Weybridge réapparut avec Beth. Celle-ci courut vers moi avec un grand sourire.

— Ça va, ma chérie ? m'enquis-je.

Elle fit oui de la tête.

— À jeudi, donc, nous dit le Dr Weybridge, avant de s'avancer vers l'autre femme, dont l'enfant entra à son tour.

Je m'étais demandé si je recevrais un retour d'information à l'issue de la séance, mais il n'en fut rien. Nous mîmes nos manteaux et partîmes.

— Tout s'est bien passé ? demandai-je à Beth en traversant le parking.

— Oui, je me suis bien amusée, dit-elle en sautillant.

Je ne posai aucune question à Beth sur ce qui s'était déroulé pendant la thérapie : c'était une affaire privée entre elle et le Dr Weybridge. Cette dernière écrirait un rapport qui ferait partie de l'évaluation. Avec un peu de chance, on me dirait ce que je devais savoir.

Mais Paula, à son âge, n'avait pas les mêmes réserves.

— Qu'est-ce que tu as fait avec la dame docteur ? demanda-t-elle en entrant dans la voiture.

— J'ai dessiné et fait du coloriage et nous avons joué à des jeux, expliqua Beth sans difficulté.

— Ça a l'air bien, commenta Paula. Est-ce que je peux venir avec toi la prochaine fois ?

— Non, répondit Beth. C'est seulement pour les enfants qui ont des problèmes. Toi, tu n'en as pas.

Paula accepta. Je trouvai la réponse de Beth plutôt mignonne même si je me demandais d'où l'idée lui était venue. Je ne lui avais pas dit qu'elle avait un problème. Peut-être l'avait-elle déduit ?

Nous passâmes prendre Adrian à l'école et rentrâmes à la maison. Plus tard, quand elle fut prête à aller se coucher, Beth me dit qu'elle aimait bien le Dr Weybridge. Je lui répondis que c'était très bien, mais je n'insistai pas. Beth pouvait me raconter ce qu'elle voulait sur sa thérapie, mais ce n'était pas à moi de la solliciter.

Le jeudi suivant, elle n'eut aucune réticence à se rendre à l'hôpital. Au contraire, le matin, elle nous dit qu'elle préférait jouer et dessiner avec le Dr Weybridge qu'aller en classe. Paula et moi la récupérâmes à l'école à 13 h 30 et suivîmes la même procédure. À l'issue de la séance, Beth déclara qu'elle s'était bien amusée et qu'elle avait discuté de beaucoup de choses avec le Dr Weybridge. Adrian étant à l'entraînement de natation, j'avais le temps de rentrer rapidement à la maison pour donner à boire aux filles avant d'aller le chercher. Adrian sortit en pleine forme : il avait remporté une course d'entraînement et lui et ses copains avaient beaucoup parlé de sa fête d'anniversaire. Dans les vestiaires, les taquineries avaient apparemment fusé à propos du meilleur joueur de bowling et de celui qui gagnerait, chacun s'annonçant vainqueur à l'avance.

Vendredi après-midi, l'excitation d'Adrian atteignit de nouveaux sommets quand, de retour de l'école, nous découvrîmes que John était déjà rentré. Il avait quitté le bureau après le déjeuner de manière à passer le plus de temps possible avec le « héros du jour ». Adrian était aux anges, comme nous tous. Ce soir-là, l'atmosphère à la maison fut si joyeuse que l'on aurait cru que la fête d'anniversaire avait déjà commencé.

Le jour exact de l'anniversaire d'Adrian était le dimanche, tout comme celui de la fête. La journée débuta par l'ouverture de ses cadeaux. Son visage s'illuminait à mesure qu'il retirait leurs emballages et nous remerciait. Nous déposions les cartes de vœux sur la cheminée du salon. Puis Adrian, John et les filles jouèrent à l'un des nouveaux jeux d'Adrian, pendant que je préparais un déjeuner léger. Ensuite, nous allâmes tous nous changer (Beth mit une nouvelle robe que je lui avais achetée). Et je glissai discrètement un gâteau dans une boîte que je mis dans le coffre de la voiture. Nous arrivâmes quinze minutes avant l'heure de la fête et, passé l'enregistrement à l'accueil, j'allai dissimuler le gâteau dans la petite salle de réception. Les amis d'Adrian commencèrent à arriver. Ils lui apportaient tous un cadeau. Il les remerciait et le mettait de côté. Il y avait tant d'activité qu'il les ouvrirait plus tard. Adrian avait invité dix copains mais au bruit qu'ils faisaient on aurait dit qu'ils étaient cent. Mes parents arrivèrent et, après avoir souhaité un joyeux anniversaire à Adrian, ils restèrent avec John et moi, tandis que les organisateurs – deux membres du personnel du centre – prenaient le relais.

La fête comprenait deux parties de bowling, un goûter et d'autres jeux. Tout le monde participa au bowling, y compris les adultes. Beth fit équipe avec Paula et l'aida, car même les boules les plus légères étaient lourdes pour elle. Fred, un copain de classe d'Adrian, remporta la compétition et nous célébrâmes sa victoire tous ensemble. Puis on nous dirigea dans la salle de réception qui était décorée avec des ballons et des serpentins et où le goûter était servi. Je pris des photos et quand l'heure du gâteau arriva je dis à Adrian de se cacher les yeux.

— On ne regarde pas à travers ses doigts, lui dis-je.

J'allai prendre le gâteau dans le placard où je l'avais dissimulé, disposai sept bougies dessus et le plaçai sur la table devant lui.

— Ouah ! s'exclama-t-il, impressionné. Merci, maman.

Je souris, heureuse qu'il apprécie le gâteau. John lui donna la boîte d'allumettes et le surveilla pendant qu'il allumait les bougies. Adrian fut évidemment très embarrassé quand nous chantâmes « Joyeux anniversaire », mais cela faisait partie de la fête et il en savoura chaque instant. Il souffla les bougies d'un seul coup et nous l'embarrassâmes un peu plus en chantant encore trois fois.

Les organisateurs avaient préparé des jeux pour les enfants. Ma mère et moi coupâmes le gâteau. À l'issue de la fête, quand les parents de ses copains vinrent récupérer leur enfant, nous les remerciâmes pour les cadeaux et Adrian donna à chacun de ses camarades un paquet contenant une tranche de gâteau, quelques bonbons, des gadgets et un petit présent. Mes parents rentrèrent avec nous à la maison pour une tasse de thé et pour voir Adrian ouvrir ses cadeaux et lire les cartes de ses copains. Ils partirent vers 20 heures. Adrian nous remercia en nous disant qu'il avait eu un merveilleux anniversaire et qu'il avait adoré le gâteau. Mais je savais que la vraie « cerise sur le gâteau » était d'avoir pu passer autant de temps avec son papa et que John n'ait pas eu à repartir avant le lundi matin.

23

Elle doit me détester

La fête d'anniversaire de Paula tombait le dimanche suivant, au début des vacances de Pâques. Sa fête fut différente, adaptée à sa tranche d'âge, mais elle en profita beaucoup. Nous l'organisâmes à la maison, avec ma famille, celle de Kay et celles de deux autres copines de Paula. Il y avait des jeux, un buffet et un gâteau d'anniversaire en forme de 3, couvert d'un glaçage rose et d'une décoration à la pipette. Cela faisait impression même s'il avait été facile à réaliser, grâce à un moule spécial.

Le jour exact de l'anniversaire de Paula était le lundi. Elle ouvrit donc les cadeaux de ses copines le jour de la fête et je gardai les cadeaux de la famille pour le lendemain. Comme d'habitude, je pris de nombreuses photos que je lui montrerais le week-end suivant.

Le groupe des tout-petits de Paula était suspendu pour deux semaines, mais la thérapie de Beth continuait, ainsi que les appels téléphoniques à son père, tous les vendredis. Libérés de la routine scolaire, nous nous détendions, les enfants jouaient à la maison, sauf lorsque j'organisais des balades au parc du coin ou au terrain de jeux, où nous retrouvions d'autres amis et leurs enfants. Pour le Vendredi saint et le lundi de Pâques, John était en congé et nous en profitâmes pour passer des journées au zoo ou dans une forêt dotée d'un centre d'activités en plein air. Avec deux semaines à quatre jours ouvrés, l'absence de John se fit moins sentir.

C'est le vendredi suivant, à Pâques, au cours de la troisième semaine d'avril, juste avant la reprise des cours pour le dernier trimestre, qu'un événement intéressant se produisit. Il était 17 heures, l'heure du contact téléphonique de Beth, et je l'appelai pour qu'elle me rejoigne dans l'entrée. Comme toujours, Beth vint tout de suite et s'assit près de la petite table pendant que je composais le numéro et branchais le haut-parleur. J'aurais pu la laisser composer le numéro mais je souhaitais maintenir le principe que j'étais en charge de l'appel, au cas où elle aurait encore l'idée de venir la nuit téléphoner en douce à son père ou à n'importe qui. Nous laissâmes le téléphone sonner avant que celui-ci ne décroche et j'allai m'asseoir sur la marche d'escalier, avec mon carnet de notes et mon stylo. Ce n'est qu'à cet instant, en regardant Beth, que je m'avisai qu'elle ne s'était pas attifée et pomponnée pour parler à son père. Elle avait conservé les mêmes habits que ceux qu'elle avait portés dans la journée, une robe d'hiver que je lui avais achetée. Pas de ces ridicules talons aiguilles, bas résille, maquillage et vernis à ongles.

J'ignorais le sens de tout ça mais le notai et suivis la conversation avec la plus grande discrétion possible. Je n'aimais pas à avoir à écouter et à prendre en note leurs échanges. C'était assez inquisiteur. Mais je comprenais que, parfois, cela peut être essentiel au bien-être de l'enfant. On demande souvent aux parents d'accueil de surveiller les appels téléphoniques. Beth raconta à son père ce qu'elle avait accompli pendant les vacances de Pâques, y compris la fête d'anniversaire de Paula qui avait eu lieu après leur dernier contact. Derek resta silencieux et quand Beth eut fini, il dit :

— Tu as de nombreuses fêtes chez Cathy.

— Pas vraiment, répliqua-t-elle. C'est juste parce que les anniversaires d'Adrian et de Paula sont très rapprochés.

C'était exact. Puis elle ajouta :

— Papa, est-ce que je peux avoir une fête quand ce sera mon anniversaire ?

J'attendis la réponse de Derek. Beth aussi. Dans la mesure où elle n'avait jamais été autorisée à jouer avec d'autres enfants en dehors de l'école et encore moins à les recevoir chez elle pour un goûter, je pensais qu'une fête serait hautement improbable, quand bien même il serait décidé de laisser Beth retourner chez elle, ce qui était une autre faible probabilité.

— Nous devons attendre et voir comment les choses se passent, dit-il finalement. Rien n'est encore décidé.

— Mais si je reviens à la maison, est-ce que je peux avoir une fête d'anniversaire ? insista-t-elle. Et inviter plein d'amis de l'école ?

Un autre silence suivit avant que Derek ne dise :

— Je ne sais pas.

— Pourquoi tu ne sais pas, papa ?

L'insistance de Beth se reflétait dans le ton de sa voix et je savais qu'elle le défiait.

— Parce qu'octobre est encore bien loin, répondit Derek, et nous ne savons pas ce qui va se passer d'ici là.

Il ne pouvait effectivement pas en dire davantage, la décision sur l'avenir de Beth n'étant pas acquise. Mais Beth avait une réponse toute prête.

— Si je suis encore chez Cathy, elle m'organisera une grande fête. J'inviterai tous mes amis et nous nous amuserons beaucoup.

Son visage s'était figé. Ses paroles visaient à blesser son père. La ligne devint silencieuse et je me sentis presque désolée pour Derek.

— Beth, ce n'est pas gentil de dire ça, lui indiquai-je doucement. Ton père t'a dit qu'il n'était pas encore en mesure de prendre une décision pour ton anniversaire.

Il n'était pas bon pour Beth qu'elle grandisse en croyant qu'elle pouvait faire chanter ou manipuler les adultes selon ses désirs.

— Ce que dit Cathy est juste, reprit Derek calmement.

Mais Beth n'en avait pas fini avec lui.

— Je ne porte pas l'une de tes jolies robes, dit-elle sur un même ton de défi. Et je n'ai mis aucun maquillage, ni vernis à ongles, ni collants noirs, ni talons hauts.

Je la regardai à nouveau, écrivant et écoutant en même temps. Derek marqua une nouvelle pause avant d'ajouter :

— Ce n'est pas grave, princesse.

Étant donné son enthousiasme passé pour les robes de Beth, sa réponse la surprit autant que moi.

— Mais tu aimes que je porte ces choses-là, rétorqua-t-elle, manifestement prise de court par la réaction de son père, ou son manque de réaction. Je ne les mettrai plus jamais. Je vais même les jeter.

Il y eut une autre pause.

— Y a-t-il une raison à cela ? demanda Derek.

— Oui ! Parce que je ne suis plus ta princesse. Je suis une fille normale et les filles normales ne portent pas de maquillage ni de collants noirs. Mes amies n'en portent pas.

— Je vois, émit-il.

— Les mères de mes amies ne les laisseraient pas porter de tels trucs, continua Beth, de plus en plus en colère. Et si j'avais une mère, elle me l'interdirait. Cathy ne me laisse pas porter tes robes ou du maquillage. Je m'habille avec des habits pour enfants. Cathy sait comment je dois m'habiller.

Tout cela était vrai mais je n'avais aucune idée d'où elle sortait ces arguments ni de ce qui avait provoqué cette attaque contre son père, qui visait clairement à lui faire du mal. J'attendis la réponse de Derek.

— Je sais que tu es en colère contre moi, dit-il, et je peux comprendre pourquoi. Tu as raison. Tu n'es qu'une petite fille et je ne t'ai pas traitée comme telle. J'essaie d'apprendre à te considérer comme une enfant, mais ce n'est pas facile et ça me demande du temps.

Le sens de ces paroles n'échappa pas à Beth.

— Est-ce pour que je puisse revenir à la maison ? demanda-t-elle, me brisant le cœur.

— Oui, assura Derek.

Tous les deux devinrent silencieux. Puis j'entendis Derek prendre une profonde respiration avant de dire, la voix tremblante :

— Il faut que j'y aille maintenant, mon lapin. Sois sage et n'oublie pas de m'appeler vendredi prochain, s'il te plaît.

Ils ne parlaient pourtant pas depuis longtemps et Beth ne répliqua pas.

— Dis au revoir à ton père, la pressai-je.

— Au revoir, papa, dit-elle d'une petite voix.

— Au revoir, ma chérie, fit Derek. Au revoir, Cathy.

— Au revoir, Derek, répondis-je en m'approchant du téléphone. Nous rappellerons à la même heure la semaine prochaine.

Il me remercia et alors que j'allais appuyer sur le bouton du haut-parleur, Beth cria :

— Je suis vraiment ta princesse, papa !

Derek garda le silence. Je raccrochai.

Beth me regarda anxieusement. Elle n'avait pas obtenu les réponses qu'elle attendait de son père.

— Pourquoi est-ce que je ne peux plus être la petite princesse de mon papa ? demanda-t-elle, confuse.

— Je crois que c'est parce que ton père doit apprendre à se comporter avec toi et à te parler différemment, argumentai-je. Tu pourras peut-être demander au Dr Weybridge quand tu la reverras. Je suis certaine qu'elle pourra mieux l'expliquer que moi.

— Oui, je lui demanderai, dit Beth rapidement, prête à mettre derrière elle l'appel téléphonique et toutes ces questions qu'il avait soulevées.

Elle partit jouer avec Adrian et Paula. Je comprenais que tout cela puisse être une telle source de confusion pour elle. Je luttais pour mettre de côté mes sentiments négatifs à l'égard de Derek et pour rester neutre durant la période d'évaluation. Je terminai de prendre mes notes et les rangeai dans le tiroir.

John n'étant pas arrivé, nous dînâmes à 18 heures et je conservai sa part au chaud dans le four. Il arriva comme nous venions de terminer notre repas et, après avoir embrassé tous les enfants, il mangea son dîner sur un plateau, dans le salon. Il me parut plus silencieux que d'habitude mais quand je lui demandai si tout allait bien, il me répondit qu'il était épuisé et qu'il avait besoin de se coucher tôt.

Au cours du week-end, la température se réchauffa brutalement, comme cela arrive souvent en Angleterre. Elle augmenta de dix degrés jusqu'à atteindre vingt-cinq degrés et le soleil brillait au milieu d'un grand ciel bleu.

John se dit désireux d'un week-end de détente après une semaine de travail très chargée. Nous passâmes donc l'essentiel du temps dans le jardin. Je jardinai un peu pendant qu'il se reposait sur une chaise longue en lisant le journal. Les enfants ne se plaignirent pas qu'il ne joue pas beaucoup avec eux : il leur suffisait, comme à moi, qu'il soit là. Dimanche soir, quand il fut l'heure pour lui de partir, il dit qu'il se sentait nettement mieux et que ce repos lui avait procuré le plus grand bien.

Lundi, Jessie téléphona. Elle s'enquit des enfants et de leurs vacances de Pâques, puis demanda comment se déroulait la thérapie de Beth.

— Cela semble bien se passer, répondis-je, même si Beth ne raconte pas grand-chose et que je ne la force surtout pas.

— Mais est-elle contente d'y aller ? Et n'est-elle pas contrariée après la séance ?

— Non, elle va bien. Elle dit qu'elle préfère aller là-bas qu'à l'école.

Jessie rit.

— Et le contact téléphonique, comment cela se passe-t-il ?

— Très bien. Donnez-moi une minute que j'aille chercher mes notes.

Je récupérai mon carnet tout en jetant un coup d'œil sur Paula. Elle dessinait. Laissant la porte ouverte pour pouvoir l'entendre, je m'assis sur le sofa et fis un résumé des appels depuis la dernière fois que nous nous étions parlé, en terminant par le plus récent.

— C'est très intéressant, déclara Jessie, on dirait que la thérapie produit son effet sur chacun d'entre eux. Pourriez-vous photocopier vos notes, s'il vous plaît, et m'envoyer un jeu par la poste ?

— Oui, bien sûr.

— Merci. Le thérapeute de Derek, le Dr Jones, souhaite que vous assistiez à la séance de vendredi, à 10 heures. Cela aura lieu à l'hôpital où vous emmenez Beth, mais dans une autre aile, au pavillon de la Chancellerie.

— Est-ce que Derek sera là ? demandai-je après avoir noté le lieu.

— Oui, c'est à sa thérapie que vous participerez.

— Ah, je comprends, dis-je en ayant l'impression d'être un peu bouchée (mais je n'avais jamais pris part à rien de ce genre). Merci.

Cet après-midi-là, j'emmenai Paula au groupe des tout-petits et de leurs mamans. Plus tard, dans la cour de l'école, je demandai à Kay si elle pouvait s'occuper de Paula le vendredi matin. Elle était ravie de le faire car elle avait un certain nombre de rendez-vous dentaires en vue pour lesquels elle me demanderait de l'aide. Kay ne me questionna pas, présumant qu'il s'agissait d'une réunion en lien avec le placement, ce qui était le cas, d'une certaine manière. La semaine fila. Mais je mentirais si je disais que je n'étais pas pleine d'appréhension au sujet de la séance de thérapie. N'ayant aucune idée de ce à quoi m'attendre, j'imaginais toutes sortes de scénarios bizarres et merveilleux, comme le Dr Jones découvrant mes pensées, sentiments et phobies les plus intimes d'un simple regard. J'avais également quelques réserves quant à ce que je pouvais vraiment apporter et en quoi ma contribution pouvait aider Derek. Je ne l'avais rencontré qu'une fois et il ne s'était guère exprimé. Nos contacts téléphoniques se résumaient à « Bonjour » et « Au revoir ».

Le jeudi soir, mon angoisse augmenta mais pour une autre raison. Tard dans la soirée, quand les enfants étaient couchés, John téléphona pour dire qu'il rentrerait le samedi matin et non le vendredi soir. D'habitude, cela ne m'aurait pas causé trop de tourment (c'était déjà arrivé). Mais ce samedi-là se tenait la compétition départementale de natation pour laquelle Adrian s'était entraîné si dur. Elle ne commençait pas avant 13 h 30, mais les participants devaient arriver à 12 h 45. Je fus tout de suite inquiète que John n'arrive pas à temps.

— Tu sais que nous devons quitter la maison à 12 h 15, lui dis-je.

— Oui, je sais. Je serai là bien avant.

Je n'étais pas rassurée. Le lendemain matin, je dis à Adrian que son père quitterait son hôtel très tôt le samedi matin. Lui aussi était inquiet.

— Imagine qu'il y ait beaucoup de circulation, ou un accident sur l'autoroute ? dit-il, se souvenant que de tels incidents avaient retardé John d'autres fois. Qu'est-ce qui se passera ?

— Ne t'inquiète pas. Au pire, ton père nous retrouvera à la piscine. Je te promets que nous ne serons pas en retard et qu'il ne ratera pas la course.

Je trouvais dommage qu'Adrian ait maintenant à s'inquiéter de l'arrivée de son père alors qu'il aurait dû se concentrer sur la compétition et l'attendre avec impatience.

Kay me proposa de lui laisser Paula le matin, à la rentrée des classes, plutôt que de retourner chez moi et de repartir quinze minutes plus tard. J'arrivai donc à l'hôpital en avance, en ayant le temps de prendre un café à la machine qui se trouvait dans l'entrée. J'allai dehors pour le boire. Le principal édifice était ancien, très différent des nouvelles extensions où l'aile des Papillons se situait. Beaucoup de salles étaient baptisées du nom de lieux ou de personnages historiques – salle Trafalgar, salle Henri VIII, salle Waterloo, salle Shakespeare. Comme elles étaient clairement indiquées, je trouvai facilement le pavillon de la Chancellerie. Je poussai les portes à double battant et entrai dans un petit espace d'accueil où une femme était assise derrière un bureau.

— Cathy Glass, me présentai-je. Je suis ici pour voir le Dr Jones, à 10 heures.

— Asseyez-vous là-bas, s'il vous plaît, me dit-elle en pointant une zone d'attente non cloisonnée. Le Dr Jones sera à vous dans un instant.

Je la remerciai et allai m'asseoir sur l'une des chaises en fer. J'étais seule, avec cinq minutes d'avance. Je me demandai si Derek allait arriver et venir s'asseoir ici, ce qui serait embarrassant. Je n'avais aucune idée de ce que nous pourrions nous dire. L'aire d'attente était austère et pauvrement décorée, comparée à l'aile des Papillons. Derek ne se montra pas mais, à 10 heures précises, le Dr Jones surgit du coin de la pièce.

— Bonjour, Cathy, merci beaucoup d'être venue, dit-il en me serrant la main. Nous sommes là, ajouta-t-il en se dirigeant vers l'endroit d'où il venait.

Je le suivis jusque dans une petite salle. Derek était là, assis sur l'une des trois chaises rangées en cercle au milieu de la pièce. À mon entrée, il se leva et me tendit la main. Il paraissait nerveux et je sentis sa main trembler dans la mienne.

— Merci de vous joindre à nous, reprit le Dr Jones.

— Oui, merci, répéta Derek.

Je lui souris brièvement. Il était élégamment habillé, avec un pantalon bleu marine et une chemise au col ouvert. Son front brillait légèrement mais la pièce était très chaude.

Le Dr Jones prit son carnet de notes et son stylo sous sa chaise et les posa sur ses genoux.

— Comme vous le savez peut-être, commença-t-il en me regardant, Derek me consulte depuis plusieurs semaines et Marianne, sa compagne, s'est jointe à nous pour quelques séances. Il est prévu que Derek et moi retrouvions le Dr Weybridge et Beth à un moment donné. Lorsque nous nous sommes rencontrés, Jessie et Laura étaient présentes et j'ai expliqué le cadre dans lequel j'allais travailler avec Derek – celui de l'inceste symbolique. Derek et moi avons abordé un certain nombre de points à cet égard et nous avons désormais atteint un stade où nous pensons que votre contribution pourrait nous être utile.

J'acquiesçai, n'ayant toujours aucune idée de ce en quoi je pourrais être utile. Le médecin reprit :

— Récemment, Derek et moi avons étudié les changements qu'il devrait opérer dans la manière dont il se comporte avec Beth, et les attentes qu'il a envers elle. Je pense qu'un bon point de départ serait la façon dont Derek habillait Beth, puisqu'il me dit que cela a surgi dans leur conversation téléphonique de vendredi dernier.

— Oui, je suis désolée, dis-je en regardant brièvement Derek, Beth n'aurait pas dû vous parler ainsi.

— Elle était en colère contre moi, dit-il pour justifier les propos de Beth.

— Ce contact téléphonique soulève des points intéressants, poursuivit le Dr Jones. Mais j'aimerais rester, pour l'instant, sur la façon dont Derek habille Beth. Cathy, pouvez-vous nous donner votre avis, s'il vous plaît ?

Je fis un mouvement sur ma chaise.

— Beth est arrivée avec beaucoup d'habits, commençai-je. Beaucoup plus qu'elle n'en avait besoin. Mais la plupart n'étaient ni pratiques ni appropriés pour une fille de son âge. Je lui en ai acheté des neufs et elle sait que ce sont ceux qu'elle doit porter quand nous sortons. Elle garde désormais à la maison la plupart des habits que Derek lui a achetés.

J'ignorais si j'allais dans la bonne direction et je marquai une pause en regardant le Dr Jones.

— Quand vous dites qu'ils n'étaient pas appropriés, qu'entendez-vous exactement? demanda-t-il en prenant note.

— Ce ne sont pas ceux qu'une fillette de sept ans devrait porter. Ils sont, je dirais, sexy, vulgaires. Et le maquillage n'aide pas non plus. Je ne la laisse pas se maquiller pour sortir.

— Et Beth accepte vos limites?

— Oui.

Après un court silence, le Dr Jones continua :

— Derek a eu du mal à instaurer des limites. Cela a abouti à une grande confusion sur son rôle et sa relation avec sa fille. J'en avais un peu parlé lors de notre précédente réunion.

Je confirmai d'un hochement de tête.

— Marianne m'a expliqué depuis longtemps ce que je faisais mal, intervint alors Derek, en frottant nerveusement ses doigts sur son front. Mais je ne l'ai pas écoutée. Je pensais que Marianne était jalouse du fait que Beth et moi étions si proches, et aussi parce qu'elle n'avait pas d'enfant à elle. Elle a souligné que les habits de Beth et le maquillage n'étaient pas bien et que je devais cesser de lui céder, ou de l'embrasser et de la câliner comme je le faisais, ou de la garder dans mon lit. Mais j'avais tellement besoin de Beth, je ne voulais pas qu'elle me quitte comme sa mère. Je vois combien j'avais tort mais je n'ai jamais eu l'intention de lui faire du mal.

Derek s'interrompit et le Dr Jones lui laissa un peu de temps pour récupérer. Je ne savais trop que penser de l'aveu de Derek. Le Dr Jones me regarda alors et me dit :

— Il me semble que vous avez dû instaurer certaines limites quant à la manière dont Beth se comportait vis-à-vis de votre mari ?

— Oui, c'est exact, répondis-je. Beth était excessivement familière avec lui. Au début, j'ai eu du mal à comprendre exactement ce qui me mettait si mal à l'aise et mon mari, John, pensait qu'il n'y avait rien de mal. Pourtant, je sentais que la façon dont Beth se comportait avec lui – en le touchant, en le caressant et en flirtant presque avec lui – n'était pas correcte.

— Et vous avez été capable d'instaurer de nouvelles limites que Beth a acceptées ?

— Oui, elle les a acceptées. Il m'a semblé que je devais faire quelque chose pour que tout le monde soit protégé. Par exemple, John a cessé d'aller lui souhaiter bonne nuit dans sa chambre. Il le lui dit au rez-de-chaussée.

Derek se montra impatient de s'exprimer et le Dr Jones se tourna vers lui.

— Oui, Derek ? Allez-y.

— Je suis heureux que Cathy s'occupe si bien de Beth, lâcha-t-il, agité. Mais cela me donne l'impression d'être tellement peu à la hauteur.

— Je m'excuse, dis-je. Ce n'était pas du tout mon intention.

— Bien sûr que non, intervint le Dr Jones avant de s'adresser à Derek : Souhaitez-vous développer ?

Derek me regarda et je croisai son regard, malgré la gêne. J'avais l'impression de participer à une thérapie de groupe comme j'en avais vu dans des pièces de théâtre à la télévision.

— S'il vous plaît, ne croyez pas que je vous accuse, Cathy, dit-il, mais quand Beth me parle de toutes les activités divertissantes qu'elle partage avec vous et votre famille, je me sens vraiment mal, complètement inadapté.

— Quel genre d'activités ? demanda le Dr Jones.

— Les bons repas que Cathy prépare, les jeux qu'elle organise et les sorties familiales avec les enfants. J'ai l'impression de n'avoir rien offert à Beth et elle est ma fille. Vous avez une belle famille, ajouta-t-il à mon adresse, avec un fils, une fille et des grands-parents. Je ne peux rien offrir de tel à Beth. Il n'y a qu'elle et moi. Je l'aime, mais j'ai lamentablement failli à mes devoirs envers elle. Elle doit me détester.

Je pouvais voir ses yeux se gonfler de larmes.

24

Un nouvel ami

La pièce demeura silencieuse quelques instants, pendant que le Dr Jones prenait des notes.

— Beth ne vous déteste pas, dis-je gentiment à Derek.

— Elle en a tous les droits, rétorqua-t-il, luttant pour retrouver son calme.

Je ne répondis pas.

Le Dr Jones laissa Derek se reprendre, puis il poursuivit en me regardant :

— Pour Beth, vivre avec vous a été une expérience très précieuse pour différentes raisons. Elle a pu voir ce que c'est de vivre dans une autre famille, avec deux parents. Cela a ouvert sa réflexion sur sa propre famille et lui a permis de faire des comparaisons. Il paraît qu'elle a mentionné sa mère lors de la conversation téléphonique de vendredi?

— Oui, répondis-je, mais ce n'était pas positif. Ce qu'elle a exprimé visait à blesser son père pour qu'il se sente mal à propos de la façon dont il l'avait laissée s'habiller.

— C'est malgré tout significatif, affirma le Dr Jones en lançant un regard vers Derek. Beth n'a jamais eu le droit d'évoquer sa mère chez elle. Habiter avec vous lui a permis de le faire – par téléphone.

Je ne compris pas parfaitement ce que disait le Dr Jones, mais Derek, apparemment, si.

— Je sais que je dois commencer à parler à Beth de sa mère, dit-il. Et lui montrer des photos.

— Beth a-t-elle jamais vu de photo de sa mère ? demandai-je.

— Non, convint Derek en secouant la tête. Jamais.

— Beth vous a-t-elle parlé de sa mère ? me demanda le Dr Jones.

Je réfléchis un instant.

— Pas que je me souvienne. Je ne pense pas qu'elle en ait jamais parlé, répondis-je.

Le Dr Jones acquiesça et écrivit sur son bloc-notes.

— Les enfants ont besoin de grandir avec une image réaliste de leurs parents, expliqua-t-il en s'adressant à nous deux. Si un parent absent est diabolisé par le parent qui reste, ou si son existence est ignorée, l'enfant peut inventer toutes sortes d'idées fantaisistes sur ce parent manquant. S'il pense qu'il est méchant, il n'y a qu'un pas pour qu'il se croie lui aussi méchant, ou responsable de son départ. C'est un énorme fardeau à porter pour l'enfant, et c'est très malsain.

— Je sais que je dois parler à Beth des raisons du départ de sa mère, repartit Derek, revenant sur un point dont il avait débattu avec le Dr Jones. Si j'en ai l'occasion, je le ferai.

— L'opinion négative de Beth sur sa mère a également eu un impact sur sa relation avec Marianne, continua le Dr Jones en me regardant. C'est l'une des raisons pour lesquelles elle n'a pas été en mesure de créer un lien avec Marianne – en plus de la voir comme une rivale. Vivre avec vous lui a montré ce qu'une mère peut être, rôle qu'elle a refusé à Marianne.

De nouveau, j'eus l'impression que ce sujet avait déjà été abordé entre Derek et le Dr Jones lors d'une précédente séance car Derek acquiesça en connaissance de cause.

— Beth a eu une existence particulièrement isolée, déclarai-je avec plus de confiance. À son âge, les enfants ont souvent des amis proches qu'ils voient en dehors de l'école. Ils passent du temps chez eux, jouent dehors et accueillent des copains à la maison. Beth adorerait pouvoir le faire.

Le Dr Jones regarda Derek en attendant sa réponse.

— Je sais, c'est quelque chose que je dois traiter, assura-t-il.

— Derek, dis-je avec hésitation, que penseriez-vous si j'invitais une amie de Beth chez moi pour qu'elles jouent ensemble et peut-être partagent un repas ?

Il se raidit.

— Est-ce que Beth serait invitée à son tour chez cette amie ? demanda-t-il comme si cela l'inquiétait.

— Peut-être, même si, bien sûr, elle n'est pas obligée d'y aller.

Le Dr Jones attendit une nouvelle fois la réponse de Derek. Celui-ci se passa la main sur le front.

— Je sais que je l'ai surprotégée mais je voulais qu'elle soit en sécurité. Et je réalise aussi maintenant que je voulais la garder pour moi seul.

Il marqua une pause et se redressa sur sa chaise.

— Oui, ajouta-t-il d'une voix ferme, n'hésitez pas à inviter une amie de Beth et si elle est invitée en retour, elle peut y aller. Tant que ce n'est pas Jenni. Sa mère me hait.

Avec un léger sourire, je répondis :

— Ce ne sera pas elle.

Le Dr Jones me regarda d'un air interrogateur.

— La mère de Jenni peut ne pas mâcher ses mots et avoir ses préjugés, y compris sur le fait qu'un père élève sa fille seul, précisai-je, décidant de ne pas évoquer tous les autres *a priori* que la mère de Jenni avait contre Derek, comme sa santé mentale.

Cela n'aurait pas aidé.

— Je ne crois pas que Beth soit aussi liée à Jenni qu'avant, ajoutai-je à l'attention de Derek.

— C'est une bonne chose, affirma-t-il.

À cet instant, je sentis l'atmosphère se détendre insensiblement, comme si Derek commençait enfin à me faire confiance et me considérait comme une alliée plutôt que comme une menace.

La séance se poursuivit. Le Dr Jones revint sur l'importance d'établir des limites pour les enfants et d'instaurer des habitudes. Il me demanda mon opinion et si je pouvais offrir des exemples pratiques sur la façon d'y parvenir qui, je le supposai, étaient à l'attention de Derek. À 11 heures, le Dr Jones mit fin à la séance et me remercia vivement pour ma contribution.

— Il se peut que nous vous demandions de revenir, dit-il.

— Oui, bien sûr, répondis-je.

Je saluai Derek et le Dr Jones m'accompagna jusqu'à la porte. Je quittai l'hôpital la tête pleine de toutes les questions soulevées lors de la séance. Certaines de mes impressions sur Derek s'étaient confirmées – c'était un homme qui avait besoin d'attention, était isolé et s'accrochait désespérément à Beth. Mais il voulait aussi la protéger, même si, ce faisant, il avait assouvi ses propres besoins, aux dépens de ceux de Beth. Il m'avait paru sincère dans son engagement à s'amender. Cela le rendait-il moins coupable ou augmentait-il ses chances de récupérer Beth, je n'en avais aucune idée. *Certaines personnes ont des vies troublées et compliquées, parfois sans que ce soit leur faute*, pensai-je en conduisant. J'étais reconnaissante pour la vie heureuse et sans complication dont je bénéficiais, avec deux parents aimants, un mari dévoué et deux enfants adorables.

Lorsque j'arrivai pour récupérer Paula, Kay m'offrit une tasse de café que j'acceptai avec plaisir. Je restai chez elle une demi-heure avant de rentrer et de préparer le déjeuner pour Paula et moi. L'après-midi, nous allâmes au groupe des tout-petits, puis partîmes prendre Adrian et Beth à l'école. Tous deux sortirent de classe impatients du week-end à venir et de la compétition de natation. Beaucoup de parents avaient acheté des billets pour que leurs enfants assistent à l'événement et soutiennent leur équipe.

— J'espère que notre école gagnera au moins un trophée, dit Adrian.

— Avec toi dans l'équipe, c'est certain, repartit Beth gentiment.

Le contact téléphonique de ce soir-là fut meilleur que tous ceux qui l'avaient précédé. Peut-être parce que Derek m'avait rencontrée et avait extériorisé certaines des questions qui le préoccupaient, ou que cette rencontre l'avait simplement rassuré, je ne sais pas. Quoi qu'il en soit, il avait l'air beaucoup plus détendu et, me semblait-il, plus sûr de lui en parlant à Beth. Quand celle-ci lui demanda si Marianne était toujours là, il répondit oui d'un ton confiant, déclarant qu'elle l'aidait et qu'il n'y avait aucune raison pour Beth de s'inquiéter.

— Mais je devrais être là pour m'occuper de toi, rétorqua-t-elle, le visage sévère.

— Non, répondit-il, tu devrais être en train de jouer. C'est ce que font les enfants. Est-ce que Cathy a invité cette amie pour le repas ?

Je ne l'avais pas encore fait. C'était sorti de mon esprit.

— Pas encore, Derek, dis-je suffisamment fort pour qu'il m'entende, mais je le ferai bientôt.

Beth me regarda d'un air incrédule.

— Est-ce que je peux vraiment avoir une amie pour le repas ? demanda-t-elle à son père.

— Oui. Si Cathy est d'accord, répondit-il.

Beth tourna à nouveau son regard vers moi. J'acquiesçai.

— Merci, papa ! s'écria-t-elle.

— Avec plaisir, trésor, dit-il (et je pouvais entendre l'émotion dans sa voix).

Après cela, Beth mit assez rapidement un terme à la conversation, pressée de commencer les préparatifs de son invitation et oubliant presque de dire au revoir à son père tellement elle était excitée. Qui lui en aurait voulu ? Ce n'était pas seulement parce que le père de Beth avait enfin accepté qu'elle invite une amie à la maison – une source d'excitation pour tous les enfants. C'était parce qu'en agissant ainsi Derek avait franchi un grand pas en direction de la normalisation de l'enfance de Beth, et celle-ci le comprenait.

— Je vais être comme tous mes amis, déclara-t-elle, se jetant dans mes bras.

— Maintenant, il ne te reste plus qu'à décider quelle amie tu veux inviter, dis-je.

Avais-je bien dit « il ne te reste plus qu'à » ? L'affaire se révéla beaucoup plus compliquée, car Beth hésita sur cette question l'essentiel de la soirée, choisissant telle ou telle amie, changeant d'avis quelques minutes plus tard, en choisissant une autre. Je crois qu'elle finit par citer presque toute sa classe – filles et garçons –, suggérant même Jenni avant de se raviser. Finalement, avant de se coucher, elle décréta :

— Cathy, je sais qui je vais inviter et je ne changerai pas d'avis.

— Alors? m'enquis-je, un peu lasse.

— April. Je voudrais qu'April vienne à la maison.

— Oh – très bien, dis-je, un peu surprise.

Beth avait parlé d'April dans le passé mais elles ne semblaient pas être des amies proches. April était une gentille fillette dont les parents étaient originaires du Japon. J'avais entendu dire qu'ils s'étaient établis ici après être venus dans le cadre d'un contrat de travail. Je ne connaissais pas sa famille (on se saluait avec la mère d'April, mais sans s'être jamais parlé).

— Tu as choisi April pour une raison particulière? demandai-je à Beth tandis qu'elle grimpait sur son lit.

— April est gentille, répondit-elle. Elle est toujours gentille avec tout le monde. Mais personne ne l'invite à jouer ou aux fêtes d'anniversaire. Je crois que c'est parce qu'elle est différente. Elle ne mange pas la même nourriture.

— D'accord, dis-je. J'irai voir la mère d'April lundi et nous conviendrons d'une date. Je lui demanderai aussi ce qu'April aime manger. Ce n'est pas un problème.

Beth était tellement excitée ce soir-là qu'elle eut besoin de l'ours Dodo pour s'endormir.

— Merci, Cathy, lança-t-elle alors que je l'embrassais pour lui souhaiter bonne nuit. Merci de réaliser mes rêves.

Les larmes me montèrent immédiatement aux yeux. Il ne s'agissait que d'une enfant invitée à la maison pour un repas – quelque chose dont mes enfants avaient joui depuis qu'ils étaient tout petits. Mais pour Beth, c'était énorme.

— Tout le plaisir est pour moi, fais de beaux rêves, lui soufflai-je en fermant la porte.

En entrant dans la chambre d'Adrian, je le trouvai assis sur son lit, la mine inquiète.

— Qu'est-ce qui se passe? demandai-je en m'asseyant sur son lit.

— Imagine que je sois nul demain à la nage, commença-t-il d'un ton plaintif. Imagine que j'arrive dernier et que je déçoive l'école?

— Je suis certaine que tu ne seras pas dernier. Mais il doit toujours y avoir un dernier et si c'est toi, tu auras fait de ton mieux. Souviens-toi que c'est le plaisir de participer qui compte, pas la victoire.

Il acquiesça faiblement mais ne sembla pas moins inquiet.

— Imagine que papa n'arrive pas à temps? reprit-il.

Il était épuisé, et je voyais qu'il se mettait à angoisser pour tout.

— Il sera là, répondis-je. Cesse de t'inquiéter et couche-toi. Tout ira bien demain matin.

Il finit par se rouler en boule et je lui lus une histoire jusqu'à ce qu'il s'endorme.

Le lendemain matin, nous étions tous debout et habillés plus tôt que d'habitude (pour un samedi matin), fin prêts pour ce qu'on appelait désormais le Grand Jour d'Adrian. Je préparai le petit-déjeuner et suggérai aux enfants d'aller jouer dans le jardin puisque le temps était chaud et ensoleillé, en tâchant de ne pas trop se salir étant donné que allions partir dans quelques heures. Je sortis de la remise bicyclettes, tricycles, raquettes et balles, laissant le bac à sable couvert. Ils jouèrent ainsi pendant que je débarrassais le petit-déjeuner, mais Adrian continuait de venir vérifier si son père était arrivé.

— Je te dirai quand il sera là, le rassurai-je. Je suis sûre qu'il va bientôt arriver.

Je dois avouer que je fus quand même soulagée quand, à 11 h 15 – une heure avant notre départ pour la piscine –, j'entendis la porte de devant s'ouvrir et John lancer :

— Je suis rentré ! Où est passé tout le monde ?

J'allai dans l'entrée et le pris dans mes bras.

— Les enfants sont dans le jardin, dis-je. Café ?

— Oui, s'il te plaît.

Comme je remplissais la bouilloire, il sortit dans le jardin. Je regardai par la fenêtre de la cuisine. Adrian le vit en premier.

— Tu es arrivé ! Papa est là ! cria-t-il.

Il courut à travers le jardin et sauta dans ses bras.

— Évidemment que je suis là, déclara John, tu n'as quand même pas cru que ton papa te laisserait tomber ?

— Non, bien sûr que non ! s'exclama Adrian.

Moi non plus.

Je servis à John son café et des œufs sur du pain grillé, comme il aimait. Et, à 12 h 15, on se serra tous dans sa voiture, en partance pour le centre nautique du département, où la compétition se déroulait. Le parking se remplissait déjà de tous les parents venus de l'ensemble du département pour amener leurs enfants qui concouraient. J'accompagnai Adrian à l'accueil, où son entraîneur de natation l'enregistra et où d'autres membres de l'équipe attendaient. Je leur souhaitai bonne chance et retournai dehors, les spectateurs n'étant pas autorisés à entrer avant une demi-heure.

Le centre nautique était entouré d'arbustes et, par endroits, de gazon. John et moi nous assîmes sur l'herbe et bavardâmes pendant que les filles couraient autour, cueillaient pâquerettes et pissenlits, et cherchaient des trèfles à quatre feuilles. John parla de son travail et je lui racontai ma semaine, notamment cette séance de thérapie à laquelle j'avais participé avec Derek et le Dr Jones. Rien qui bouleverse le cours de la planète, mais le genre de choses qui constitue le quotidien de nos vies et que les couples apprécient de partager.

Les portes de la piscine s'ouvrirent et, enlevant les brins d'herbe sur nos habits, nous rejoignîmes la queue pour entrer. À l'intérieur, l'air était chaud et humide. Nous prîmes des sièges au troisième rang dans les gradins. Le brouhaha s'accrut à mesure que la tribune se remplissait. Les spectateurs discutèrent avec animation jusqu'à ce que le début de la compétition soit annoncé. L'organisateur utilisa son sifflet pour obtenir le silence. Les filles s'avancèrent sur leurs sièges, cherchant Adrian du regard. Je leur expliquai qu'il devait être en train d'attendre ailleurs avec son équipe jusqu'à l'heure de sa course. L'organisateur présenta le maire, qui était l'invité d'honneur, et lui tendit le microphone. Il nous souhaita la bienvenue, nous remercia d'être venus et déclara la compétition ouverte. On débuta avec la course des plus petits, les trois à quatre ans. Ils étaient trop mignons lorsqu'ils marchaient et semblaient minuscules dans l'eau, dans la partie peu profonde du bassin.

La première épreuve d'Adrian était le cinquante mètres nage libre. Elle eut lieu au bout d'une vingtaine de minutes. Nous applaudîmes quand il apparut avec les autres concurrents. Les nageurs prirent position au bord de la piscine. L'organisateur imposa le silence. Puis il siffla, les nageurs plongèrent et nagèrent de toutes leurs forces. Nous criions à pleins poumons. Ils parcoururent une longueur, virèrent et repartirent pour une deuxième et dernière longueur. Adrian prit une honorable troisième place et nous continuâmes d'applaudir pendant qu'il sortait de la piscine et disparaissait dans l'aire d'attente. Je ne savais pas s'il nous avait vus : il y avait tant de monde dans le public que nous devions ressembler à une mer de visages depuis la piscine.

Adrian nagea une nouvelle fois dans le relais quatre nages et son équipe finit deuxième, ce qui représentait un formidable succès pour l'école. D'autres épreuves suivirent, se terminant par celle des plus âgés – les quatorze à seize ans, dans le deux cents mètres nage libre. À l'issue de la compétition, le maire félicita tout le monde et distribua trophées, médailles et rubans. Notre école remporta un trophée et six médailles, dont celle d'Adrian pour sa troisième place. Chaque participant reçut un ruban bleu royal en guise de souvenir. Ainsi, aucun enfant ne repartait les mains vides.

Nous retrouvâmes Adrian dehors.

— Bravo ! lui lançai-je en lui donnant un gros baiser qu'il n'essuya pas, cette fois-ci.

— Bravo, fiston, ajouta John, tout fier, en lui ébouriffant les cheveux.

Le visage d'Adrian rayonnait en nous montrant sa médaille et son ruban. Puis il nous dit qu'il mourait de faim en se frottant le ventre.

— Un hamburger et des frites, s'il te plaît, maman.

Sur la route, nous nous arrêtâmes dans un fast-food. Ce soir-là, Adrian, épuisé et très heureux de sa performance, n'eut aucune difficulté à s'endormir. John dut repartir le dimanche soir mais j'étais contente qu'il soit rentré à temps pour la compétition d'Adrian et je me consolais en pensant qu'il n'aurait pas à toujours travailler loin de nous.

Pas plus d'un an, avait-il dit.

Lundi matin, entre le moment où je réveillai Beth et celui où nous quittâmes la maison pour nous rendre à l'école, elle me rappela toutes les cinq minutes que je devais demander à la mère d'April si celle-ci pouvait venir goûter. Je voyais qu'Adrian et Paula ne comprenaient pas pourquoi Beth en faisait un tel plat et je les pris à part, hors de portée de voix de Beth, pour leur expliquer qu'elle n'avait jamais reçu d'ami chez elle jusqu'ici.

— Quoi ? Jamais ? s'exclama Adrian, stupéfait.

— Non, jamais.

— Pourquoi ? demanda Paula.

— Parce que son papa était un peu trop protecteur. Mais il va mieux maintenant.

— Pourquoi était-il *troprotesteur* ? s'enquit Paula qui n'avait pas compris le mot.

— Trop protecteur ! cria Adrian dans ses oreilles.

— Ne crie pas, dit Paula en se frottant l'oreille. Pourquoi était-il trop protecteur ?

— Parce qu'il pensait bien faire, dis-je.

— Mais ce n'était pas le cas, dit Adrian.

— Exactement.

En arrivant dans la cour de récréation, Adrian courut rejoindre ses amis pendant que Beth scrutait tout le monde, à la recherche d'April.

— La voilà ! cria-t-elle en m'attrapant le bras et en me tirant à travers la cour jusqu'à l'endroit où April se tenait gentiment avec sa mère.

— Bonjour, je m'appelle Cathy, dis-je en souriant à la mère d'April. Beth se demandait si April voudrait venir jouer à la maison un jour après l'école et peut-être rester pour le repas ?

La mère d'April fut un peu surprise de nous voir ainsi lui tomber dessus tandis que Beth et April sautillaient en disant « Oui ! oui ! ».

— Nous sommes la famille d'accueil de Beth, expliquai-je. Mon fils Adrian est en classe ici et voici Paula, ma fille.

— Oui, je vous ai vus dans la cour. Mon nom est Frances, dit-elle, plus détendue. Bonjour, Paula, comment vas-tu ?

— Je vais bien, répondit timidement Paula, cachant son visage dans ma jupe.

— Je suis sûre qu'April aimerait ça, dit Frances. Veux-tu aller chez Cathy jouer avec Beth ? demanda-t-elle en se tournant vers sa fille.

— Oui, s'il te plaît, répondit-elle poliment.

Les deux fillettes se mirent à sautiller en tapant des mains avec excitation.

— Mercredi serait bien pour nous, proposai-je à Frances. Est-ce que cela vous convient ?

— Oui, April est libre le mercredi. Ses leçons de piano sont le mardi et le jeudi.

— Je peux la prendre à la sortie des classes et vous la ramener après le repas, vers 19 heures ?

— Cela ira très bien. Merci.

Je pris un bout de papier et un stylo dans mon sac à main pour écrire mes coordonnées et les donner à Frances. Puis je notai les siennes et rangeai le bout de papier dans mon portefeuille.

— Qu'est-ce qu'April aime manger ? demandai-je en espérant être à la hauteur.

— Oh, c'est une bonne mangeuse, répondit Frances, elle aime pratiquement tout.

— Qu'est-ce qu'elle préfère ?

— Des bâtonnets de poisson avec des frites, lança Frances en riant.

— Alors, allons-y pour le poisson-frites, dis-je soulagée.

— Youpi ! crièrent les filles.

La cloche retentit. Avant de partir, Frances me remercia et ajouta :

— Et peut-être que Beth aimerait venir goûter à la maison la semaine prochaine ?

— Merci beaucoup, je suis sûre qu'elle aimera ça.

25

La décision

Parler d'excitation ne refléterait pas la ferveur qui s'empara de notre foyer à l'approche de ce mercredi-là. Au vu de la préparation et de l'attente de ce dîner, on aurait dit que Beth organisait une garden-party dans les jardins du château de Versailles. Elle récura sa chambre déjà très soignée, puis le salon, l'armoire à jouets et enfin la salle de bains. Ensuite, elle se soucia du repas, qui ne saurait pourtant être plus simple.

— Cathy, tu auras assez de bâtonnets pour tout le monde ? demanda-t-elle pour la seconde fois.

— Oui, répétai-je.

— Tu es sûre ?

Je lui montrai le grand paquet de bâtonnets de poisson dans le congélateur.

— Est-ce que les frites sont celles qu'on aime, les fines et croustillantes ?

— Oui, répondis-je en rouvrant le congélateur pour lui montrer le paquet de frites.

— Peut-on avoir des fèves au lard avec les bâtonnets de poisson et non les petits pois comme tu le fais habituellement avec le poisson ?

Je n'avais pas remarqué que j'étais si figée dans mes habitudes.

— Oui, bien sûr, on peut préparer des fèves au lard.

J'ouvris le placard pour montrer à Beth que nous avions plein de fayots en conserve. Puis, un peu plus tard, Beth demanda :

— Cathy, tu te rappelles avoir dit que tu préparerais un diplomate pour le dessert…

— Oui.

— Et si April n'aimait pas le diplomate ?

— Eh bien, elle pourra prendre autre chose. S'il te plaît, Beth, cesse de t'inquiéter. J'ai déjà reçu des enfants à dîner. Je te promets que tout se passera bien.

C'était un tel événement pour Beth qu'elle voulait que tout soit parfait. Et tout le fut. April était bien élevée et très gentille. Elle adora le repas, y compris le gâteau. Elle et Beth jouèrent ensemble, parfois en bas avec Paula, parfois dans la chambre de Beth, comme font les filles de leur âge. Adrian se joignit à nous pour manger mais resta à l'écart le reste du temps, se disant qu'une « maison pleine de filles » était un peu trop.

Bien entendu, les filles trouvèrent trop courtes ces deux heures dont elles purent bénéficier après la classe et quand le moment vint de ramener April chez elle, Beth me demanda si elle pouvait rester plus longtemps. Je lui rappelai que la mère d'April l'attendait autour de 18 heures, et ajoutai qu'April pourrait revenir une autre fois si elle le souhaitait. Cela facilita les choses. Je raccompagnai April chez elle. Frances me remercia et renouvela sa proposition d'accueillir Beth pour le goûter chez eux, la semaine suivante. Nous nous mîmes d'accord là-dessus.

À partir de ce jour-là, Beth et April devinrent de bonnes copines et, chose intéressante, lorsque la nouvelle circula qu'elles étaient amies et étaient allées l'une chez l'autre, les barrières tombèrent et d'autres enfants de la classe voulurent aussi avoir April comme amie. En tendant la main de l'amitié, Beth avait involontairement levé la méfiance qui avait rendu les autres réticents à une culture différente.

Le programme de la thérapie de Beth demeura inchangé pendant les deux semaines suivantes. Puis, à la mi-mai, Jessie téléphona un lundi après-midi pour nous informer que les deux prochaines séances seraient des thérapies de groupe. Le Dr Jones, Derek et Marianne se joindraient au Dr Weybridge et à Beth dans l'aile des Papillons. Jessie serait présente, de façon à inclure ses observations dans son rapport final. Elle irait chercher Beth à l'école et la ramènerait à la maison après la séance. Je supposai donc que nous approchions du moment où une décision serait prise sur l'endroit où Beth irait vivre de manière permanente.

Ce nouveau calendrier entrait en œuvre dès le lendemain. Jessie n'ayant pas le temps de faire une visite pour en informer Beth, elle me demanda de m'en charger. Ce soir-là, après le dîner, j'expliquai à Beth ce qui allait se passer. Elle était ravie de revoir son père après si longtemps, mais ajouta en grognant :

— Pourquoi doit-elle être présente ?

— Qui ? Jessie ? demandai-je.

— Non, Marianne.

— Parce que Jessie et les médecins pensent que ça aidera.

— Cela n'aide pas, grommela-t-elle.

Beth était incapable d'en juger mais la seule mention du nom de Marianne suffisait à provoquer chez elle cette même réaction négative.

— Je suis sûre que Jessie et les médecins savent ce qu'ils font, dis-je. Essaie donc de garder l'esprit ouvert.

Mardi matin, en déposant Adrian et Beth à l'école, j'entrai pour informer la réceptionniste que l'assistante sociale prendrait Beth cet après-midi-là, ainsi que jeudi. Elle en prit note et indiqua qu'elle en informerait Mlle Willow. Paula et moi rentrâmes à la maison. L'après-midi étant soudain libre – nous n'avions pas à conduire Beth à l'hôpital et il faisait beau –, j'emmenai Paula au parc. De là, nous allâmes chercher Adrian à l'école avant de regagner tous trois notre chez-nous. C'était étrange de ne pas avoir Beth avec nous. C'était comme si la famille n'était pas au complet. Je ne cessais de regarder autour de moi, en pensant qu'un des enfants manquait.

Lorsque Jessie ramena Beth, environ une demi-heure après que nous fûmes rentrés, elle n'eut pas le temps de s'attarder mais précisa que la séance s'était « bien passée ». Pourtant, Beth demeura silencieuse le reste de l'après-midi. Elle rejoignit Adrian et Paula dans le salon où ils regardaient la télévision mais elle n'en dit pas plus. D'habitude, elle avait beaucoup de choses à raconter après l'école ; Adrian lui disait parfois de se taire pendant qu'ils regardaient la télé.

Elle mangea avec appétit mais demeura silencieuse au cours du repas. Quand Paula et Adrian eurent quitté la table, je lui demandai si tout allait bien. « Oui », dit-elle, sans rien ajouter. Elle avait quelques devoirs à finir, pour lesquels elle avait besoin d'un peu d'aide. Je m'assis à côté d'elle mais elle semblait préoccupée et répétait les mêmes petites erreurs. Je lui demandai si quelque chose la tracassait, dont elle souhaiterait parler. « Non », répondit-elle.

Je supposai qu'elle réfléchissait à la séance de thérapie. Revoir son père après tant de temps, ainsi que

Marianne, devait la préoccuper. Mais en tant que parent d'accueil (et parent tout court), je devais respecter le fait que, parfois, un enfant ne souhaite pas partager ses pensées et ses sentiments et qu'on ne doit pas l'y forcer. Beth n'était pas malheureuse ; elle n'était pas assise seule dans son coin. Elle était simplement silencieuse et préoccupée.

— Tu sais que tu peux me parler à n'importe quel moment où tu le souhaites, lui dis-je.

— Oui, répliqua-t-elle.

Et j'en restai là.

Le matin suivant, Beth s'était remise et avait retrouvé sa bonne humeur habituelle. C'était une enfant résistante, comme le sont beaucoup de ceux qui ont eu une vie difficile. Elle cherchait toujours à rebondir. Pendant le petit-déjeuner, elle et Adrian calculèrent combien de temps il restait avant les prochaines vacances. Le mercredi passa ainsi sans incident et, le jeudi matin, je rappelai à Beth que Jessie viendrait la chercher à l'école pour l'emmener à la thérapie, comme le mardi précédent.

— Papa et Marianne seront là ? s'enquit-elle sur un ton pensif, avant de plonger dans le silence.

Je savais que beaucoup de choses se bousculaient dans sa tête, dont certaines qu'elle ne souhaitait pas partager. Je lui demandai donc :

— Est-ce que tout va bien?

— Oui, répondit-elle, sans un mot de plus.

Plus tard dans l'après-midi, lorsque Jessie ramena Beth, elle ne resta pas longtemps mais déclara que c'était la dernière séance de thérapie et qu'elle m'appellerait le lendemain pour m'expliquer la situation. Beth demeura silencieuse mais, plus tard, alors que je lavais la vaisselle, elle vint me voir.

— Cathy, est-ce que tu aimes Marianne ? demanda-t-elle.

Je m'interrompis et la regardai, consciente de devoir choisir mes mots avec précaution.

— Je ne l'ai rencontrée qu'une fois, mais elle m'a semblé être quelqu'un de gentil.

— Tu penses que mon papa a besoin d'elle ? reprit-elle en observant ma réaction avec attention.

Je devinai que les questions de Beth découlaient de ce qui s'était déroulé lors de la thérapie. Mais ne sachant pas quoi, je répondis prudemment :

— Je pense que Marianne a beaucoup aidé ton papa. Et qu'il est content de bénéficier de son aide.

Beth hocha la tête puis demanda encore :

— Tu crois que Marianne m'aime autant qu'elle aime mon papa ?

— Oui, je le crois.

Satisfaite, Beth partit jouer et je me sentis soulagée. Je suis toujours heureuse de répondre aux questions d'un enfant dans la mesure où je le peux, mais sans savoir ce qui se cachait derrière celles de Beth, j'étais inquiète de dire quelque chose, par inadvertance, qui se révélerait nuisible à la thérapie. Les questions de Beth me donnaient le sentiment qu'elle était en train de réévaluer son opinion sur Marianne.

Je n'avais pas tort.

Le lendemain matin, Jessie téléphona et commença par me demander comment s'était comportée Beth après les deux séances de thérapie de groupe. Je lui dis qu'elle était chaque fois restée très silencieuse. Puis j'évoquai les questions qu'elle m'avait posées au sujet de Marianne.

— Mmmm, fit Jessie, pensive. Une partie du travail réalisé lors de ces séances visait à aider Beth et

Marianne à forger une relation. Le Dr Weybridge, le Dr Jones et moi-même sommes en train de rédiger nos rapports finaux. L'évaluation a été longue car il était important que nous ne nous trompions pas, cette fois-ci. Mais nous pensons désormais que Beth peut retourner avec succès vivre avec son père et Marianne.

— Oh, je comprends.

— Oui, il est donc rassurant que Beth soit en train d'ajuster sa perception à l'égard de Marianne, ce qui est essentiel pour que tout cela marche. Derek a accompli d'énormes progrès mais nous ne prendrions probablement pas la décision de renvoyer Beth chez elle si Marianne n'était pas là.

— Je comprends, répétai-je. Beth sait-elle qu'elle retourne chez elle, car elle ne l'a pas mentionné ?

— Non, je ne le lui ai pas encore annoncé. Une fois que nous aurons tenu notre réunion de planification, je la verrai et lui expliquerai ce qui se passe. Je vais donner un mois pour sa réinsertion chez elle, mais je surveillerai la situation de près. S'il le faut, je prolongerai cette période. Nous suivrons le rythme de Beth. Il est important qu'elle se sente à l'aise. Derek a demandé à Marianne de l'épouser, mais n'en parlez pas à Beth. Son père le lui annoncera en temps voulu. Chaque chose en son temps. Je suis consciente de vous le demander à la dernière minute, mais pourriez-vous venir assister à la réunion de planification demain matin, ici, aux services sociaux ?

— Oui, à condition que je trouve quelqu'un pour s'occuper de ma fille, répondis-je. À quelle heure ?

— 10 heures. Je ne connais pas encore le numéro de la salle. Demandez à la réception en arrivant. Derek et Marianne y assisteront, la directrice peut-être, et moi évidemment. Apportez votre agenda.

— Très bien.

— À demain, 10 heures.

Jessie avait à peine raccroché que j'appelai Kay. Me confondant en excuses pour cette sollicitation tardive, je lui expliquai que j'étais convoquée à une réunion d'urgence le lendemain matin.

— Pas de problème, dit-elle avant même que j'aie achevé ma phrase. Mais préviens bien Paula que nous allons faire des courses parce que mes placards sont vides.

— Peu lui importe tant que Vicky est là.

— Dis-lui qu'on ira manger un pain aux raisins une fois qu'on en aura terminé. Ça devrait aider…

— Merci mille fois, je te dois une fière chandelle.

— Tu ne me dois rien du tout. Tu m'as très souvent dépannée.

J'achetai néanmoins à Kay une boîte de ses chocolats préférés, que je lui offris le lendemain dans la cour de récréation.

— Tu n'aurais pas dû, affirma-t-elle, mais je suis contente que tu l'aies fait !

Il est parfois difficile, pour les familles d'accueil, d'accepter les décisions prises par les services sociaux, souvent parce que nous n'avons pas accès à toutes leurs informations. Je mentirais en disant que je n'avais aucune réserve sur la décision qui était prise de renvoyer Beth vivre avec son père. Mais je devinais que Jessie aussi en avait, car ses commentaires sur Marianne étaient très révélateurs : « Derek a accompli d'énormes progrès mais nous ne prendrions probablement pas la décision de renvoyer Beth chez elle si Marianne n'était pas là. » La présence de Marianne était cruciale dans la décision prise, et c'est pour cette raison qu'elle avait participé à la thérapie de groupe avec Beth. Je ne verrais jamais les rapports de Jessie et des deux médecins. Je ne connaîtrais donc jamais l'étendue exacte des contacts physiques inappropriés de Derek avec Beth. Mais il était clair que cela n'avait pas été le pire des scénarios car il n'y eut pas d'enquête de police et Beth fut autorisée à retourner chez elle. Elle ne l'aurait pas été, avec ou sans Marianne, si l'inceste symbolique avait conduit à un inceste sexuel. Je devais accepter que Jessie, le Dr Jones et le Dr Weybridge, après avoir lu et débattu de toutes les preuves recueillies et après avoir travaillé avec Derek et Marianne, avaient été convaincus que Beth ne courait aucun danger et que c'était dans son intérêt de rentrer chez elle vivre avec son père et avec Marianne.

Je m'habillai élégamment pour la réunion, choisissant une jupe et une veste bleu marine. Et en entrant dans la salle, je m'en félicitai : Marianne et Derek, seuls à être arrivés, s'étaient également habillés avec soin. Marianne portait une jupe et une veste tandis que Derek était en costume-cravate. Ils étaient assis autour d'une petite table rectangulaire au milieu de la pièce. Tous deux levèrent les yeux et me sourirent.

— Jessie a été appelée ailleurs, annonça Marianne, elle nous a demandé de vous informer qu'elle reviendrait rapidement.

Je la remerciai et m'assis sur l'une des chaises en face d'eux, de l'autre côté de la table. Ce n'était pas la même salle que lors des réunions précédentes. Celle-ci était nettement plus spacieuse. Être assise autour de cette petite table au milieu de cette grande pièce me donnait l'impression d'être exilée sur un îlot. Je retirai ma veste et la mis sur le dossier de ma chaise. Puis je pris mon agenda dans mon sac et le posai sur la table devant moi. Un silence gênant régnait.

— Comment va Beth ? demanda Marianne après quelques instants.

— Elle semble aller très bien, répondis-je en m'adressant à eux deux.

— C'est gentil à vous d'avoir invité son amie pour le repas, dit Marianne. Jessie nous a dit combien elle s'était régalée.

— Oui, elles se sont bien amusées, de même que lorsque Beth est allée chez April.

— Merci d'avoir organisé cela, dit Derek, avec un peu de raideur.

Un autre silence gêné s'installa quand Marianne déclara soudain :

— Je vous dois des excuses.

— Ah ? dis-je en croisant son regard.

— La dernière fois que nous avons parlé au téléphone, j'ai été assez impolie envers vous et j'ai raccroché sans dire au revoir.

— Ne vous inquiétez pas, dis-je avec un sourire rassurant. C'était une période difficile pour chacun d'entre nous. Je suis heureuse que tout soit résolu maintenant. J'imagine que vous êtes tous les deux très heureux et impatients du retour de Beth.

— Je suis aussi un peu nerveuse, admit Marianne, l'air grave. Je souhaite vraiment être une bonne belle-mère mais j'ai encore de mauvais souvenirs de la dernière fois où j'ai essayé. La thérapie a aidé. Je comprends ce qui a mal fonctionné dans le passé et je ne commettrai plus les mêmes erreurs. Mais la seule expérience que j'ai avec les enfants est celle avec ma nièce et mon neveu, que je ne vois que deux fois par an. Je me suis inscrite à des cours d'éducation recommandés par Jessie, mais j'apprécierai tout conseil et aide que vous pourriez me donner.

— Je serai heureuse d'aider du mieux que je peux, repartis-je. Beth est une gentille fille mais elle aura besoin qu'on lui fixe des limites, comme tous les enfants.

— Oui, le Dr Jones insiste beaucoup sur les limites et la routine, ajouta-t-elle en regardant Derek.

Derek acquiesça mais ne dit rien. J'avais l'impression que Marianne allait prendre les rênes dans l'éducation de Beth.

La porte s'ouvrit et Jessie entra, portant dans ses bras un gros dossier et un agenda grand format.

— Désolée, je suis en retard, s'excusa-t-elle, légèrement essoufflée. Nous avons eu une urgence. La directrice s'en occupe.

Elle s'assit à côté de moi et, avec un léger soupir, posa le dossier et l'agenda devant elle.

— Bon, est-ce que tout le monde va bien? demanda-t-elle gaiement, en regardant Marianne et Derek de l'autre côté de la table.

— Nerveuse, dit Marianne.

Derek acquiesça.

— Et comment va Beth? s'enquit Jessie en se tournant vers moi.

— Bien. Pas très bavarde et réfléchissant beaucoup, répondis-je avec le sourire.

— Elle a effectivement de quoi réfléchir, rencherit Jessie.

Marianne et Derek opinèrent. Il me semblait que, des deux, c'est Derek qui paraissait le plus nerveux.

— Bien, venons-en à la raison pour laquelle nous sommes ici aujourd'hui : planifier le retour de Beth chez elle, dit Jessie. Avez-vous tous apporté vos agendas?

J'ouvris le mien tandis que Marianne retirait le sien de son sac à main et le posait sur la table entre elle et Derek, avec un stylo.

— Dans la mesure où il s'agit d'un retour planifié, dit Jessie, et non d'une situation d'urgence, nous avons le temps de l'accomplir correctement, par étapes, et cela est important. Comme vous le savez tous, je prévois un mois pour achever le retour de Beth chez elle, mais on peut allonger ce délai si nécessaire. Je surveillerai les progrès en cours de route et vous demanderai à tous des retours d'information réguliers. Avant d'établir le calendrier, est-ce que quelqu'un a des questions ?

Je secouai la tête.

— Je suis sûre que je devrais poser de nombreuses questions, dit Marianne avec un petit rire nerveux, mais rien ne me vient à l'esprit.

— Arrêtez-moi si vous pensez à quoi que ce soit, dit Jessie. Nous devons tous nous sentir à l'aise avec le rythme choisi. Je commencerai le processus du retour de Beth en lui rendant visite pour lui expliquer les raisons de notre décision et lui décrire le calendrier de son retour. Même si elle aura bien évidemment besoin de rappels en cours de route, ajouta-t-elle en me jetant un coup d'œil.

— Bien sûr, dis-je.

— Je souhaiterais rendre visite à Beth lundi après l'école, me dit Jessie avant de regarder Marianne et Derek : cette visite ne vous concerne pas, leur dit-elle.

Je confirmai que lundi me convenait. Jessie proposa 16 heures.

— Je me donne deux heures, dit-elle. Il est important que Beth comprenne ce qui se passe. Maintenant, mardi, poursuivit-elle en faisant le tour de la table de ses yeux. Marianne et Derek rendront visite à Beth chez Cathy. J'envisage leur visite en début de soirée, pour éviter que Marianne ait à prendre davantage de temps sur son travail. À quelle heure pourriez-vous arriver chez Cathy ?

Marianne se tourna vers Derek.

— Si tu prends le bus jusqu'à mon bureau et que nous allons, de là, chez Cathy, ce sera plus rapide que si je rentre d'abord à la maison.

— Oui, on peut faire ça, accepta Derek.

— Très bien, dit Jessie, donc à quelle heure arriveriez-vous chez Cathy ?

— Nous pouvons y être à 17 h 30, répondit Marianne.

Nous en prîmes tous bonne note.

— Cette première visite durera une heure, décida Jessie. Et il est important que Beth vous voie tous les trois en bonne entente et allant dans la même direction. Il faut que ce soit informel et détendu. Je suggère que vous jouiez avec Beth et bavardiez autour d'une tasse de thé.

— Beth voudra peut-être vous montrer sa chambre, annonçai-je à Marianne et Derek. Elle en est fière, comme le sont souvent les filles de son âge.

J'avais été impliquée dans la réhabilitation d'un foyer pour enfants et je savais donc de quoi il en retournait.

— Il n'y a pas de problème si elle le souhaite, déclara Jessie. Vous pouvez aussi aller dans le jardin avec elle si la journée est ensoleillée. Mais vous ne l'emmenez pas ailleurs ce jour-là, précisa-t-elle à l'adresse de Marianne et Derek. Beth peut être très insistante et elle ne comprendra pas forcément les raisons pour lesquelles ces visites sont structurées. Le calendrier donne à chacun le temps de s'adapter à tous ces changements. Il est donc important de s'y tenir. C'est compris ?

— Oui, répondit Marianne tandis que Derek acquiesçait.

— Je vous téléphonerai à tous le mercredi pour savoir comment la visite s'est déroulée, reprit Jessie. Puis, mercredi soir, Marianne et Derek téléphoneront à Beth.

Je marquai cela dans mon agenda, à l'instar de Marianne.

— Fixons l'appel à 18 heures, pour environ quinze minutes. Tant Marianne que Derek devront parler à Beth, ajouta Jessie.

Nous notions ces indications quand il me vint soudain à l'esprit que nous étions vendredi.

— Normalement, Beth devrait appeler son père ce soir. Est-ce que c'est maintenu ?

— Question pertinente, dit Jessie. J'avais oublié. Qu'en pensez-vous ? me demanda-t-elle, pensive.

— Si Beth ne téléphone pas à son père ce soir comme d'habitude, elle voudra savoir pourquoi et j'aurai besoin de lui fournir une explication.

Jessie opina.

— Laissons-la téléphoner comme d'habitude, mais, s'il vous plaît, aucune référence au déménagement avant que je l'aie vue lundi et que j'aie pu tout lui expliquer.

— Donc il n'y a que Derek qui lui parle ce soir, n'est-ce pas ? s'enquit Marianne.

— Oui, sauf si Beth demande à vous parler, ce qui est possible. Elle sait que vous habitez avec son père et elle vous accepte un peu plus aujourd'hui.

Marianne et Derek acquiescèrent et je vis Marianne sourire, manifestement heureuse du commentaire de Jessie sur l'amélioration de sa relation avec Beth. L'appel de ce soir serait comme les précédents, « mais une fois que nous avons entamé la transition, c'est vous qui appellerez », dit Jessie à Marianne.

— Cela enverra un message à Beth : c'est vous qui prenez l'initiative, c'est vous qui voulez l'appeler.

Derek regardait Marianne en train d'écrire. Il appuyait sa tête sur une main et semblait soucieux. Jessie dut le remarquer car elle déclara alors :

— Je sais que cela représente beaucoup de choses à absorber. Tout cela est assez intimidant. Mais une fois que nous aurons enclenché le mouvement, tout se déroulera naturellement.

Marianne la remercia.

— Bien, parlons de jeudi, reprit Jessie, le stylo à la main. Marianne et Derek rendront visite à Beth chez Cathy. Cette fois-ci, vous y resterez deux heures et vous pourrez emmener Beth dehors un moment. Je vous laisse choisir combien de temps, sachant que la visite doit durer deux heures en tout. Vous pouvez envisager d'aller boire un verre ou manger un morceau lors de votre sortie. J'imagine que Beth aura faim.

Marianne et moi continuions de prendre des notes.

— Puis, vendredi, je vous appelle tous et je fais le point sur cette visite. Marianne et Derek appelleront Beth le vendredi soir et lui parleront tous les deux, comme le mercredi précédent, et nous voilà arrivés au week-end.

26

La visite

L'organisation du déménagement de Beth se poursuivit ainsi, par étapes, car même si elle rentrait chez elle, elle n'y avait pas vécu depuis plus de cinq mois, une longue période pour un enfant. Marianne avait opéré quelques transformations dans l'appartement, avec de nouveaux meubles et un changement de décoration. Beth devait s'y habituer. Notre réunion dura une heure et demie mais je quittai la pièce encouragée. Marianne avait clairement gagné en confiance dans son rôle de belle-mère, même si elle ressentait encore quelques doutes dans sa capacité à l'assumer, ce qui était compréhensible étant donné son expérience passée. Derek paraissait suivre Marianne sur tout ce qui concernait Beth, sans que je sache si cela était dû au fait qu'il se sente plus à l'aise si Marianne était en charge, ou si cela avait été décidé dans le cadre de la thérapie. Je me disais que Derek et Beth étaient bien chanceux d'avoir Marianne. Beaucoup de femmes ne seraient pas restées comme elle aux côtés de leur compagnon et de son enfant. Manifestement, elle se souciait d'eux et j'espérais que, avec le temps, Beth apprendrait à l'apprécier et à l'aimer à l'instar de Derek. À l'issue de la réunion, Derek remercia Marianne pour tout ce qu'elle faisait et, en partant, il tenait sa main dans la sienne. Il me semblait que leur relation avait repris ses droits et qu'il ne restait qu'à y intégrer Beth pour qu'ils puissent enfin former une famille.

Je récupérai Paula chez Kay. Nous déjeunâmes ensemble avant de retrouver, l'après-midi, le groupe des tout-petits. Ce soir-là, nous téléphonâmes au père de Beth. Ils discutèrent de l'école et du week-end à venir. Beth ne demanda pas à parler à Marianne, mais elle prit des nouvelles :

— Qu'est-ce que fait Marianne ? s'enquit-elle, sur un ton dépourvu de son habituel mauvais caractère et de sa colère.

— Elle est en train de se détendre après le travail, répondit Derek.

— D'accord, fit Beth sans difficulté, rebondissant vite sur un autre sujet.

À l'évidence, beaucoup de travail avait été accompli au cours de la thérapie pour changer son regard sur Marianne. Une fois le plan de déménagement mis en branle, ce qui avait été appris serait pleinement appliqué et mis à l'épreuve.

Ce soir-là, John arriva peu avant 21 heures. Il raconta qu'un accident s'était produit sur l'autoroute. Paula était déjà au lit ; Beth et Adrian étaient sur le point d'y aller. John leur souhaita bonne nuit, embrassa Adrian et leur dit qu'il les verrait le lendemain.

John et moi n'eûmes pas beaucoup de temps pour discuter : il était fatigué et avait besoin d'aller se coucher tôt. Mais alors qu'il buvait la tasse de thé que je lui avais préparée, j'eus l'occasion de lui apprendre que

Beth était autorisée à retourner chez elle et il fut content pour elle. John devait repartir dès le dimanche après-midi, mais nous profitâmes au maximum du week-end et il promit de fixer la semaine suivante sa période de congé pour l'été.

Lundi matin fut une matinée ordinaire pour Beth car elle ne savait pas que, plus tard, Jessie allait lui annoncer qu'elle pourrait retourner chez elle. J'étais tellement heureuse pour Beth. Elle allait énormément nous manquer mais, pour une famille d'accueil, rien n'est plus gratifiant que de voir un enfant être réintégré chez lui avec succès. Mon excitation grandit au cours de la journée et je pouvais difficilement la contenir quand je récupérai Adrian et Beth à l'école.

— Jessie vient te voir à 16 heures, lui rappelai-je.

— Oui, je sais, repartit Beth sans grand enthousiasme.

— Je pense qu'elle va vouloir te parler seule à seule.

— C'est ce qu'elle fait d'habitude, dit-elle platement.

— C'est chouette de voir ton assistante sociale.

— Ah bon? répliqua-t-elle en me regardant un peu étrangement.

Une fois à la maison, je préparai le goûter. Quand on sonna à la porte, je me précipitai, saisie par le trac. Beth, impassible, attendait dans le salon, caressant Tosha. Adrian et Paula étaient à l'étage. J'ouvris la porte et vis Jessie sourire, manifestement heureuse d'apporter à Beth la nouvelle qu'elle attendait tant.

— C'est le grand jour, dit-elle en entrant.

— Assurément. Voulez-vous un café?

— Oui, avec plaisir.

Jessie entra dans le salon. Elle laissa la porte ouverte et je pouvais l'entendre bavarder avec Beth sur un ton léger, la mettant à l'aise. J'apportai le café et me retirai en fermant la porte derrière moi.

Je savais que Beth, comme beaucoup d'enfants placés dans des familles d'accueil, avait caché ses émotions, par instinct de préservation. Une fois que Jessie lui annoncerait la bonne nouvelle, toute cette émotion contenue se libérerait. Je n'avais pas tort. Je l'entendis soudain pousser un grand cri de joie et la porte du salon s'ouvrit d'un coup.

— Cathy ! cria-t-elle à pleins poumons en courant vers la cuisine. Jessie dit que je peux rentrer chez moi !

Elle se jeta dans mes bras.

— Ouah, ma chérie ! Quelle bonne nouvelle ! lui dis-je en la serrant fort. C'est merveilleux.

— Jessie dit que je peux aller vivre avec papa et Marianne ! répéta-t-elle comme si elle n'arrivait pas à y croire.

— Fantastique, lâchai-je, les larmes aux yeux.

Beth avait le visage enfoui dans ma poitrine et les bras serrés autour de moi. Je savais que bientôt je ne recevrais plus son étreinte.

— Je suis tellement heureuse pour toi, mon cœur, déclarai-je, la voix tremblante. Mais tu vas beaucoup nous manquer.

— Vous allez aussi me manquer, répondit-elle en éclatant en larmes et en déclenchant les miennes.

Jessie fit son apparition dans la cuisine.

— Oh mon Dieu, qu'ai-je provoqué ? dit-elle avec le sourire.

— Tout va bien, dis-je, nous sommes heureuses, en fait, n'est-ce pas, Beth ?

Celle-ci acquiesça en reniflant.

Je voyais que Jessie souhaitait continuer de parler à Beth. Je me détachai gentiment d'elle, tirai un mouchoir de sa boîte et lui séchai les yeux. Puis j'en pris un autre pour sécher les miens.

— Tu pourras toujours voir Cathy si tu le veux, dit Jessie.

Beth opina et se moucha.

— Et tant que tu es dans la même école, nous te verrons le matin et l'après-midi dans la cour de récréation, ajoutai-je.

— Voilà ! s'exclama Jessie sur un ton réconfortant. Maintenant, retournons dans le salon pour que je t'explique le calendrier de ton retour à la maison.

Beth se moucha encore une fois et suivit Jessie. J'entendis la porte du salon se refermer. Adrian et Paula apparurent, ayant entendu les cris de joie de Beth depuis en haut.

— Est-ce que Beth va vraiment retourner chez elle ? demanda Adrian, le visage grave, tandis que Paula me regardait, espérant avoir mal entendu.

— Oui, dans quelques semaines, assurai-je.

Accueillir un enfant implique toute la famille. L'enfant accueilli manque autant aux enfants des parents d'accueil qu'à ces derniers. Devoir dire au revoir à un enfant auquel tout le monde s'est attaché est l'inconvénient de l'accueil et l'on ne s'y habitue jamais tout à fait. Le mieux que l'on puisse faire est de nous réconforter en nous rappelant que l'enfant sera heureux, ce à quoi je m'attelai avec Adrian et Paula. Dans le cas de Beth, je pouvais aussi leur rappeler que nous continuerions à la voir dans la cour de l'école.

— Ça, c'est chouette, dit Adrian, en partie rassuré.

— Est-ce que Beth est contente de rentrer chez elle ? demanda Paula.

— Oui, mon cœur, elle l'est.

— Alors moi aussi, assura-t-elle. Mais elle me manquera quand même.

— Je sais, mon trésor, elle nous manquera à tous.

Jessie passa une heure avec Beth. Quand elle repartit, Beth avait une compréhension raisonnable des étapes de son réemménagement chez elle. Jessie nous donna, à Beth et à moi, un calendrier imprimé du processus. Sur l'exemplaire de Beth, Jessie avait dessiné une petite habitation sur laquelle était écrit « Maison » sous la date à laquelle elle emménagerait effectivement. Beth voulut l'accrocher au mur de sa chambre pour pouvoir cocher les jours au fur et à mesure et compter ceux qui restaient jusqu'à « Maison ». Nous accrochâmes le calendrier avec de la pâte à fixer, puis elle appela Adrian et Paula pour le leur montrer, leur expliquant fièrement ce que signifiait chaque jour jusqu'à « Maison ». Paula fut si impressionnée qu'elle voulut avoir un calendrier dans sa chambre.

— Mais tu es déjà à la maison, andouille, dit Adrian.

— Tu pourras m'aider à cocher sur le mien, dit Beth gentiment.

Ce soir-là, elle mit du temps à s'endormir, ce qui n'était guère surprenant avec tout ce qui devait s'agiter dans son cerveau. Elle me demanda de relire avec elle le calendrier. Puis elle voulut avoir confirmation que je resterais avec elle lors de sa première visite chez elle. Je répondis que oui et lui montrai ce qui était écrit sur le calendrier : *Cathy et Beth visitent la maison de Beth. Une heure.* Elle voulut avoir l'assurance qu'elle nous verrait toujours dans la cour de récréation après avoir emménagé chez elle. Je voyais qu'elle se sentait un peu fébrile mais que cela se résorberait une fois le plan mis en œuvre, quand elle transférerait lentement la confiance qu'elle avait mise en moi à son père et à

Marianne. Je lui parlai, la serrai dans mes bras et, finalement, l'ours Dodo l'aida à s'endormir.

Moi aussi, je me sentais anxieuse, même si je ne le montrais pas à Beth. La réintégration d'un enfant peut parfois mal tourner. Il doit alors retourner dans la famille d'accueil. Cela n'arrive pas souvent, heureusement, mais quand tel est le cas, c'est traumatisant pour lui, qui peut souffrir d'un sentiment de rejet et de dévalorisation à l'âge adulte. Je ne croyais pas que cela serait le cas ici, mais on n'est jamais complètement sûr.

Le lendemain matin, Beth était à nouveau très excitée. Au cours du petit-déjeuner, elle répéta plusieurs fois à Adrian et Paula qu'ils allaient rencontrer son papa et Marianne ce soir – leur première visite. Elle les décrivit en détail, jusqu'aux « petites lignes » que Marianne avait quand elle souriait, ce qu'elle n'aurait peut-être pas apprécié…

En réalité, Paula avait déjà rencontré Marianne une fois, quand celle-ci avait apporté le maillot de bain de Beth, mais c'était il y a longtemps et elle n'en dit rien. La façon dont Beth parlait désormais de son père était très différente de ses épanchements sur « la petite princesse de papa » lors de son arrivée. Ses propos étaient maintenant ceux d'une fille de son âge. Le contraste était tel qu'elle aurait aussi bien pu parler d'une autre personne, ce qui, en un sens, était exact étant donné les changements que Derek avait opérés et continuait d'opérer. Adrian et Paula devaient d'ailleurs se sentir à l'aise avec son discours car ils l'écoutèrent avec plaisir jusqu'à ce que l'heure d'aller à l'école sonne.

Cet après-midi-là, en récupérant Beth à l'école, Mlle Willow vint me voir dans la cour de récréation.

L'espace d'un instant, je crus qu'il y avait eu un problème en classe, car c'est souvent la raison pour laquelle une enseignante cherche à voir un parent à la fin de la journée (l'enfant était tombé, était contrarié, ou n'avait pas fait ses devoirs). Mais Mlle Willow me souriait en s'approchant.

— Beth m'a parlé de ses visiteurs ce soir, commença-t-elle. Je suis tellement contente.

— Oui, nous le sommes aussi. Est-ce que Jessie vous a informé de la décision ? dis-je, me demandant soudain si l'école avait été mise au courant.

— Oui, bien sûr, confirma Mlle Willow. Jessie nous a régulièrement tenus informés.

Puis elle se tourna vers Beth.

— Passe une bonne soirée, lui dit-elle. J'ai hâte que tu me racontes tout demain, et de voir ton papa et Marianne quand ils t'amèneront à l'école dans l'avenir.

C'était très gentil de sa part et Beth rougit.

— Merci pour toute votre aide, assurai-je à Mlle Willow.

— Je vous en prie, je suis simplement heureuse que tout semble se résoudre.

Derek et Marianne arrivèrent à 17 h 30 précises, comme prévu. En entendant la sonnerie, Beth fila dans l'entrée et attendit que j'ouvre la porte, selon la règle établie pour tous les enfants.

— Bonjour, entrez donc, leur dis-je après avoir ouvert.

Beth était tellement excitée qu'elle les enlaça très fort tous les deux quand ils entrèrent. Puis, saisissant la main de son père, elle l'emmena dans le salon, où elle le présenta à Adrian et Paula. Marianne et moi les suivîmes. La voyant encore plus nerveuse que Derek, je lui fis un grand sourire.

— Et voici Marianne, annonça fièrement Beth quand nous entrâmes. C'est la compagne de papa et elle va être ma nouvelle maman.

Je vis que Marianne était aussi surprise que moi de la déclaration de Beth. Qu'elle ait accepté cela si vite allait bien au-delà de nos espérances. Marianne fut si troublée qu'elle ne sut pas quoi dire pendant quelques instants, avant de reprendre ses esprits et de saluer Adrian et Paula.

— Est-ce que tu te souviens de moi ? demanda-t-elle à Paula.

— Vous êtes la dame qui a apporté le maillot de bain de Beth, répondit Paula timidement.

Elle s'en souvenait donc.

— C'est exact, dit Marianne, on a l'impression que ça fait des lustres.

Pendant que je préparais du thé, Marianne et Derek discutèrent avec les trois enfants, leur demandant des nouvelles de l'école et comment ils aimaient occuper leur temps libre. Lorsque je revins avec le thé et des biscuits, Adrian demanda s'il pouvait partir jouer. Paula, elle, voulut rester.

La discussion demeura légère, comme Jessie l'avait suggéré. Beth était assise sur le sofa, entre son père et Marianne. Je ne les avais jamais vus tous les trois ensemble et ce n'était pas seulement touchant, cela leur allait bien. La ressemblance familiale était forte entre Beth et Derek, mais Marianne ne semblait pas si différente de Beth dans le teint et les traits. Elle aurait pu être sa mère génitrice. Je remarquai que la Beth, maintenant assise à côté de son père, était très différente de celle des photos dans sa chambre, où elle portait du maquillage, des vêtements très légers, et posait d'une manière suggestive. Elle était à présent une fillette, habillée correctement, assise à côté d'un père qui l'aimait sans le moindre doute.

Marianne sortit alors une série de photographies de son sac. Lors de la réunion de planification, Jessie avait suggéré qu'ils apportent des photos récentes d'eux-mêmes et de l'appartement, pour les faire voir à Beth.

Marianne les montrait l'une après l'autre et Beth les levait en l'air pour que Paula et moi les voyions. Sur la première, Derek et Marianne étaient assis sur un banc dans le parc et profitaient du soleil. Sur les autres, on voyait leur appartement, qu'ils avaient entièrement redécoré depuis le départ de Beth. Marianne les commenta avant d'en arriver à la dernière, celle de la chambre de Beth.

— Ouah ! s'exclama Beth, bouche bée, les yeux écarquillés.

— Je sais que c'est ta couleur préférée, avança Marianne, légèrement intimidée. J'ai choisi le papier peint, les rideaux et la couette assortie. J'espère que tu aimes.

— Ouah ! répéta Beth, pour une fois à court de mots.

Paula et moi n'attendîmes pas que Beth nous la montre pour nous avancer et voir de plus près.

— Tu as une jolie chambre, dit Paula.

— Tu es très chanceuse, ajoutai-je.

Marianne souriait. Elle avait assurément déployé beaucoup d'énergie à décorer et à meubler la chambre de Beth. D'après les photos, je pouvais voir que c'était une charmante chambre de petite fille, peinte dans une couleur lilas, avec un mobilier assorti. Un grand coffre à jouets de la même couleur débordait des jouets de Beth. Sur les étagères, les livres, peluches et autres babioles qui jonchent les chambres des filles étaient soigneusement rangés.

— Ce n'était pas aussi joli avant, déclara Beth, manifestement impressionnée et heureuse.

Je me disais que, étant donné que le fait que Beth dorme dans son propre lit avait été un problème, c'était une très bonne idée d'avoir réarrangé sa chambre.

— Quand as-tu réalisé cela ? demanda-t-elle à son père.

— Quand nous avons su avec certitude que tu allais rentrer à la maison, précisa-t-il. Marianne a choisi les couleurs, elle a acheté la couette et les rideaux, et moi, j'ai peint.

— C'est vraiment très joli, dis-je.

— Quand est-ce que je peux voir ma nouvelle chambre ? s'enquit Beth, déjà excitée.

— Quand tu viendras nous rendre visite, samedi, promit Marianne.

— Je peux garder la photo ?

— Bien sûr, elles sont toutes pour toi. Je pense qu'elles sont meilleures que celles que tu as ici dans ta chambre, répondit Marianne en croisant mon regard.

J'opinai.

— Tu veux voir ma chambre ici ? proposa Beth à Marianne, comme je l'avais prévu.

— Oui, avec plaisir, répondit Marianne.

Beth prit la main de Marianne et l'emmena à l'étage tandis que Derek restait avec moi et Paula.

— Vous pouvez aussi y aller, lui dis-je, même s'il n'y a, en réalité, pas grand-chose à voir.

Derek secoua la tête.

— Non, il est préférable que Marianne s'occupe des trucs de mères. Je reste un peu en retrait dans tout ça. Je me suis complètement trompé dans le passé et je ne veux pas risquer de recommencer. J'espère reprendre le travail bientôt. Au fait, Cathy, je souhaite saisir cette occasion pour vous remercier pour tout ce que vous avez fait pour Beth. Marianne et moi l'apprécions énormément.

— Je suis très heureuse que tout s'arrange ainsi, affirmai-je.

— Moi aussi. Je suis tellement reconnaissant qu'une seconde chance me soit offerte. Je suis conscient de ma chance. Je sais que j'ai été à deux doigts de perdre Beth. Cette fois-ci, je ne vais pas tout gâcher.

Lorsque Marianne et Beth redescendirent et entrèrent dans le salon, Beth avait un sac à la main.

— Je vais jeter mon maquillage et certains de mes habits, déclara-t-elle.

— Si vous êtes d'accord avec ça? ajouta Marianne à l'attention de Derek et moi. Beth, montre à Cathy et à ton père ce qu'il y a dans le sac.

Paula et moi regardâmes dans le sac que Beth tenait ouvert devant moi. Je vis le maquillage, des flacons de vernis à ongles de différentes couleurs, des bas résille noirs et quelques hauts transparents.

— Je me réjouis que tu te débarrasses de ça, dis-je.

Beth apporta le sac à son père qui regarda à l'intérieur. Il fronça les sourcils avec douleur devant ce rappel du passé.

— Oui, jette tout ça, dit-il, je n'arrive pas à croire que j'ai pu te trouver jolie avec ces trucs.

— Marianne va m'emmener acheter plein d'habits neufs, m'annonça Beth.

— Ce sera très bien, dis-je, tout en espérant que Marianne ne fasse pas l'erreur de trop la gâter.

— Nous devons remplacer les habits dont nous nous débarrassons, expliqua Marianne.

L'heure de la fin de la visite approchant, Derek et Marianne se préparèrent à partir et Beth les supplia de rester plus longtemps. Conscientes de l'importance de respecter le programme, Marianne et moi l'expliquâmes à Beth. Finalement, elle dit au revoir sans drame. Il fallait que Beth nous voie tous sur la même longueur d'onde et nous l'étions.

Quand il fut l'heure de se coucher, Beth cocha solennellement la date de ce jour-là sur son calendrier, puis elle compta rapidement les jours la séparant du dessin de la maison où elle allait habiter. Sans un commentaire et avant de grimper sur le lit, elle retira la photographie d'elle et de son père placée sous l'oreiller et la rangea, posée à l'envers, dans un tiroir.

— Marianne et papa n'aiment pas ces photos, expliqua-t-elle. Et moi aussi, je ne les aime plus.

Beth prit l'un des nouveaux clichés de Marianne et de son père dans un parc et, après l'avoir embrassé, le glissa sous son oreiller.

— Bonne nuit, mon cœur, lui dis-je, en remontant sa couette.

— Bonne nuit, Cathy.

Elle était fatiguée, heureuse, et elle s'endormit facilement. Le lendemain matin, dès que je la réveillai, elle sortit du lit et alla vérifier son calendrier.

— Chouette ! Papa et Marianne m'appellent ce soir, dit-elle. Je le dirai à Mlle Willow.

Jessie téléphona au cours de la matinée pour savoir comment la visite s'était déroulée et j'étais ravie de pouvoir lui raconter que cela s'était incroyablement bien passé. Elle avait déjà recueilli les impressions de Derek et de Marianne. Elle savait donc que Beth avait présenté Marianne comme sa maman. Marianne était au travail mais elle avait demandé à Derek de bien informer Jessie qu'ils se débarrasseraient des photographies que Beth avait dans sa chambre et en encadreraient de nouvelles sur les murs de leur appartement. Jessie conseilla à Derek de ne pas jeter toutes les photographies car elles constituaient une partie de l'histoire de Beth, bonne et mauvaise.

— Et donc, ce soir, vous allez recevoir le premier coup de téléphone en commun, me dit enfin Jessie.

— Oui, est-ce que je dois encore le surveiller *via* le haut-parleur? demandai-je.

— Non, répondit Jessie. Restez aux alentours au cas où Beth aurait besoin de vous, mais il n'est pas nécessaire de surveiller l'appel. Je fais confiance à Derek et Marianne pour leur rendre leur enfant, je dois donc leur faire confiance pour donner un coup de fil normal. Vous n'avez pas d'inquiétudes, n'est-ce pas?

— Non.

27

La carte postale

La préparation du retour de Beth chez elle continua de se dérouler sans accroc et comme prévu. De fait, la vitesse avec laquelle elle se lia à Marianne et recréa un lien avec son père dans le cadre d'une relation appropriée entre un père et sa fille dépassa toutes les attentes des adultes. Jessie me dit que la thérapie avait joué son rôle, mais aussi le temps passé par Beth dans ma famille, qui lui avait montré ce que pouvait être une mère, les joies d'une famille biparentale et celles de la vie familiale. Beth laissait désormais Marianne et son père l'organiser pour elle. Et bien sûr, Derek et Marianne avaient maintenant pris confiance en leur capacité à être des parents pour elle.

Mi-juin, nous étions à mi-parcours du plan de réintégration. Le week-end précédent, elle avait passé les journées de samedi et dimanche chez elle, en revenant dormir chez nous. Le week-end suivant, Beth passerait la nuit chez elle pour la première fois. Jessie avait suggéré de laisser Adrian et Paula chez nous avec leur père pendant que je déposais et récupérais Beth. Ainsi pourrais-je me consacrer entièrement à elle. Adrian et Paula auraient l'occasion de visiter la maison de Beth après qu'elle y aurait emménagé.

Marianne, Derek et moi avions œuvré en étroite collaboration. Ils savaient qu'ils pouvaient me poser n'importe quelle question. Je leur avais déjà fourni par écrit un descriptif de la routine de Beth, qu'ils allaient suivre, au moins au début. Ainsi, Beth ne traverserait pas trop de changements d'un seul coup. Beth leur avait dit ce qu'elle aimait manger et ce qu'elle n'aimait pas, bien qu'elle fût, en vérité, une bonne mangeuse, friande de tout, à l'exception du chou sous toutes les formes. Le mercredi soir, Marianne m'appela. Elle s'inquiétait de la possibilité que Beth ne veuille pas dormir dans son lit. Beth avait vu sa nouvelle chambre le week-end précédent et elle l'avait énormément aimée, y passant du temps à jouer. Mais Marianne craignait que, lorsqu'il s'agirait d'aller se coucher, elle refuse et insiste pour aller dormir avec son père, comme avant. Nous savions tous que cela ne pouvait être accepté.

— Montrez que vous êtes déterminée à aller de l'avant, lui dis-je. Une fois que vous aurez établi une routine pour le coucher, ce sera beaucoup plus facile. Vous avez d'ores et déjà décidé que Derek lirait une histoire à Beth dans le salon et que vous emmèneriez Beth prendre son bain et se coucher. Tenez-vous-y. Vérifiez si elle souhaite que le rideau soit complètement tiré et que la porte soit fermée ou entrouverte. Ces petits détails sont importants pour aider l'enfant à rester calme. Je laisse normalement une veilleuse dans le couloir, car beaucoup d'enfants n'aiment pas être dans le noir. Une fois que Beth est au lit et que vous lui avez souhaité bonne nuit, sortez. Vous aurez peut-être à y retourner pour l'apaiser ou pour la ramener au lit si elle en est sortie, mais ne cédez jamais à la tentation de l'amener dans votre lit ou dans le salon pour regarder la télévision un peu plus longtemps. Si vous l'acceptez une seule fois, elle s'y attendra dans l'avenir. Respectez la routine, avec douceur et fermeté, et je suis certaine qu'elle s'apaisera rapidement.

— Merci, répondit Marianne, je suis juste un peu nerveuse.

— Bien sûr, c'est normal. Vous pouvez également songer à lui donner une peluche qu'elle gardera au lit, comme l'ours Dodo que je vous ai montré. Malheureusement, je ne peux pas le lui offrir car c'était un cadeau pour Adrian. Mais l'une des peluches préférées de Beth fera parfaitement l'affaire. Utilisez la même peluche chaque soir pour qu'elle soit rapidement associée au sommeil.

Marianne rit brièvement.

— Beth n'avait pas beaucoup de peluches, alors je lui en ai acheté une qui ressemble un peu à l'ours Dodo. Je lui dirai peut-être que c'est son frère.

Je ris à mon tour.

— Bien vu, assurai-je, il n'y aura pas de problème.

Tout allait donc bien, non seulement pour Beth, mais dans ma vie en général. Je me disais souvent combien j'avais de la chance. J'avais deux enfants heureux et en bonne santé, un mari aimant, de merveilleux parents et assez d'argent pour ne pas constamment me soucier de payer la prochaine facture. J'en étais reconnaissante et je présumais que ma vie continuerait de la sorte. Pourquoi pas? Il n'y avait aucune raison pour qu'il n'en soit pas ainsi – du moins le pensais-je. Peut-être existe-t-il un baromètre du bonheur qui enregistre le temps pendant lequel vous avez été heureux et vous rappelle à l'ordre. J'imagine que ceux qui ont une religion disent que les temps difficiles représentent un test. Mais peu importe : quand les événements prirent une tournure différente, je n'y compris rien du tout. Et je ne savais pas plus comment j'y ferais face.

Le téléphone sonna un jeudi, à l'heure du déjeuner, le lendemain du jour où Marianne avait appelé. Je décrochai en pensant que ce pouvait être Marianne qui rappelait, ou Jessie qui allait me demander des nouvelles (elle appelait souvent à cette heure-là). « Allô ? », dis-je gaiement. Je fus surprise d'entendre la voix de John.

— Bonjour, Cathy, dit-il d'une voix un peu morne. Je ne rentrerai pas ce week-end.

— Ah bon ?

— Non. Nous avons tous les deux besoin de réfléchir.

J'hésitai, pensant avoir mal entendu.

— Pardon ?

— Nous avons tous les deux besoin de réfléchir à notre futur, répéta-t-il sur le même ton.

— Comment cela ? demandai-je, ébahie.

— Oui. Nous devons réfléchir à ce qui est le mieux pour nous à long terme.

Je ressentis un petit pincement mais je savais qu'il passerait une fois que j'aurais compris ce que John entendait par là.

— Nous pouvons sans doute réfléchir à l'avenir quand tu seras à la maison, dis-je. Ce serait préférable de réfléchir à des changements ensemble, non ?

Il y eut un silence, puis il rétorqua :

— Ne tournons pas autour du pot, Cathy. Nous savons tous les deux de quoi je parle. Cela fait un certain temps que nous ne nous entendons plus très bien. Nous nous sommes éloignés l'un de l'autre et il est manifestement temps de se séparer. J'espère que nous pourrons nous comporter en adultes sur ce point.

Le pincement que j'avais ressenti se métamorphosa en peur. J'entendais ses paroles sans en comprendre pleinement le sens.

— Je ne sais pas de quoi tu parles, dis-je sur un ton distant et irréel.

— Allons, Cathy, fit John, je ne peux pas dire les choses plus clairement. Nous devons entamer une procédure de divorce dès que possible. Nous serons tous les deux beaucoup plus heureux une fois que tout sera réglé.

Les murs tremblèrent, un bourdonnement emplit mes oreilles et le sol se mit à se soulever pour me recouvrir. Je crus m'évanouir, mais Paula était à la maison. Je ne devais pas défaillir. Pourtant, je m'affaissai sur une chaise, essayant de reprendre mon souffle.

— Je crois donc qu'il est bon que nous ayons quelques week-ends loin l'un de l'autre, poursuivit John à l'autre bout du fil. Il est parfaitement naturel de se sentir meurtri que cela n'ait pas fonctionné entre nous, mais nous devons éviter de prononcer des paroles que nous regretterions plus tard. Peut-être devrais-tu parler à tes parents. Mais ne les laisse pas te convaincre de faire des choses qui n'aideront pas. Nous vendrons la maison et chacun de nous trouvera un nouvel endroit. Paula entre en maternelle en septembre, tu pourras donc reprendre un travail à ce moment-là.

Je luttais, cherchant mes mots. Ils ne furent pas faciles à trouver.

— Quand as-tu décidé tout cela ? demandai-je, la voix tremblante.

— Il faut bien que l'un d'entre nous se projette dans l'avenir, répondit-il. Je vais prendre deux semaines de vacances et je te suggère d'en faire autant.

— Je croyais que nous partions ensemble, dis-je idiotement.

Je n'avais pas les idées claires.

— Nous avons besoin de temps séparément, reprit-il. J'ai réservé un endroit pour partir. Je propose que tu prennes les enfants et que tu ailles chez tes parents pour quelques jours.

— Ils ont l'école et, s'il te plaît, cesse de me dire ce que je devrais faire, répondis-je, la peur se muant en colère. *Nous* avons des enfants. Ils sont *notre* responsabilité. Tu ne peux pas partir comme ça pour deux semaines. *Quid* d'Adrian et de Paula ? Tu ferais mieux de rentrer à la maison pour que nous puissions discuter de ce qui ne va pas et y remédier. Je suis sûre que cela peut s'arranger.

J'étais désespérée.

— Il n'y a rien à arranger, affirma John. Et cela n'aidera en rien d'argumenter. Je vais te laisser et te donner du temps pour te calmer. J'appellerai à mon retour de vacances. Embrasse les enfants pour moi et, s'il te plaît, n'essaie pas de les monter contre moi. C'est une décision commune de se séparer. Je continuerai de voir les enfants régulièrement. Au revoir.

Et il raccrocha. J'allai dans la cuisine et vomis brutalement dans l'évier. Paula vint me voir.

— Qu'est-ce qui se passe, maman ? dit-elle, inquiète.

— Ne t'inquiète pas, mon cœur, je ne me sens pas très bien.

Je m'essuyai la bouche, pris un verre d'eau et emmenai Paula au salon, où j'allumai la télévision sur le programme pour enfants. Je la laissai allumée le restant de l'après-midi.

Je ne suis pas quelqu'un qui vit dans le déni. J'ai l'habitude de me confronter aux problèmes qui se présentent. Mais cette fois-là, non. C'était beaucoup trop gros pour que j'y fasse face. Je ne pleurai pas, je n'en parlai à personne – pas même à mes parents ou à mon amie Kay. J'étais assommée, comme engourdie. Une partie de moi refusait d'accepter ce que John avait dit. Peut-être reviendrait-il de ses vacances reposé et repentant, et nous reprendrions notre vie normale. Il avait trop travaillé, ces deux semaines de vacances étaient ce dont il avait besoin pour reprendre ses esprits.

Je devais aussi m'occuper des enfants, les aider dans leurs devoirs, préparer le repas du soir, accomplir la routine du bain et du coucher. Je n'avais pas le temps de penser. Je devais m'occuper des enfants.

Le lendemain, je m'armai de courage pour annoncer à Adrian et Paula que leur papa ne rentrerait pas ce week-end-là. Ils supposèrent qu'il devait travailler et je ne leur dis rien d'autre. Je téléphonai à Jessie et laissai un message sur son répondeur pour l'informer que, en l'absence de John, Adrian et Paula viendraient avec moi conduire Beth chez elle pour ce week-end-là. Je n'osais pas demander à des amis de prendre mes enfants pour le week-end. J'éprouvais aussi le besoin de les garder auprès de moi, en sécurité. Mon monde venait de s'écrouler et je me sentais menacée. Je voulais être près d'eux. Je téléphonai aussi à Marianne pour lui indiquer que je viendrais avec Adrian et Paula.

— Pas de problème, dit-elle. Nous sommes heureux de vous voir tous samedi, vers 10 heures.

En apparence, je continuai donc comme si de rien n'était. Je discutais, mangeais (peu), emmenais les enfants à l'école, allais les chercher, les aidais dans leurs devoirs, assurais le ménage.

Vendredi, je préparai un sac pour Beth, ignorant le lourd nuage noir planant au-dessus de ma tête, prêt à me tomber dessus et à m'emporter à tout instant. Samedi matin, comme prévu, je l'emmenai pour son week-end. Adrian, Paula et moi restâmes environ un quart d'heure, admirant la chambre de Beth et les nouvelles photos encadrées dans le salon – de beaux clichés de Beth en train de jouer ou d'elle avec son père et Marianne. Après le déjeuner, j'emmenai Adrian et Paula au parc, où je poussai Paula sur sa balançoire, puis sur le tourniquet, tandis qu'Adrian jouait à la bascule et s'exerçait sur le mini-parcours du combattant. Ce soir-là, je cuisinai le repas avant de téléphoner à mes parents, comme j'avais l'habitude de le faire le week-end. Je dis à ma mère que John était resté travailler le week-end. Elle proposa de nous recevoir dimanche pour le déjeuner, mais ce n'était pas possible car nous devions récupérer Beth à 16 heures.

— Nous viendrons dès que Beth sera retournée vivre chez elle, dis-je.

J'espérais que, d'ici là, John aussi serait rentré à la maison.

Dimanche matin, j'emmenai Adrian et Paula nager au centre de loisirs, comme John et moi le faisions parfois le week-end. Je nageai, faisant semblant de m'amuser. Puis nous allâmes récupérer Beth chez elle. Elle avait passé un excellent week-end et ne voulait pas partir. Mais Marianne et Derek lui expliquèrent que nous devions suivre le calendrier de Jessie et qu'il ne restait qu'un seul week-end avant qu'elle rentre définitivement à la maison.

— Youpi ! s'écria-t-elle.

Dans les moments plus calmes, lorsque je me retrouvais seule, surtout le soir, je me répétais les paroles de John dans ma tête, encore et encore, m'assurant de les avoir bien entendues et cherchant un indice me permettant de comprendre pourquoi. Pouvais-je, aurais-je dû le voir venir? Y avait-il eu des signes suggérant que nous n'étions pas heureux? Je n'avais rien vu. Je me dis que j'avais dû être incroyablement dénuée de sensibilité pour ne pas avoir remarqué ses sentiments. Que j'avais dû être bien froide pour ne pas voir sa souffrance. Comment avais-je laissé les choses se détériorer à ce point?

Je composai le numéro de téléphone de John au bureau, avec l'intention de reconnaître mes manquements, de m'excuser et de le supplier – s'il le fallait – de revenir à la maison pour que nous puissions discuter de ce qui avait mal tourné. Je promettrais de changer tout ce qu'il voulait. Mais bien entendu, John n'était pas là, il était en vacances, un message disait qu'il était en congé annuel et donnait le numéro de téléphone d'un de ses collègues à contacter en cas d'urgence. J'avais un besoin désespéré de lui parler et je priais pour que le temps passe vite afin qu'à son retour je puisse m'excuser et, je l'espérais, réparer les choses.

Jessie téléphona pour savoir comment s'était déroulé le premier week-end de Beth chez elle. Je lui racontai que tout s'était très bien passé. Elle me dit être heureuse de la façon dont Derek et Marianne se comportaient avec Beth et régulaient son comportement. Elle confirma aussi que, si tout continuait de bien aller, Beth retournerait chez elle pour de bon et comme prévu dans deux semaines.

Le mercredi de cette semaine-là, dix jours après le coup de fil de John, une carte postale arriva. J'entendis le battant de la boîte au lettres retomber et trouvai la carte par terre, sur le tapis de l'entrée, au milieu du reste du courrier. Je reconnus l'écriture de John et mon cœur se mit à accélérer, animé par l'espoir, jusqu'à sa lecture.

Salut, les enfants,

J'imagine que maman vous a dit que papa profite d'un repos bien mérité. Je suis dans un hôtel sur une belle île de l'océan Indien. Sur la photo, vous pouvez voir les palmiers, la mer et le ciel bleus, et des kilomètres de sable blanc. Et des tortues! Qui dit mieux? Je parie que vous aimeriez être ici. À bientôt. Vous me manquez tous les deux.

Bisous,

Papa.

La carte était adressée à Adrian et Paula seulement. Je retournai la carte postale pour regarder la photo. Une mer et un ciel parfaitement bleus, des kilomètres de sable blanc et une tortue géante, exactement comme John l'écrivait. Et sous la photo était imprimé: *Les Seychelles.*

Ma blessure et ma colère grandirent, pas tant vis-à-vis de moi, mais pour Adrian et Paula. Quel manque de cœur de sa part. Quel égoïsme et quelle légèreté de leur envoyer une carte. Leur père leur manquait cruellement et ils n'étaient jamais partis en voyage à l'étranger. Évidemment qu'ils auraient aimé être avec lui, surtout pour de luxueuses vacances! Pourquoi ne m'avait-il pas aussi adressé la carte? Parce qu'il m'avait déjà effacée de sa vie? Apparemment oui. Je relus la carte et la cachai dans un tiroir. Je ne la montrerais pas aux enfants. C'était trop blessant et cela engendrerait trop de questions auxquelles je ne pouvais répondre à cet instant. Mes yeux se remplirent de larmes en pensant à leurs petits visages si je leur avais montré la carte, à la fois impressionnés par le lieu où se trouvait leur papa et incapables de comprendre pourquoi il était parti en vacances sans eux.

Ce soir-là, quand les trois enfants furent couchés et endormis, je retirai la carte postale de son tiroir et la relus. Ce comportement ne ressemblait tellement pas à John – le coup de fil, d'abord, puis la carte – que je luttais pour croire qu'il s'agissait bien de la personne avec qui je m'étais mariée et j'avais vécu pendant toutes ces années. John n'était jamais parti seul en vacances. Il disait de ceux qui le font qu'ils ont l'air « un peu tristes ». Bien sûr, il y avait toujours une première fois, mais quelque chose ne collait pas. Je remis la carte dans son tiroir et montai dans ma chambre avec l'intention de fouiller ses affaires personnelles.

Comme la plupart des couples, John et moi respections l'intimité de chacun. En temps normal, je ne serais donc jamais allée fouiller dans ses tiroirs ou dans sa penderie, sauf pour y prendre ses habits propres. Mais tout était différent maintenant. D'emblée, je me sentis coupable et avilie par cette fouille, mais j'avais besoin de réponses, aussi blessantes qu'elles puissent être, et je pouvais peut-être les trouver là. Je commençai par la penderie où il rangeait ses costumes, ses vestes et ses pantalons, plongeant ma main dans ses poches et examinant tout ce que j'y trouvais. Je ne savais pas ce que je cherchais mais une partie de moi espérait malgré tout le trouver. Il y avait des reçus de sandwichs achetés à la va-vite, des papiers de chewing-gums, des mouchoirs, des stylos Bic et quelques élastiques, que je remis exactement où je les avais trouvés, tout en me détestant d'être aussi sournoise. Alors que j'avais examiné la moitié de la rangée de cintres, je plongeai la main dans sa veste en cuir. C'était mon cadeau de Noël de l'année précédente. J'en retirai un reçu que je dépliai. Il provenait d'un bijoutier situé loin du lieu où nous habitions et qui avait été délivré pour un bracelet en argent d'une valeur de 79 livres. John ne m'avait jamais offert de bracelet, bien que le reçu fût daté de deux mois.

Je repliai le reçu et le remis dans sa veste, passant au vêtement suivant : un pantalon en velours côtelé. Les deux poches étaient vides. Mais dans le pantalon suivant, je trouvai un autre reçu de bijoutier, cette fois pour un collier avec diamant, qui lui avait coûté 350 livres. Ce n'était pas le même bijoutier mais il était dans la même région que le premier. Dans l'autre poche de ce pantalon, je trouvai deux billets de cinéma déchirés pour un film que je n'avais pas vu. Puis, dans la poche d'un costume, je tombai sur une facture de restaurant d'un montant de 107 livres, qui comprenait une bouteille de champagne, et une note d'hôtel de 245 livres pour une nuit. John logeait à l'hôtel quand il travaillait au loin, mais pas dans des hôtels quatre étoiles sur la côte, comme celui-ci. Sa société l'installait, lui et ses collègues, dans des motels bon marché à proximité de leur lieu de travail. La facture était datée du dernier week-end au cours duquel John n'était pas rentré. Je me souvenais clairement de l'entendre dire qu'il avait travaillé à Rugby. Or cet hôtel se situait à plus de cent cinquante kilomètres de cette ville.

J'aurais dû arrêter là mes recherches. J'en avais trouvé plus qu'il ne m'en fallait. Nous ne nous étions pas éloignés l'un de l'autre, comme John l'avait prétendu. Il demandait le divorce parce qu'il fréquentait quelqu'un d'autre. Je doutai désormais qu'il soit parti seul en vacances.

Je ne sais pas pourquoi j'ai continué de fouiller. La douleur aurait été moins profonde. Peut-être était-ce la curiosité – l'envie de voir ce qu'il avait manigancé et quels autres cadeaux il lui avait offerts. Ou peut-être ne croyais-je toujours pas que John ait été capable de cela et pensais-je découvrir quelque chose qui prouverait le contraire. Je fouillai dans la poche du pantalon suivant et en retirai une jolie petite carte-cadeau sur laquelle était imprimé en relief un cœur rouge. Peut-être était-ce pour moi ? Je l'ouvris. Dans une écriture délicate – qui n'était pas celle de John –, on lisait : *À mon très cher John. Pour notre premier anniversaire, le simple témoignage de mon amour éternel. Pour toujours et à jamais, Zara.*

28

Un couple dans la cour de récréation

Aucun mot ne peut décrire la tristesse désespérée, la peur de mon avenir désormais inconnu et le sentiment d'abandon que je ressentis ce soir-là, alors que je devais accepter que John m'ait quittée pour une autre femme. Je savais qui était Zara. John me l'avait présentée lors de la fête de Noël de sa société. C'était une de ses collègues, la seule femme dans une équipe d'hommes, dix ans plus jeune que lui. J'avais toujours présumé que j'étais mariée pour la vie et que John et moi vieillirions ensemble, nous aimant et nous soutenant jusqu'au crépuscule de nos vies, comme mes parents. Tout cela s'évanouissait. Je songeai aux louanges du Dr Jones pour ma famille biparentale et pour la façon dont Beth en avait bénéficié. Je pensai à toutes les fois où j'avais défendu John auprès des enfants parce qu'il devait rester au travail, loin. « C'est parce que papa nous aime et veut nous offrir un meilleur avenir », leur disais-je. Ces mots sonnaient maintenant avec une telle ironie. Pourtant, si je m'apitoyais sur mon sort, j'avais encore plus de peine pour Adrian et Paula, qui allaient désormais grandir sans la présence de leur père.

Beth avait encore une semaine à vivre chez nous avant de déménager. Je ne voulais pas abîmer ses derniers jours par des pleurs et de la peine. Je n'informai donc personne que John nous avait quittés et je continuai du mieux que je pouvais. Je réservai mes larmes pour les moments où je me retrouvais assise seule dans le salon, le soir, ou quand j'étais allongée dans mon lit, incapable de dormir. Parfois, dans la journée, les larmes montaient soudainement, de manière incontrôlable et je courais me cacher dans la salle de bains jusqu'à ce que je me sois remise, au lieu de m'effondrer devant les enfants. Beth nous quitterait comme elle nous avait connus. À ce moment-là, Adrian et Paula étaient encore divinement inconscients de ce qui avait changé.

Lorsque John téléphona à son retour de vacances, c'était un vendredi, la veille du jour où Beth devait nous quitter. Il avait l'air détendu et pas le moins du monde gêné.

— Salut, je suis rentré de vacances, lança-t-il, demandant s'il avait manqué aux enfants.

— Tu leur as manqué, répondis-je.

— Je viendrai les voir le week-end prochain, dit-il, lorsque j'aurai réglé mes affaires.

— Bien, fis-je froidement.

— Je les prendrai tôt le samedi matin et les emmènerai pour la journée, mais je ne resterai pas le soir. Maintenant que nous avons décidé de nous séparer, il n'est plus approprié que je dorme là-bas.

On aurait dit une gifle dans la figure.

— *Nous* n'avons pas décidé de nous séparer, répliquai-je, incapable de retenir mes sentiments. Tu as pris cette décision. Et cela n'avait rien à voir avec le fait que nous nous soyons «éloignés l'un de l'autre», John, ou que nous «ne nous entendions plus». C'est ton choix de mettre fin à notre mariage parce que tu as une liaison avec Zara.

— Qui t'a dit cela? interrogea-t-il, en colère.

— Personne ne me l'a dit. Je l'ai trouvé toute seule. Je te prie de m'accorder un peu de mérite et de cesser de mentir. Tu as déjà assez menti.

Silence à l'autre bout de la ligne. Pendant un instant, je crus qu'il allait reconnaître sa liaison, s'excuser, dire qu'il avait commis la plus grande erreur de sa vie et demander à revenir. Je lui aurais pardonné et j'aurais laissé cette affaire derrière nous. Mais il n'en fit rien. Après s'être raclé la gorge, il déclara sèchement:

— J'ai pris rendez-vous avec un avocat la semaine prochaine. Je te suggère de faire de même.

Ce fut une autre gifle.

— Si c'est ce que tu veux, fis-je.

— C'est la meilleure solution. Et cela n'aidera pas du tout les enfants si tu mets la faute sur moi. Je suis leur père et ils m'aiment toujours, reprit-il.

— Je sais qu'ils t'aiment.

Je finis de boucler le dernier des bagages de Beth cet après-midi-là. Puis, vendredi soir, je lui préparai un goûter spécial, avec de la gelée, de la glace et des petits gâteaux – un petit goûter de départ. J'organisai des jeux pour tous les quatre. Lorsqu'elle alla se coucher, elle était très excitée, mais aussi un peu triste. Elle voulut de nombreux câlins et l'assurance qu'elle continuerait de nous voir, ce qui était bien naturel. Le lendemain matin, il n'y eut guère de temps pour broyer du noir. Une fois debout, lavés et habillés et après avoir avalé le petit-déjeuner, Marianne et Derek arrivèrent, comme prévu, à 10 h 30.

C'était une belle journée d'été, déjà chaude, et l'on annonçait une forte hausse de la température. Jessie nous avait dit de raccourcir les au revoir pour ne pas rendre triste Beth. Marianne et Derek savaient que je ne les inviterais pas pour le café. Les valises de Beth étaient prêtes, dans l'entrée. Et c'est dans une excitation un peu douce-amère que nous aidâmes tous à charger leur voiture. Car si Beth commençait une nouvelle vie, elle quittait aussi la nôtre. Une fois ses sacs, boîtes et cartons de jouets dans la voiture, je lui offris un cadeau de départ. Elle décida de l'ouvrir en route.

— Merci beaucoup, dit-elle gentiment. Je te verrai à nouveau à l'école, n'est-ce pas?

— Sans aucun doute, affirmai-je.

Adrian et Paula embrassèrent Beth en premier, puis ce fut mon tour. Je m'efforçai de faire bonne figure en sentant ses petits bras autour de moi pour l'ultime fois. Après quelques instants, je la relâchai doucement.

— Au revoir, mon cœur, tu es une gentille fille.

Nous restâmes debout sur le trottoir tandis que Derek, Marianne et Beth grimpaient dans leur voiture et attachaient leurs ceintures de sécurité. Ils baissèrent leurs vitres pour dire au revoir. Nous fîmes tous le même geste avec vigueur jusqu'à ce qu'ils aient disparu. Adrian, Paula et moi rentrâmes ensuite lentement à l'intérieur de la maison. Mon cœur était lourd, non seulement parce que Beth partait mais parce que je devais maintenant informer mes enfants au sujet de leur père. Je ne pouvais plus repousser la question.

— Est-ce qu'on peut remplir la pataugeoire? demanda Adrian alors que je refermais la porte.

Il voulait parler de la piscine gonflable pour enfants que nous remplissions d'eau dans le jardin quand le temps le permettait.

— Oui, dans un moment, répondis-je. Je dois d'abord vous parler à tous les deux.

— Qu'est-ce qui se passe, maman ? s'inquiéta-t-il en voyant mon air sérieux.

— Viens par ici et assieds-toi, s'il te plaît.

J'entrai la première dans le salon, les yeux déjà gonflés de larmes. Je savais que je devais rester calme et conserver le contrôle de moi-même, pour le bien des enfants. Je m'assis sur le sofa avec Adrian d'un côté et Paula de l'autre. Tosha sommeillait sous le soleil qui filtrait à travers la fenêtre du patio. En s'étirant, elle se tourna paresseusement sans ouvrir les yeux.

— C'est à propos de papa ? demanda Adrian, me regardant avec anxiété.

— Oui.

Son visage devint tout pâle.

— Papa va bien, le rassurai-je rapidement. Il vous verra comme prévu le week-end prochain. Mais il va y avoir quelques changements, l'un d'entre eux est qu'il ne restera plus dormir ici.

— Pourquoi ? interrogea Paula.

— Chuuut, écoute, fit Adrian.

Je respirai profondément.

— Malheureusement, comme les papas de certains enfants dans ton école, ton papa vit désormais dans une autre maison et plus avec nous. Il continuera de vous voir régulièrement. Il viendra ici vous chercher et vous emmènera pour la journée.

Adrian et Paula étaient si jeunes qu'il me semblait préférable de me concentrer sur les aspects pratiques.

— Papa vous aime énormément et cela ne changera jamais, ajoutai-je.

Il y eut un court silence et Adrian reprit :

— Est-ce que vous divorcez ?

— Oui, répondis-je doucement.

— Pourquoi ?

— Parce que c'est ce que papa souhaite.

Je n'allais pas critiquer John devant les enfants mais je n'allais certainement pas mentir pour lui. Je fus soulagée que Paula ne demande pas pourquoi il voulait divorcer car je n'aurais pas su que lui répondre.

— Est-ce la raison pour laquelle papa n'est pas beaucoup venu à la maison récemment ? demanda Adrian, son visage plus triste qu'il aurait jamais dû être. Parce qu'il veut divorcer ?

— Oui, et à cause du travail, répondis-je. Il a dû beaucoup travailler et loin d'ici.

En réalité, je ne savais plus trop combien de ses absences étaient dues au travail et non à Zara.

Je passai mes bras autour de leurs épaules et les rapprochai de moi.

— Si je pouvais faire quelque chose pour changer cela, je le ferais, assurai-je, mais je crains que non. Nous formerons toujours une famille, mais différente. Essayez de ne pas vous inquiéter. Je prendrai soin de vous. Vous deux représentez tout pour moi et je ne vous abandonnerai jamais.

— Tu l'as dit à Nana et papy ? questionna Adrian.

— Pas encore. Je leur téléphonerai ce soir. Il me semblait que vous deviez le savoir en premier.

Adrian acquiesça gravement et son front se plissa. Je détestais John pour ce qu'il infligeait aux enfants.

— Est-ce qu'on peut aller voir Nana et papy demain ? demanda Paula, qui ne mesurait pas complètement l'ampleur de ce que je lui annonçais, mais sentait que cela pourrait aider.

— Oui, si vous le souhaitez, dis-je.

— Oui, confirma Adrian.

Je le regardai et il parut soudain beaucoup plus âgé.

— À quoi penses-tu, mon chéri? demandai-je.

— À pas grand-chose, répondit-il en haussant les épaules. J'imagine que si papa a pris sa décision, on ne peut rien y faire. Et tu seras toujours là, maman, n'est-ce pas?

— Évidemment.

Il enroula ses bras autour de moi et me serra fort. Paula fit de même. Nous restâmes assis sur le sofa pendant quelques instants, dans les bras les uns des autres, en silence. Parfois une étreinte en dit plus que des milliers de mots.

Puis je demandai avec douceur:

— Est-ce que l'un d'entre vous a des questions?

Adrian secoua la tête négativement. Paula l'imita.

— Si vous pensez à quelque chose, promettez-moi de me le dire. Je serai toujours là pour vous.

— Je serai aussi toujours là pour toi, maman, renchérit Adrian, et les larmes coulèrent de mes yeux.

Je savais que le coup de téléphone à mes parents serait difficile. Mais ils ne furent pas aussi choqués que je l'attendais.

— Ton père et moi, on pensait que John travaillait trop à l'extérieur, dit ma mère. Tu ne pouvais pas le voir mais nous avions des doutes depuis quelque temps. Je suis désolée que cela arrive à quelqu'un comme toi. Tu ne le mérites vraiment pas. Tu as donné à cet homme tout ce dont il avait besoin.

— Manifestement pas, dis-je, sardonique.

— Comment allez-vous vous débrouiller, toi et les enfants?

— Je ne sais pas. Mais on y arrivera.

En réalité, je n'en avais aucune idée, que ce soit financièrement, émotionnellement, ou à tout autre niveau. Il allait falloir penser à tant de choses.

— Tu ne vas pas devoir déménager, n'est-ce pas? demanda ma mère.

— J'espère que non, répondis-je.

Mon père, qui écoutait derrière, demanda à me parler. Il me dit combien il était désolé. Puis, ayant toujours le sens pratique, il me proposa un prêt.

— Tu n'as qu'à demander, et nous préparerons l'argent. Je ne veux pas que toi et les enfants manquent de quoi que ce soit.

Cela me fit de nouveau pleurer.

Je restai plus d'une heure au téléphone avec eux. Ils étaient si gentils et d'un tel soutien que les larmes continuaient de me monter aux yeux et que je devais les sécher régulièrement. Leur gentillesse, qui contrastait tant avec la brutalité de John, était presque insoutenable. Avant de raccrocher, je leur dis que nous aimerions leur rendre visite le lendemain s'ils étaient libres.

— Bien sûr, approuva ma mère, nous serons enchantés de te voir avec les enfants, à tout moment. Mais nous ne voulons plus jamais revoir John. Pas après ce qu'il a fait à toi et aux enfants.

Farouchement loyale et protectrice comme elle l'était, je comprenais son opinion. Mais il était important qu'elle ne l'exprime pas devant Adrian et Paula.

— Vous n'aurez pas à revoir John, assurai-je, mais les enfants le verront et ils doivent garder une image positive de leur père.

— Je tiendrai ma langue en leur présence, promit-elle. Mais c'est quand même un salaud.

C'est la seule fois où j'ai jamais entendu ma mère prononcer un gros mot.

Beth partie et joyeusement réinstallée chez elle, j'étais désormais libre de me soucier de ma situation.

J'y consacrai toute la soirée de samedi. Je n'allai me coucher qu'à 2 heures et me retournai dans le lit jusqu'à l'aube. Je savais que je devais voir un avocat et je le redoutais. J'ignorais à quoi m'attendre. Le divorce était un monde inconnu pour moi. Personne dans ma famille n'avait divorcé et je n'avais qu'une amie proche à qui cela était arrivé ; elle avait dû vendre sa maison et partir. Le seul cabinet d'avocats que je connaissais était celui auquel nous avions eu recours pour la procédure de transfert de propriété, quand John et moi avions acheté la maison. Il me faudrait leur téléphoner et prendre rendez-vous avec un conseiller spécialisé et je m'angoissais des questions que l'on pourrait me poser.

Malgré ces tourments et une nuit sans sommeil, dimanche fut une journée agréable. Mon père et ma mère firent des pieds et des mains pour éviter de mentionner John. Lui et son forfait étaient pourtant comme « un éléphant au milieu de la pièce », occupant tous les esprits. Quand Paula déclara innocemment qu'elle allait « voir papa samedi prochain », maman changea de sujet et papa plongea dans le silence. Sans surprise, il leur faudrait du temps pour s'adapter, comme pour nous. Dans leur génération, on ne divorçait pas, on restait ensemble « pour le meilleur et pour le pire ». Quant à moi, je ne me souvenais pas de mauvais moments avec John, ce qui expliquait aussi pourquoi c'était un tel choc.

Sur la route en rentrant chez nous, j'expliquai à Adrian et Paula que Nana et papy étaient remontés contre John et sa décision de ne plus vivre avec nous et que c'était la raison pour laquelle ils ne souhaitaient pas parler de lui. « Je sais ce qu'ils ressentent », dit Adrian doucement. J'en eus mal au cœur pour lui.

Ce lundi matin, il était étrange de ne pas avoir Beth parmi nous. Parfois, on ne réalise pas à quel point un enfant en placement devient partie intégrante de votre vie, jusqu'à ce qu'il en sorte effectivement. Beth s'était complètement intégrée dans notre famille et elle laissait un grand vide. Je me surpris à approcher de la porte de sa chambre et à être sur le point d'entrer pour la réveiller et lui dire de se préparer pour l'école, avant de revenir à la réalité. Dans la cuisine, en préparant le petit-déjeuner, je m'emparai automatiquement du paquet de ses céréales préférées avant de me raviser. Pendant que nous mangions, Paula déclara que la table était « trop grande » sans Beth. Et plus tard, Adrian se retrouva à attendre son tour pour aller à la salle de bains, comme il le faisait quand Beth était là, avant de se souvenir qu'il n'avait plus à attendre. En partant à l'école, nous étions donc tous excités à l'idée de la revoir. Il faisait beau. Nous allâmes donc à pied et arrivâmes avant elle dans la cour de récréation. Comme d'habitude, Adrian courut jouer avec ses amis : il pourrait voir Beth lors de la pause du déjeuner. Alors que j'attendais avec Paula, je remarquai la mère de Jenni accompagnée d'une autre mère, qui me regardaient en même temps qu'elles discutaient. J'eus le sentiment qu'elles parlaient de moi et peut-être du retour de Beth chez elle, car celle-ci l'avait annoncé à tous ses amis. La cour de récréation se remplissait et je me focalisai sur le portail d'entrée. Quelques minutes avant la sonnerie, je vis Beth entrer dans son élégant uniforme scolaire, marchant fièrement entre ses parents et leur tenant la main. Elle avait un grand sourire, même si Derek et Marianne avaient un air sérieux, ce qui n'était guère surprenant étant donné les ragots de l'école. La mère de Jenni et son amie n'étaient pas les seules à les regarder. Peut-être était-ce mon imagination mais il me sembla que le bruit baissa dans la cour alors que d'autres se retournaient vers eux. « Beth est là », dis-je à Paula, dont la vue était obstruée par quelques parents. Je lui pris la main et l'emmenai en direction de Beth et ses parents.

— Cathy, heureuse de vous voir, s'exclama Marianne à notre approche.

— Moi aussi, dis-je en l'étreignant.

Je serrai également Beth et Derek dans mes bras.

— Avez-vous passé un bon week-end ? demandai-je.

— Magnifique ! répondit Marianne avec enthousiasme.

Beth discutait déjà avec Paula.

— Je devrais déjà être au bureau, ajouta Marianne, mais Derek n'était pas trop à l'aise à l'idée de venir seul le premier jour.

— Je peux attendre avec vous comme soutien moral, proposai-je à Derek. Comme ça, Marianne peut aller au travail.

— Cela me ferait plaisir, affirma-t-il, souriant enfin.

— Merci, Cathy, déclara Marianne. Je me suis arrangée avec mon chef pour être présente. Et je réduirai de toute façon mon temps de travail une fois que Derek aura repris un boulot.

Marianne embrassa Derek sur la joue, puis elle serra Beth dans ses bras et l'embrassa. D'autres parents dans la cour continuaient de les regarder et Derek s'en aperçut aussi.

— Au revoir, ma chérie, dit Marianne à Beth en partant, et passe une bonne journée.

— Au revoir, maman, cria Beth. À tout à l'heure.

Ensuite, l'intérêt porté à Derek et Beth diminua progressivement et les regards indiscrets disparurent avec la reprise des conversations. J'attendis avec Derek en parlant du week-end, jusqu'à ce que la sonnerie retentisse. Beth embrassa son père et courut rejoindre la file devant sa classe. Lorsque les enseignants sortirent pour emmener leurs élèves à l'intérieur, Mlle Willow adressa un sourire à Derek, ce qui était très attentionné de sa part. Elle était sans doute consciente que Derek se sentirait mal à l'aise le jour de son retour et je vis qu'il apprécia sa gentillesse.

Je quittai la cour de récréation avec Derek et nous partîmes chacun de notre côté. L'après-midi, en venant récupérer Adrian, je cherchai des yeux Marianne et Derek avec l'intention d'aller attendre avec eux. La cour de récréation peut être un lieu de solitude pour les parents comme il peut l'être pour les enfants, quand tout le monde semble bavarder ensemble sauf avec vous. Je vis Derek et Marianne franchir le portail. Elle avait un bras librement enroulé autour du sien. J'allais me diriger vers eux quand Frances, la mère d'April, les rejoignit. Leur tendant la main avec un grand sourire, elle se présenta et ils commencèrent à bavarder. Je restai à ma place, ne voulant pas m'incruster. Il était bon pour Beth que Marianne et Derek apprennent à connaître les parents de ses amies. C'était très prévenant de la part de Frances d'aller à leur rencontre, car elle était elle-même assez timide. Mais elle avait apprécié l'offre d'amitié de Beth à l'égard d'April et elle l'imitait maintenant avec Marianne et Derek. J'en fus très émue.

Mais il y avait une autre raison à ma profonde émotion, qui me fit fermer les yeux pour retenir mes larmes. Car en regardant Derek et Marianne former désormais un vrai couple, le temps où John venait me rejoindre à la sortie de l'école pour prendre Adrian me revint à l'esprit. Nous nous étions ainsi tenus ensemble dans la cour de récréation, exactement comme Marianne et Derek à cet instant. Mais tandis qu'ils entamaient leur vie ensemble, ma vie avec John s'achevait. Nous ne serions plus jamais un couple et j'en étais très triste.

Épilogue

Une semaine plus tard, l'école ferma pour les vacances d'été. Quand elle reprit, en septembre, les ragots autour de Derek et de Marianne avaient perdu de leur intérêt. Ils étaient un couple parmi d'autres venus attendre leur enfant. Rétabli, Derek reprit le travail fin septembre. Marianne réduisit ses heures de bureau et ils purent ainsi se partager la charge de l'enfant et les trajets scolaires. L'un et l'autre venaient alternativement chercher Beth, et parfois ensemble. Nous bavardions toujours à l'occasion, ou quand nous nous croisions par hasard dans la rue principale ou dans l'un des parcs du coin. L'anniversaire de Beth était en octobre et elle voulait faire une fête chez elle. Marianne n'avait jamais organisé de fête pour des enfants et elle me demanda quelques conseils pour la nourriture et les jeux. Beth invita huit amis de sa classe, dont Jenni qui fut étonnamment autorisée à s'y rendre. J'étais heureuse que la mère de Jenni ait réussi à mettre de côté ses préjugés pour le bien de sa fille. Je crois que Derek l'était également, même s'il n'émit guère de commentaire.

Début novembre, Adrian, Paula et moi rendîmes visite à Beth chez elle. Marianne et Derek nous accueillirent très chaleureusement. Il était évident que Beth était heureuse et stable. Elle nous montra quelques photos de sa fête ainsi que de sa mère génitrice, que son père avait retrouvées et lui avait données, et Marianne me raconta qu'elle et Derek avaient parlé à Beth de sa mère et l'avaient assurée que si elle voulait un jour la contacter, ils essaieraient de retrouver sa trace. Mais pour l'heure, elle ne le souhaitait pas. Elle avait dit à Marianne que c'était elle sa maman maintenant.

Fin novembre, Marianne et Derek se marièrent à la mairie. Beth fut la demoiselle d'honneur et deux amies de Marianne au bureau furent leurs témoins. À l'issue de la cérémonie, ils allèrent tous les cinq dîner dans un bon restaurant de la région. Jessie continua d'accompagner la famille pendant une année. Puis, concluant qu'il n'y avait plus d'inquiétudes, l'implication des services sociaux cessa.

Et qu'en fut-il de John et de ma famille ? Après le départ de Beth, je fis une pause en tant que parent d'accueil pour me concentrer sur Adrian et Paula et pour me rétablir moi-même. On ne peut demeurer triste et en colère toute sa vie. Il arrive un moment où il faut mettre le passé derrière soi, lâcher prise et avancer. John voyait Adrian et Paula régulièrement et je devais accepter que ces sorties du dimanche avec leur père fassent partie de ma nouvelle vie. Je m'assurai de rester bien occupée pendant cette époque et quand je repris l'accueil d'enfants, j'utilisai davantage mon temps à donner une attention particulière à l'enfant dont je m'occupais, ce qui était apprécié. Mes parents ne revirent jamais John et pour ma part, si je ne lui pardonnai jamais vraiment, je restai toujours polie lorsqu'il appelait pour organiser un rendez-vous avec les enfants ou pour leur parler – de même quand il se présentait à la porte pour les emmener le dimanche. J'ai eu d'autres relations mais je ne me suis jamais remariée. Comme beaucoup de parents abandonnés par leur partenaire, je pense avoir probablement surcompensé le parent absent et investi tout ce que j'avais dans mes enfants. Mais au bout du compte, je sais que j'ai dû bien me débrouiller quand je vois les personnes merveilleuses qu'ils sont devenus.

L'inceste symbolique est un sujet rarement évoqué, souvent occulté ou mal identifié. C'est pourtant une forme d'abus qui peut détruire des vies. Derek, Marianne et Beth furent chanceux d'obtenir l'aide dont ils avaient besoin. Beaucoup ne la reçoivent pas. La relation parent-enfant est très particulière et très différente de celle entre deux adultes – à tous les niveaux. Un enfant ne peut jamais être utilisé comme substitut ou remplaçant d'une compagne ou d'un compagnon, quel que soit le sentiment de solitude et d'abandon qu'un adulte ressent. Les enfants ont besoin de leur enfance pour s'épanouir et devenir des adultes mûrs sur le plan affectif. Bravo à Marianne, Derek et Beth. Vous êtes vraiment une jolie famille.

Remerciements

Un grand merci à mon éditrice Holly, à mon agent littéraire Andrew, à Carole, Vicky, Laura, Hannah, Virginia et à toute l'équipe de HarperCollins.

DU MÊME AUTEUR
CHEZ LE MÊME ÉDITEUR

VIOLENTÉE

Lorsque Cathy Glass, mère d'accueil, se voit confier la garde de Jodie, une petite fille de 8 ans, elle ignore encore qu'elle va être confrontée au cas le plus difficile de sa carrière.

Jodie, particulièrement violente envers elle-même et son entourage, souffre d'un trouble de dédoublement de la personnalité.

Quelles atrocités ses parents ont-ils bien pu lui faire subir pour la détruire à ce point? Cathy va découvrir l'horreur absolue, qui empêchait la fillette de s'ouvrir…

Petit à petit, à force de persévérance et de gentillesse, Cathy va gagner la confiance de Jodie, qui finira par se confier. Elle retrouvera alors la joie de vivre et l'innocence qu'elle n'aurait jamais dû perdre.

Inédit

ISBN 978-2-35287-456-0 / H 51-1668-6 / 336 pages / 7,65 €

NE DIS RIEN…

Quand Reece, 7 ans, est confié à Cathy, le petit garçon est déscolarisé et a déjà été renvoyé de nombreux foyers. Dernier d'une famille de six enfants, tous placés, il est extrêmement violent.

Portée par son désir de secourir cet enfant en détresse, Cathy va tenter de comprendre son histoire. Mais Reece, lui, ne veut pas parler : sa mère lui a fait promettre de taire les violences qu'il a subies…

À force de tendresse et d'obstination, Cathy va pourtant découvrir son abominable secret. À partir de là, elle pourra aider Reece à guérir des terribles démons qui le hantent…

Inédit

ISBN 978-2-35287-612-0 / H 58-1109-9 / 352 pages / 7,65 €

MAMAN DIT QUE C'EST MA FAUTE

Quel désarroi pour Cathy quand elle se voit confier Donna par les services sociaux ! La fillette de 10 ans semble porter sur ses épaules toute la tristesse du monde. Elle a le regard vide et ne dit pas un mot.

Mais Cathy possède un don, celui de redonner confiance aux enfants qu'elle accueille chez elle.

Avec Donna, le chemin sera long. Elle mettra du temps à révéler l'horreur que les siens lui ont fait subir. Une vraie vie de souffre-douleur ! Sa mère la battait, l'humiliait, la traitait en esclave et buvait l'argent des allocations…

Comment dès lors ne pas se laisser étouffer par la colère et la rage ? Et, surtout, retrouver le sourire et l'espoir ?

Inédit

ISBN 978-2-35287-814-8 / H 20-5657-2 / 384 pages / 7,65 €

Cet ouvrage a été composé
par Atlant'Communication au Bernard (Vendée)

Impression réalisée par
CPI France
en décembre 2017
pour le compte des Éditions Archipoche

Imprimé en France
N° d'édition : 438
N° d'impression : 3026606
Dépôt légal : janvier 2017